Sammlung Vandenhoeck

V&R

Dieter Lamping

Von Kafka bis Celan

Jüdischer Diskurs in der deutschen Literatur
des 20. Jahrhunderts

Vandenhoeck & Ruprecht

Dieter Lamping, geb. 1954, ist Professor für
Allgemeine und Vergleichende Literaturwissenschaft
an der Johannes Gutenberg-Universität Mainz.

Die Deutsche Bibliothek – CIP-Einheitsaufnahme

Lamping, Dieter:
Von Kafka bis Celan : jüdischer Diskurs in der deutschen
Literatur des 20. Jahrhunderts / Dieter Lamping. –
Göttingen : Vandenhoeck und Ruprecht 1998
(Sammlung Vandenhoeck)
ISBN 3-525-01221-7

Umschlagbild:
Simone Lamping nach einer Zeichnung
von Franz Kafka

© 1998, Vandenhoeck & Ruprecht, Göttingen.
Printed in Germany. – Das Werk einschließlich seiner Teile ist
urheberrechtlich geschützt. Jede Verwertung außerhalb der engen
Grenze des Urheberrechtsgesetzes ist ohne Zustimmung des
Verlages unzulässig und strafbar. Das gilt insbesondere für
Vervielfältigungen, Übersetzungen, Mikroverfilmungen
und die Einspeicherung und Verarbeitung in
elektronischen Systemen.
Satz: Text & Form, Pohle.
Druck und Bindung: Hubert & Co., Göttingen.

Inhalt

I. Das »heimliche Korrektiv«.
   Einleitung 9

1. Juden in der deutschen Literatur – 2. Deutsch-jüdische Literatur: Konzepte ihrer Beschreibung – 3. Methodische Probleme

II. »Jüdische Literatur in deutscher Sprache«.
   Begriffsbestimmung 17

1. Franz Kafka oder: Was ist ein jüdischer Schriftsteller? – 2. ›Jüdische Literatur‹: Ein Begriff und seine Geschichte – 3. Zum Literaturbegriff – 4. Zum Begriff des ›Jüdischen‹ – 5. Abgrenzung: Jüdische Literatur in deutscher Sprache und deutsch-jüdische Literatur – 6. Jüdische Schriftsteller: Franz Kafka und andere – 7. Die Heterogenität jüdischer Literatur in deutscher Sprache: Das Beispiel des Prager Kreises – 8. ›Jüdischer Diskurs‹: Explikation

III. »In dunkeln Zeiten«.
   Heine-Rezeption als Tradition der jüdischen
   Literatur deutscher Sprache 37

1. Heine und die deutsche Literatur: Grundzüge seiner Wirkungsgeschichte – 2. Heine als jüdischer Schriftsteller – 3. Heine und die deutsch-jüdische Literatur im 20. Jahrhundert – 4. Yvan Golls verdeckte Heine-Rezeption – 5. Paul Celan und Heine – 6. Heine als Modell des jüdischen Schriftstellers in der Diaspora

IV. Die »Eindrucksfähigkeit für das Jüdische«.
Ostjudentum und jiddische Literatur als
Gegenstand jüdischen Diskurses von Kafka
bis Joseph Roth 55

1. Kafka und die jiddische Literatur – 2. Westjuden und Ostjuden – 3. Die Krise westjüdischer Identität – 4. Annäherungen: Deutsch-jüdische und jiddische Literatur zu Beginn des 20. Jahrhunderts – 5. Jüdische Migration und jiddisches Volkstheater – 6. Joseph Roth über das jiddische Theater – 7. Kontakte: Arnold Zweig und Alfred Döblin über Ostjuden und ihre Literatur – 8. Ein jiddisches Gedicht von Walter Mehring – 9. Ostjuden und Westjuden im Exil

V. Zwischen Babylon und Zion.
Die jüdische Erfahrung des Exils 79

1. Die Vertreibung jüdischer Schriftsteller aus Deutschland – 2. Die Situation der jüdischen Exilliteratur – 3. Der jüdische Diskurs im Exil – 4. Das Exil als soziologisches und politisches Problem: Alfred Döblins Programm der »jüdischen Erneuerung« – 5. »Zionismus ohne Zion«: Ludwig Marcuses Kritik an Döblins Programm – 6. Das Exil als religiöses Problem: Karl Wolfskehls »Hiob«-Dichtung – 7. Der gescheiterte Exodus und das Exil ohne Ende: Robert Neumanns Roman »An den Wassern von Babylon« – 8. Exil und jüdische Identität

VI. Holocaust-Literatur als jüdische Literatur.
Paul Celans »Todesfuge« 99

1. Gedichte nach Auschwitz und über Auschwitz – 2. Der ›historische Gehalt‹ der »Todesfuge« – 3. Die Form der »Todesfuge« und das »Hohelied« – 4. Die »Todesfuge« in der jüdischen Literatur

VII. Literatur »auf Grund von Auschwitz«.
Das Beispiel Grete Weils 113

1. Literatur über Auschwitz und »auf Grund von Auschwitz« – 2. Erzählen als Zeugnisablegen – 3. Die Grenze der

Zeugenschaft – 4. Jüdische Identität als Problem – 5. Fiktion und Autobiographie

VIII. »Die Trennung«.
Jüdischer Diskurs und deutsche Nachkriegsliteratur 129

1. Differenzen: Deutsche und deutsch-jüdische Literatur nach dem Krieg – 2. »Stimmen von draußen«: Die Fortdauer des jüdischen Exils nach 1945 – 3. Jüdische Exilliteratur und deutsche Nachkriegsliteratur – 4. Identitätsprobleme deutsch-jüdischer Schriftsteller: Hilde Domin, Wolfgang Hildesheimer, Jean Améry – 5. Die Marginalität jüdischer Diskurse: Manès Sperber und Paul Celan – 6. Die Verdrängung des Holocaust in der deutschen Nachkriegsliteratur – 7. Der Diskurs über Juden in der deutschen Nachkriegsliteratur: Heinrich Böll und Günter Grass – 8. Die Wiederentdeckung des deutsch-jüdischen Intellektuellen: Alfred Anderschs »Efraim« – 9. Eine Schnittstelle: Die jüdische Rezeption von Anderschs Roman bei Marcel Reich-Ranicki, Jean Améry und Robert Neumann

IX. Die »beschränkte Hoffnung«.
Jüdischer Diskurs in der deutschen Gegenwartsliteratur 152

1. Die Fortsetzung des jüdischen Diskurses in der deutschen Gegenwartsliteratur – 2. »Nachauschwitz-Deutschland«: Kritik der deutschen Gesellschaft – 3. Der »Zelot«: Kritik an Juden – 4. Der Traditionsbruch: Jüdische Gegenwartsliteratur und deutsch-jüdische Literatur – 5. Jüdische Gegenwartsliteratur als Literatur einer Minderheit

Anmerkungen 164

Literaturverzeichnis 192

Personenregister 204

Jede Gegenwart ist eine Noterbin der Vergangenheit. Sie kann die Erbschaft weder ausschlagen noch *sub beneficio inventarii* antreten; sie muß sie, und zwar ganz, übernehmen, mit ihren Schulden und mit ihrer Schuld.

Ludwig Börne: Aphorismen und Miszellen

I. Das »heimliche Korrektiv«
Einleitung

1. Juden in der deutschen Literatur

In keinem anderen Bereich deutscher Kultur haben Juden so viele und so tiefe Spuren hinterlassen wie in der Literatur. Mit Rahel Varnhagen, Ludwig Börne und Heinrich Heine beginnt zwischen 1820 und 1830 die große Epoche deutsch-jüdischer Literatur. Sie hat gut einhundert Jahre gedauert, und in dieser Zeit haben Autorinnen und Autoren wie Else Lasker-Schüler, Jakob Wassermann, Franz Werfel, Joseph Roth, Franz Kafka, Alfred Döblin und andere nicht nur die deutsche, sondern ebenso die jüdische Literatur verändert. Durch sie ist die deutsche Literatur auch eine jüdische Literatur geworden – wie umgekehrt die jüdische Literatur zugleich deutsche Literatur geworden ist.

Die Geschichte der deutsch-jüdischen Literatur ist vergleichsweise kurz, aber außerordentlich eindrucksvoll, reich an bedeutenden Werken und großen Autoren. Mit der Moderne in der deutschen Literatur ist sie untrennbar verbunden, zumal während der Weimarer Republik und im Exil. Die Geschichte der deutsch-jüdischen Literatur im 20. Jahrhundert hat allerdings ihre eigene Dramatik. Ihre Umschwünge sind heftig, ja abrupt und reichen tiefer, als es die Wechsel bloß literarischer Konventionen vermögen. Mit ihr ist nicht nur mancher Höhepunkt, sondern auch die Katastrophe der deutschen Kultur verknüpft. Erfolg und Scheitern der Aufklärung in Deutschland lassen sich an ihr exemplarisch ablesen.

Die deutsch-jüdische Literatur verdient aber nicht nur ihres symptomatischen Charakters wegen Aufmerksamkeit. Zunächst und zuerst ist sie große Literatur. Sie ist große *deutsche* Literatur, und zumindest im ersten Drittel des 20. Jahrhunderts ist große deutsche Literatur zumeist deutsch-jüdische Literatur. Sie ist aber auch große *jüdische* Literatur, weil in der ersten Hälfte des 20. Jahrhunderts die deutsch-jüdische das Paradigma für jüdische Literatur in nicht-jüdischen Sprachen ist. Und als beides zusammen ist sie schließlich Weltliteratur geworden – am sinnfälligsten im Fall Franz Kafkas und Paul Celans.

2. Deutsch-jüdische Literatur: Konzepte ihrer Beschreibung

Deutsch-jüdische Literatur kann man auf verschiedene Weise darstellen – je nachdem, wie das Adjektiv verstanden wird. Sie läßt sich entweder als Literatur der deutsch-jüdischen Symbiose, als deutsche Literatur jüdischer Autoren oder schließlich als jüdische Literatur in deutscher Sprache beschreiben. Die Unterschiede mögen auf den ersten Blick gering erscheinen, sind aber gewichtig. Im ersten Fall erscheint die deutsch-jüdische Literatur als eine symbiotische Einheit, gleichermaßen deutsch und jüdisch. Im zweiten Fall stellt sie sich als Teil der deutschen, im dritten als Teil der jüdischen Literatur dar – mehr deutsch als jüdisch im einen, mehr jüdisch als deutsch im anderen Fall.

Jede dieser drei Perspektiven hat ihre wissenschaftliche Tradition. Als Ausdruck einer »Kultursynthese«,[1] einer »Verschmelzung von deutschem und jüdischem Geist«[2] ist die deutsch-jüdische Literatur, sei es im Ganzen, sei es in Teilen, zumeist von jüdischen Deutschen wie Margarete Susman beschrieben worden. Die Betonung lag dabei auf der »Wechselwirkung, in der, seit Juden in Deutschland leben, jüdischer und deutscher Geist verbunden waren«.[3] Dafür sind von Margarete Susman die unterschiedlichsten literarischen Zeugen angeführt worden: von Luthers Bibelübersetzung über Moses Mendelssohns Öffnung zur deutschen Kultur und der jüdischen Goethe-Verehrung bis hin zu Franz Kafka.

Deutsch-jüdische Literatur als deutsche Literatur von Juden hat Ludwig Geiger in seinem Buch »Die Deutsche Literatur und die Juden« beschrieben. Sein Versuch, die »passive« wie die »aktive Beteiligung« der Juden »an der deutschen Literatur« darzustellen, sollte vor allem zeigen, »in welcher Weise durch Juden die deutsche Literatur beeinflußt worden ist«[4] – etwa von Moses Mendelssohn, Ludwig Börne, Berthold Auerbach oder Karl Emil Franzos.

Deutsch-jüdische Literatur als jüdische Literatur ist im 20. Jahrhundert zuerst in dem von Gustav Krojanker herausgegebenen Sammelband »Juden in der deutschen Literatur« charakterisiert worden – mit dem Ziel, das darzulegen, was Autoren wie Franz Kafka, Franz Werfel oder Martin Buber als jüdische kennzeichnet. Krojankers Buch ist dabei erklärtermaßen ein Versuch, »den Juden innerhalb des deutschen Kulturkreises als eine Sondererscheinung zu sehen«.[5]

Jede dieser Perspektiven hat ihr Recht. Wie es Autoren und Autorinnen gegeben hat, die sich als Repräsentanten einer deutsch-jüdischen Symbiose verstanden haben, gab es solche, die sich nicht mehr als Juden, nur noch als Deutsche begriffen – und solche schließlich, die eher eine jüdische als eine deutsche Identität hatten. Mag Arthur Schnitzler ein Beispiel für den ersten Typus gewesen sein, so war Kurt Tucholsky eines für den zweiten und Max Brod eines für den dritten.

In neueren germanistischen Untersuchungen steht der »Beitrag« jüdischer Autoren zur deutschen Literatur oder deren »Anteil« an ihr im Mittelpunkt – nicht selten sogar unter ausdrücklicher Berufung auf Geiger,[6] ohne daß allerdings die theoretische und historische Begrenztheit seines Verfahrens und ihre ideologischen Voraussetzungen reflektiert würden. Daneben findet sich allerdings gelegentlich noch immer ein Verständnis der deutsch-jüdischen Literatur als Ausdruck der deutsch-jüdischen Symbiose[7] – trotz aller Bedenken, die inzwischen gerade von jüdischen Gelehrten wie Gershom Scholem gegen solche Konzepte vorgebracht worden sind.[8]

Diesem Buch liegt ein anderes Verständnis deutsch-jüdischer Literatur zugrunde. Es ist nicht deutscher Literatur jüdischer Autoren, sondern jüdischer Literatur in deutscher Sprache gewidmet. Nicht was ›deutsch‹ an der deutsch-jüdischen Literatur, sondern was ›jüdisch‹ an ihr ist, steht hier im Mittelpunkt. Diese Frage ist allerdings nicht leicht zu beantworten – und sie ist heikel. Wer sie stellt, ist schnell dem Mißverständnis ausgesetzt, die unbezweifelbare Zugehörigkeit jüdischer Schriftsteller zur deutschen Literatur zu leugnen und erneut auszuschließen, was schon einmal ausgegrenzt worden ist.[9] Solchen Bedenken sind jedoch vor allem zwei Argumente entgegenzuhalten. Zum einen sind ›deutsche Literatur‹ und ›jüdische Literatur‹ nicht dichotomische Begriffe: die Zugehörigkeit zur einen muß die zur anderen Literatur nicht ausschließen. Zum anderen verdankt sich die Frage, was das ›Jüdische‹ an der deutsch-jüdischen Literatur sei, nicht dem Interesse an einer abstrakten, womöglich historisch unsensiblen Klassifikation: sie folgt vielmehr dem Selbstverständnis jüdischer Autoren.

Tatsächlich gibt es seit dem frühen 20. Jahrhundert auch im deutschen Sprachraum die Bemühung um eine »jüdische Kunst«[10] in einem weiten, die Literatur einschließenden Sinn. Die Schriftsteller, die sich dieser Aufgabe verschrieben, waren zunächst meist Anhänger des Kulturzionismus wie Max Brod. Namen wie Alfred Döblin oder Arnold Zweig stehen jedoch schon in den 20er Jahren für eine Ausweitung dieser Bewegung. Durch die nationalsozialistische Juden-Verfolgung hat sich dann die deutsch-jüdische Literatur noch weiter von dem entfernt, was als ›deutsch‹ galt oder gelten sollte. Diese Linie reicht über die Exil-Literatur hinaus bis in die Gegenwart – etwa bis zu Paul Celan, von dem sein Biograph John Felstiner gesagt hat, daß ihm »die deutsch-jüdische Symbiose nicht am Herzen lag«.[11]

Der Versuch, eine jüdische Literatur deutscher Sprache zu schaffen, findet seinen wichtigsten Ausdruck in der Darstellung jüdischer Erfahrungen. Von zentraler Bedeutung für die Wandlungen jüdischer Identität im 20. Jahrhundert sind dabei die Krise der Assimilation, das Exil und der Holocaust. Die Darstellungen dieser Erfahrungen, die das Ende der ›deutsch-jüdischen Symbiose‹ markieren, haben den Charakter der deutsch-jüdischen Literatur verändert. Sie haben einen eigenen Diskurs konstituiert, der es rechtfertigt, von einer jüdischen Literatur deutscher Sprache zu sprechen.

In der Analyse dieses Diskurses soll hier jüdische Literatur in deutscher Sprache empirisch beschrieben werden. Essentialistische Bestimmungen des Begriffs sind demgegenüber schon aus grundsätzlichen methodischen Gründen problematisch. Der Rede etwa von »jüdischem Geist« oder »jüdischer Geistigkeit«, gar von »jüdischer Substanz« oder von »Wesensmerkmalen« des Jüdischen, wie sie in neueren germanistischen Untersuchungen anzutreffen ist,[12] wird hier die von identitätsstiftenden, literarisch manifesten jüdischen Erfahrungen vorgezogen. Dabei wird auch auf eine Reduktion dieser untereinander heterogenen Erfahrungen auf *die* jüdische Erfahrung oder *die* Art jüdischer Erfahrung verzichtet.

Die Verschiedenartigkeit der jüdischen Literatur in deutscher Sprache, die Autoren wie Max Brod und Franz Kafka, Alfred Döblin und Joseph Roth, Walter Mehring und Karl Wolfskehl, Robert Neumann und Manès Sperber, Paul Celan und Grete Weil einschließt, verlangt vielmehr Differenzierungen fast von Fall zu Fall. Selbst die naheliegende Bestimmung jüdischer Literatur als religiöser Literatur wäre eine unzulässige Verallgemeinerung. Zweifellos ist die deutsch-jüdische Literatur – ebenso wie die nicht-jüdische deutsche – von vielerlei »Spuren der Schrift«[13] durchzogen; doch ist sie im Ganzen keine religiöse Literatur.

Ebensowenig läßt sich die Entstehung einer jüdischen Literatur in deutscher Sprache als eine stetige Entwicklung darstellen. Bei aller Dynamik, die den historischen Veränderungen geschuldet ist, verläuft dieser Prozeß eher sprunghaft. Seinen Diskontinuitäten und Diskrepanzen kann eine strenge Systematik nicht gerecht werden. Zwischen den einzelnen Diskursen gibt es, thematisch und personell, oft kaum Verbindungen. Dennoch ist am Ende das Ergebnis deutlich: die Differenz, ja Dissoziation von nicht-jüdischer deutscher und deutsch-jüdischer Literatur, die spätestens nach 1945 offensichtlich geworden ist.

Insofern sind auch die Namen Kafka und Celan nicht willkürlich gewählt. Sie bezeichnen die Eckpunkte einer literarhistorischen Entwicklung, die sich als Verwandlung der deutschjüdischen Literatur in eine jüdische Literatur deutscher Sprache kennzeichnen läßt. Was am Anfang des Jahrhunderts bei Kafka unter besonderen Bedingungen beginnt, scheint fünfzig Jahre später bei Celan unter ganz anderen Umständen abgeschlossen.

Dieses Buch ist ein erster Versuch, die Entstehung des jüdischen Diskurses in der deutschen Literatur des 20. Jahrhunderts darzustellen. Es beschränkt sich auf einige, allerdings paradigmatische Fallbeispiele, ohne Vollständigkeit anzustreben.

Insofern kann es auch nicht beanspruchen, eine umfassende Geschichte der jüdischen Literatur deutscher Sprache oder gar eine Geschichte der deutsch-jüdischen Literatur zu sein. Die eine wie die andere Geschichte bleibt, vorerst, weiter ungeschrieben.[14]

3. Methodische Probleme

Der Versuch, deutsch-jüdische Literatur als jüdische Literatur in deutscher Sprache zu beschreiben, birgt für den Nicht-Juden ein hermeneutisches Problem. Seinen Bemühungen haften immer die Spuren interkulturellen Verstehens an. Fremd-Verstehen kann dem Selbstverständnis nie ganz entsprechen und mag aus dessen Sicht nicht nur anders, sondern oft auch unvollkommener erscheinen. Seine Mängel können aber seine Notwendigkeit nicht aufheben. Als ein Versuch, das Andere dialektisch als Teil des Eigenen zu begreifen, steht es im Zeichen der Alterität. Diese hermeneutische Anstrengung im Hinblick auf die deutsch-jüdische Literatur – wie die deutsch-jüdische Kultur im Ganzen – zu unternehmen, ist für nicht-jüdische Deutsche heutzutage von besonderer Bedeutung. Als ›Noterben‹ (Ludwig Börne)[15] der deutschen Vergangenheit haben sie nicht nur mit Schulden und Schuld zu leben, auch mit verlorenen Möglichkeiten. Ein Studium der jüdischen Literatur deutscher Sprache kann ein Bewußtsein für das eine wie das andere vermitteln. Denn erst wenn wir wissen, was wir zerstört haben, wissen wir, was wir verloren haben.

Das Ergebnis einer Beschäftigung mit der deutsch-jüdischen Literatur kann aber nicht nur Trauer sein. Hans Mayer hat von seinem Buch »Außenseiter«, das der problematischen Existenz von Frauen, Homosexuellen und Juden in der bürgerlichen Gesellschaft gewidmet ist, gesagt, es gehe »von der Behauptung aus, daß die bürgerliche Aufklärung gescheitert ist«.[16] Ein ähnliches Fazit muß am Ende eines Studiums der deutsch-jüdischen Literatur des 20. Jahrhunderts stehen. Gerade weil sie ein Ort, ja vielleicht *der* Ort des »aufgeklärt-humanistischen Denkens«[17] war, ist sie besonders gezeichnet von dem Scheitern der Idee eines »Zusammenlebens von Juden und Nichtjuden in einer einheitlichen Aufklärungskultur«[18] in Deutschland.

Mit dem Scheitern dieser Idee hat auch das universalistische Denken der Aufklärung seine Geltung verloren. Das Junktim von Emanzipation und Assimilation ist für viele selbstbewußte Juden allerdings schon vor der Aufkündigung ihrer rechtlichen Gleichstellung durch das nationalsozialistische Deutschland problematisch geworden. Daß politische und rechtliche Gleichheit kulturelle Angleichung verlange, ist von ihnen früh bezweifelt worden. Wenn etwas aus der Katastrophe der deutsch-jüdischen Geschichte abzuleiten ist, dann ist es die Notwendigkeit nicht nur der Differenzierung, sondern auch der Differenz. Im Zwang zu kultureller Anpassung steckten bereits die Anfänge des Totalitarismus. Ihm zu entgehen ist allein durch die Anerkennung und Achtung der Unterschiede möglich, die zwischen den Kulturen bestehen.

Dem Studium der jüdischen Literatur deutscher Sprache kommt deshalb paradigmatische Bedeutung zu. Die Erörterung jüdischer Themen von Kafka bis Celan diente der kulturellen Selbstvergewisserung einer Minderheit,[19] die von der Mehrheit abgestoßen wurde und eine eigene Identität ausgebildet hat. Indem sie das Ideal einer »einheitlichen Aufklärungskultur« unter dem Druck der Realität aufgab, hat sie eine Prüfung traditioneller Konzepte von ›Universalismus‹ und ›Partikularismus‹ nötig gemacht.

In der Fähigkeit zu Kritik und Korrektur ist oft das besondere Verdienst der deutsch-jüdischen Literatur gesehen worden. Keiner hat diese Leistung so pointiert charakterisiert wie Thomas Mann, als er in seiner Rede »Zum Problem des Antisemitismus« die Juden »ein heimliches Korrektiv unserer Leidenschaften«[20] genannt hat. Tatsächlich stellt gerade im 20. Jahrhundert der jüdische Diskurs die andere Seite der deutschen Literatur dar. Die Suche nach einer jüdischen Identität, die ihn kennzeichnet, drückt sich zwar zunächst vor allem in einer Beschäftigung mit dem traditionellen Judentum Osteuropas aus, doch geht sie nicht erst im Exil zunehmend mit einer Kritik der Assimilation, und das heißt auch: deutscher Kultur einher. Schließlich wird nach dem Holocaust jüdische Identität vollends, wie bei Celan, durch die Opposition zu deutscher Politik als Inbegriff der Barbarei bestimmt. Die jüdische Literatur deutscher Sprache konstituiert sich so, implizit wie explizit, wesentlich als Kritik und Korrektur der nicht-jüdischen deutschen Kultur. Bezeichnenderweise steht die Wiederentdeckung deutsch-jüdischer Literatur seit den 80er und 90er Jahren oft im Zusammenhang mit der Suche nach einer neuen deutschen Identität.[21] Jede deutsche Identität, die das Andere deutsch-jüdischer Kultur nicht reflektiert, muß tatsächlich problematisch bleiben.

II. »Jüdische Literatur in deutscher Sprache«

Begriffsbestimmung

1. Franz Kafka oder: Was ist ein jüdischer Schriftsteller?

Während der ersten einhundert Jahre ihres Bestehens hat die deutsch-jüdische Literatur zwei Autoren hervorgebracht, die der Weltliteratur angehören: Heinrich Heine und Franz Kafka. Sie als Vertreter einer – jüdischen – Literatur zu sehen bereitet jedoch Schwierigkeiten. Es gibt wohl kaum zwei Schriftsteller, die unterschiedlicher wären. Zwischen ihnen scheint es keine Gemeinsamkeiten und kaum Verbindungen zu geben. Bezeichnenderweise hat Kafka in seinen Tagebüchern nur einmal, und das mehr nebenbei, Heine erwähnt.[1] Neben den vielen Differenzen zwischen ihnen, die auf der Hand liegen: der eine war überwiegend Lyriker, Essayist und Journalist, kaum Erzähler; der andere hingegen ausschließlich Erzähler, scheint eine besonders ins Gewicht zu fallen.

Anders als Heine hat Kafka kein größeres poetisches Werk hinterlassen, das auf Anhieb als ›jüdisch‹ identifiziert werden könnte. In seinem Werk gibt es keinen »Rabbi von Bacherach« und keine »Hebräischen Melodien«. Daß »das Judentum« in Kafkas Werk »niemals in klarer Eindeutigkeit zur Sprache kommt«, hat schon Giuliano Baioni festgestellt: »Es ist nicht Thema, nicht Motiv oder Stoff, der zum Gegenstand literarischer Darstellung gemacht werden könnte.«[2] Inzwischen ist zwar vielfach gewürdigt worden, daß Kafka Jude war;[3] ob er auch ein jüdischer Schriftsteller war, ist jedoch bis heute umstritten. Noch 1987 hat Beda Allemann die Frage gestellt, »ob und in welch genauerem Sinn Franz Kafka als Dichter jüdischer Prägung zu bezeichnen ist«.[4]

Schon die zeitgenössische Rezeption seiner Romane und Erzählungen ist widersprüchlich. Kurt Tucholsky, einer seiner frühesten Bewunderer, hat in seinen Besprechungen von »In der Strafkolonie«, »Der Prozeß« und »Amerika« mit keinem Wort erwähnt, daß der Autor Jude sei. Statt dessen hat er ihn – etwa in der Rezension von »Amerika« – einfach als »große[n] Prosaiker«,[5] ja als »wahren Klassiker der deutschen Prosa«[6] bezeichnet. Max Brod dagegen hat in seiner Biographie von 1937 nicht nur Kafkas jüdischer Herkunft und seiner »religiösen Entwicklung« einige Aufmerksamkeit geschenkt. Er hat auch, in »Andeutungen über die Beziehung des Romans zum jüdischen Schicksal«, eine »spezifisch jüdische Deutung« des »Schloß« versucht. Dabei ist er zu dem Ergebnis gelangt, »daß Kafka im ›Schloß‹ aus seiner jüdischen Seele hervor in einer schlichten Erzählung über die Gesamtsituation des heutigen Judentums mehr gesagt hat, als in hundert gelehrten Abhandlungen zu lesen ist«.[7]

Brod hat seine »spezifisch jüdische Deutung« nicht im Gegensatz zu einer »allgemeinen menschlichen« oder »allgemeine[n] religiösen«[8] gesehen. Dennoch bleibt die Differenz zwischen seinem und Tucholskys Urteil über Kafka auffällig. Es liegt nahe, sie mit der Verschiedenartigkeit der beiden Rezensenten zu erklären. Obwohl beide Juden waren, hatte der eine sich doch schon früh vom Judentum distanziert – während der andere sich, unter dem Einfluß Martin Bubers, zum Kulturzionisten entwickelt hatte. Dieser Unterschied wäre jedoch nicht unbedingt von Bedeutung, böte nicht das Werk Kafkas dem einen wie dem anderen Anhaltspunkte für seine Deutung.

»Das Wort ›Jude‹ kommt im ›Schloß‹ nicht vor«:[9] diese Feststellung, die Brod seiner »spezifisch jüdischen Deutung« des Romans voranstellt, umschreibt das Problem. Ausdrücke wie ›Jude‹ oder ›jüdisch‹ gehören nicht zum poetischen Vokabular Kafkas. Jüdische Themen definieren nicht sein erzählerisches Werk. Das unterscheidet ihn von manch anderem jüdischen Autor – nicht nur von seinem Freund Max Brod. Gleichwohl ist Kafka jedoch schon früh als jüdischer Autor verstanden worden. Die »judaistische Kafka-Deutung«[10] beginnt nicht erst mit Walter Benjamins Essay von 1934. Schon in einem Brief vom 1. August 1931 an Benjamin hat Gershom Scholem von eigenen Überlegungen gesprochen, die aber freilich nicht Kafkas Stellung in dem Kontinuum des deutschen (in dem er keinerlei Stellung hat, worüber *er selbst* sich übrigens nicht im mindesten zweifelhaft war; er war wie du wohl weißt Zionist), sondern des jüdischen Schrifttums betreffen.[11]

Das ist in der Tat eine starke These: daß Kafka nicht der deutschen, sondern der jüdischen Literatur zuzurechnen sei. Zumindest die Behauptung, er habe »keinerlei Stellung« in der deutschen Literatur gehabt, scheint jedoch unhaltbar. Bereits 1920 hat Kurt Tucholsky in seiner Rezension der Erzählung »In der Strafkolonie« Kafka mit Kleist verglichen[12] – wie viele andere nach ihm. Kafkas Tagebücher wiederum lassen erkennen, wie eingehend er sich nicht nur mit Kleist, sondern z.B. auch mit Goethe und Grillparzer auseinandergesetzt hat[13] – nicht zu reden von den vielfältigen Beziehungen, die er zu den Autoren des Prager Kreises unterhalten hat.

In einer kritischen Auseinandersetzung mit Scholems Einschätzung hat deshalb auch Hans Dieter Zimmermann betont, daß Kafka »natürlich [...] zum Kontinuum der deutschsprachigen Literatur« gehöre – »einfach dadurch, daß er deutsch schreibt«.[14] Zimmermann selbst ist zu einer ganz anderen Einschätzung als Scholem gelangt: »Kafka sah sich als modernen europäischen Schriftsteller und verglich sich immer mit modernen europäischen Schriftstellern, nie mit jüdischen oder hebräischen.«[15] Zimmermanns Fazit: »Kafka ist Jude und jüdischer Schriftsteller auf seine besondere Weise und keiner Gruppe zuzuordnen.«[16]

Zimmermanns Argumentation wirft allerdings nicht weniger Fragen auf als die Scholems: Wie ist es zu verstehen, daß Kafka ein »jüdischer Schriftsteller« gewesen sei – aber nicht zur jüdischen Literatur gehöre? Wenn er einerseits der deutschen, andrerseits der »modernen europäischen« Literatur zugerechnet wird – warum dann nicht auch der jüdischen? Schließt die Zugehörigkeit zur deutschen die zur jüdischen Literatur aus? Die Beantwortung solcher Fragen verlangt eine Klärung der Begriffe ›jüdischer Schriftsteller‹ und ›jüdische Literatur‹. Gerade daran aber fehlt es bei Zimmermann. Zwar expliziert er kurz sein Verständnis von deutscher Literatur: »Wenn der Begriff ›deutsche Literatur‹ sinnvoll definiert werden kann, dann nur durch die Sprache; deutsche Literatur ist alle Literatur in deutscher Sprache.«[17] Doch dem Problem, wie man den Begriff ›jüdische Literatur‹ bestimmen kann, hat er keine Aufmerksamkeit gewidmet.

Daß seine Vorstellungen darüber unklar sind, läßt nicht nur seine Bemerkung vermuten, Kafka habe sich »nie mit jüdischen oder hebräischen« Autoren verglichen. Noch bedenklicher erscheint eine These, die er 1992 aufgestellt hat: »Kafka ist auch ein ›jiddischer Schriftsteller‹ – könnte man sagen –, insofern wichtige Komplexe seiner Vorstellungswelt mit der mancher modernen jiddischen Autoren Ähnlichkeit besitzt.«[18] Mit dieser These widerspricht Zimmermann sich selber. Wenn er, wie im Fall der deutschen, eine Literatur »nur durch die Sprache« definiert – und anders wird man auch im Fall der jiddischen Literatur kaum verfahren –, dann kann ein Autor, der nie Jiddisch geschrieben hat, dieser Literatur einfach nicht zugerechnet werden.

Zimmermann hat diesen Gedanken im Zusammenhang einer neuerlichen Kritik an der Einschätzung Scholems geäußert. Seine offenkundige Fehleinschätzung macht allerdings auf ein weiteres Problem aufmerksam. Einer Klärung bedarf das Verhältnis der ›jüdischen‹ nicht nur zur deutschen, sondern ebenso zur jiddischen und hebräischen Literatur. Ist jüdische Literatur identisch mit hebräischer Literatur, wie es Zimmermanns Hinweis auf Kafkas Selbstverständnis suggeriert? Und wie ist dann etwa die jiddische Literatur einzuschätzen – und gar die deutsch-jüdische? Offenbar lassen sich all diese Fragen – einschließlich der, was ein jüdischer Schriftsteller sei – nicht für sich beantworten, sondern nur auf der Grundlage einer Definition des Begriffs ›jüdische Literatur‹.

2. ›Jüdische Literatur‹:
Ein Begriff und seine Geschichte

Von jüdischer Literatur zu sprechen ist in Deutschland nicht selbstverständlich. Der Ausdruck wird, anders als etwa der Begriff ›Jewish Literature‹ in den USA, hierzulande nicht oft verwendet. Wo immer er in neueren germanistischen Arbeiten auftaucht, ist sogar eine Reserve gegen ihn spürbar. Beda Allemann beispielsweise hat kritisch zu bedenken gegeben, ob es nicht »schlicht« ein »Irrtum« sei, »wenn Autoren des 20. Jahrhunderts wie Werfel, Zweig, Kafka, Canetti, Celan und so manche andre von der Kritik pauschal als jüdische Dichter und Schriftsteller bezeichnet und ihre Werke als spezifisch jüdische interpretiert werden«.[19] In solchen Bedenken teilt sich, mehr noch als eine Scheu vor dem Begriff ›jüdische Literatur‹, ein tiefes Mißtrauen gegen seine Verwendung mit.

Dieses Mißtrauen ist historisch begründet, und zwar sowohl begriffs- wie wissenschaftsgeschichtlich. Die Geschichte des Begriffs ›jüdische Literatur‹ in Deutschland ist zu einem großen Teil die Geschichte seines ideologischen Mißbrauchs. ›Jüdisch‹ war ein Kampfbegriff der völkischen und nationalsozialistischen Germanistik.[20] Als ›jüdische Literatur‹ galt ihr all das, was sie scharf ablehnte: ästhetisch raffinierte und avancierte Dichtung, psychologische und pazifistische Literatur.[21] ›Jüdisch‹ fungierte dabei als Gegenbegriff zu ›deutsch‹: ›jüdische Literatur‹ war für ihre Kritiker ›undeutsch‹, eine Gefahr für Volk und Nation. Adolf Bartels z.B. hat in seiner Geschichte der »Deutschen Dichtung von Hebbel bis zur Gegenwart« (1922) genau zwischen »Jüdische[n] Schriftsteller[n] und Schriftstellerinnen«[22] einerseits und »deutschen Dichtern«[23] andrerseits unterschieden. »Daß ein Jude kein deutscher Dichter werden kann«,[24] war ihm unbezweifelbar.

Solche Polemik gegen jüdische Autoren und jüdische Literatur fand nicht nur in antisemitischen Zeitschriften wie »Der Weltkampf« ihre Fortsetzung. Auch die zünftige Germanistik beteiligte sich an ihr.[25] Mit den Begriffen wurde Politik getrieben, Literatur-Politik, die sich allerdings in Übereinstimmung mit der mörderischen Gesellschafts-Politik des deutschen Antisemitismus wußte: In der Literatur wurde ausgegrenzt, was auch gesellschaftlich ausgesondert werden sollte.

Die Germanistik hat aus der Geschichte, die eben auch die Geschichte ihrer Verfehlung ist, stillschweigend die Konsequenz gezogen, den Begriff ›jüdische Literatur‹ als vermeintlich rassistisch besetzten Ausdruck zu meiden. Statt dessen zieht sie es vor, von dem »Beitrag« oder dem »Anteil von Autoren jüdischer Abstammung an der deutschsprachigen Literatur«[26] oder kurz von »deutsch-jüdischer Literatur«[27] zu sprechen, um gerade die unzweifelhafte Zugehörigkeit jüdischer Autoren zur deutschen Literatur zu betonen.

Solche Vorsicht der Formulierung ist verständlich und ehrenwert. Sie ist bestimmt von der Sorge, sprachlich nicht auszuschließen, was politisch und sozial diskriminiert worden ist. Dennoch ist sie nicht unproblematisch. Das beginnt bereits mit der terminologischen Alternative. Auch ›deutsch-jüdisch‹ ist kein neutraler Ausdruck. Nicht nur sein Erfinder, Moritz Goldstein, hat ihn in seinem Aufsatz »Deutsch-jüdischer Parnaß« von 1912 durchaus abwertend gebraucht.[28] Selbst Kafka hat von der »Hölle des deutsch-jüdischen Schrifttums«[29] gesprochen.

Die Entscheidung, Ausdrücke wie ›jüdische Literatur‹ oder ›jüdische Schriftsteller‹ nicht zu verwenden, ist durchaus ideologisch begründet. Wenn etwa behauptet wird, einer »unvoreingenommenen Literaturgeschichtsschreibung« sei es »unmöglich, eine genuin ›jüdische Literatur‹ auszumachen und die differenzierte Skala literarischer Ausdruckweisen bestimmten rassischen Faktoren zuzuordnen«,[30] dann ist das ebenso richtig wie falsch. Richtig ist die Abwehr einer rassistischen Literaturgeschichtsschreibung, falsch hingegen die Unterstellung, der Ausdruck ›jüdische Literatur‹ sei notwendig mit rassistischen Vorurteilen verbunden. Die Geschichte des Begriffs erscheint in solchen Behauptungen vielmehr auf die Geschichte seines Mißbrauchs reduziert.

Tatsächlich ist ›jüdische Literatur‹ jedoch keineswegs ein schon von sich aus rassistischer Ausdruck, den völkische und nationalsozialistische Literaturwissenschaftler erfunden hätten. ›Jüdische Literatur‹ ist vielmehr eine Begriffsprägung der Wissenschaft des Judentums, wie sie zu Beginn des 19. Jahrhunderts von Gelehrten wie Leopold Zunz oder Moritz Steinschneider begründet worden ist.[31] Die Geschichte des Begriffs läßt sich bis in das 19. Jahrhundert zurückverfolgen – etwa bis zu der zweibändigen, noch heute bekannten »Geschichte der jüdischen Literatur« von Gustav Karpeles, die 1886 in erster Auflage erschienen ist, zu Meyer Kayserlings Buch »Die Jüdische Literatur von Moses Mendelssohn bis auf die Gegenwart« von 1896[32] oder Moritz Lazarus' Vortrag »Was heisst und zu welchem Ende studirt man jüdische Geschichte und Litteratur?« von 1900.[33]

Schon Leopold Zunz hat im übrigen von ›jüdischer Literatur‹ gesprochen. Gleich in seinem ersten Aufsatz, »Etwas über die rabbinische Literatur« von 1818, mit dem die Wissenschaft des Judentums beginnt, hat er den Begriff vorgeschlagen. Verwendet er ihn anfangs noch synonym für ›neuhebräische Literatur‹,[34] so hat er ihn in einem Lexikon-Artikel von 1848 weiter gefaßt. Jüdische Literatur definiert er als »auf der hebräischen wurzelnd, und meist in der hebräischen Sprache fortschreitend, bald persische Religionsbegriffe, griechische Weisheit und römisches Recht, wie später arabische Poesie und Philosophie und europäische Wissenschaft in sich«[35] aufnehmend. Schließlich faßt er den Begriff so weit, daß er sogar »Werke aus allen Gebieten des Wissens und eine anhaltende Polemik, meist in hebr., deutscher und französischer Sprache«[36] einschließt.

Daß der Ausdruck keinen Eingang in die Terminologie der deutschen Literaturwissenschaft gefunden hat, ist nicht schwer zu erklären. Die Wissenschaft des Judentums war bis 1933 aus der deutschen Universität ausgeschlossen. Eine akademische Tradition der Beschäftigung mit jüdischer Literatur hat deshalb in Deutschland nicht entstehen können. Durch die Vertreibung und Verfolgung jüdischer Wissenschaftler und die Ächtung jüdischer Themen an den Hochschulen während der nationalsozialistischen Herrschaft ging dann auch die außeruniversitäre jüdische Tradition wissenschaftlicher Beschäftigung mit jüdischer Literatur in Deutschland für lange Zeit verloren.

Daß man an die dezidiert jüdische Begriffsverwendung nach dem Krieg nicht wieder anknüpfte, hat einen tieferen Grund. Kennzeichnend nicht nur für den Literaturbetrieb, sondern auch für die – sich als fortschrittlich verstehende – Literaturwissenschaft im Nachkriegsdeutschland war ein aufklärerisch-universalistisches Denken. Sander Gilman hat behauptet, daß eine Beschäftigung mit ›jüdischen Themen‹ durch die Dominanz dieses Denkens gerade unter den liberalen Autoren und Kritikern der deutschen Nachkriegsliteratur behindert, ja verhindert wurde. In Erinnerung an den Umgang der Nationalsozialisten mit Minderheiten lehnten sie jeden Partikularismus ab, um von vornherein eine Ausgrenzung zu verhindern. Noch heute sei ein Begriff wie ›jüdischer Schriftsteller‹ oder ›jüdische Literatur‹ für die meisten Deutschen »eine unakzeptable, sogar rassistische Kategorie« – weil solche Ausdrücke

»mit dem Stempel des Andersseins, den die Nazis den jüdischen Literaten aufgedrückt haben, verwechselt«[37] würden. Daß sie auch Ausdruck jüdischen Selbstverständnisses sein können, ist lange Zeit übersehen worden.[38]

3. Zum Literaturbegriff

Die Bemühungen um eine Bestimmung des Begriffs sind so alt wie die Versuche, die Geschichte der jüdischen Literatur zu schreiben. Lange Zeit war dabei in der Wissenschaft des Judentums – wie später in der Judaistik – ein Literatur-Begriff leitend, der tendenziell alles Gedruckte umfaßt. Gustav Karpeles hat ihn in seiner »Geschichte der jüdischen Literatur« so weit ausgedehnt, daß er »das gesamte Schrifttum der Juden von den ältesten Zeiten ihrer Geschichte bis auf die Gegenwart, ohne Rücksicht auf Form und Sprache, sowie auf den Inhalt dieses Schrifttums«[39] einschließt. So verstanden, umspannt die Geschichte der jüdischen Literatur drei Jahrtausende. Ihren Anfang bildet die biblische Literatur, die Karpeles zugleich als ihre »Blüte«[40] begreift. Sakrale und profane Texte werden dabei nicht voneinander geschieden.

Dieser weite Literatur-Begriff mag anachronistisch erscheinen, wenn man an die terminologische Entwicklung in den neueren Literaturwissenschaften denkt. Schon seit dem Anfang des 19. Jahrhunderts wird ›Literatur‹ in den neusprachlichen Philologien zumeist als Abkürzung für ›schöne Literatur‹ verwendet. Dieser Sprachgebrauch hat den älteren der ›historia litteraria‹ des 18. Jahrhunderts abgelöst, der immer auf die »Gesamtheit der Texte« abzielte.[41] Diesem älteren Sprachgebrauch ist Karpeles offenbar noch verpflichtet: ein Zeichen für die Differenz jüdischer und nicht-jüdischer Literaturwissenschaft.

Einen ähnlich weitgefaßten Literatur-Begriff kann man allerdings noch heute in der Judaistik antreffen. Günter Stemberger hat in seiner »Geschichte der jüdischen Literatur« versucht, »sämtliche literarische Gattungen« zu berücksichtigen – »angefangen von [sic!] der religiösen oder profanen Dichtung über die verschiedenen Formen der Gesetzgebung oder Geschichtsschreibung bis hin zum modernen Roman«. Der Begriff Literatur

gilt hier im weitestmöglichen Umfang: nicht nur Werke der sogenannten ›schönen Literatur‹, Dichtung, Novelle, Roman usw. gehören hierher, sondern auch juridische Texte (etwa die Responsensammlungen), grammatische Traktate, Geschichtsschreibung und religiöses Schrifttum in all seinen Ausprägungen: kurz gesagt, fast alles, was schriftlich niedergelegt worden ist.[42]

Was dabei zunächst als terminologischer Anachronismus erscheinen mag, verweist jedoch, richtig verstanden, auf das kulturell bedeutsame Faktum,

daß jüdische Literatur von Beginn an aufs engste mit der Religion und der Geschichte des Volkes Israel zusammenhing und insofern – im Gegensatz zu anderen Weltliteraturen – keine Dissoziation von geistlich-religiöser und weltlicher Dichtung bzw. wissenschaftlicher Literatur erfolgte.[43]

Wenn heute in der Literaturwissenschaft, zumal der amerikanischen, von ›jüdischer Literatur‹ oder ›Jewish Literature‹ gesprochen wird, dann wird in der Regel ein enger gefaßter Literatur-Begriff zugrunde gelegt,[44] in dessen Zentrum fiktionale und poetische Werke stehen. Dennoch erscheint es sinnvoll, ihn nicht auf solche Texte zu beschränken. Schon für Heines Werk ist ein enger Zusammenhang von literarischer und publizistischer Tätigkeit konstitutiv; Ähnliches gilt für zahlreiche jüdische Autoren des 20. Jahrhunderts – von Max Brod über Alfred Döblin und Arnold Zweig bis zu Manès Sperber und Hermann Kesten. Bezeichnenderweise hat auch Krojanker in seinen Band nicht nur Dichter wie Kafka oder Werfel, sondern auch Kritiker und Publizisten wie Alfred Kerr, Maximilian Harden und Moritz Heimann aufgenommen, ja selbst Philosophen wie Otto Weininger und Martin Buber.

4. Zum Begriff des ›Jüdischen‹

Im »Jüdischen Lexikon« hat Ismar Elbogen 1927 ›Jüdische Literatur‹ definiert als dasjenige Schrifttum des j[üdischen] Volkes, das nach der Bibel entstanden ist und die Behandlung oder Darstellung des J[uden]tums, seiner Lehre, seiner Geschichte und seiner Quellenschriften in Prosa oder Poesie, in erster Linie für j[üdische] Leser, zur Aufgabe hat; es gehören nicht in ihren Bereich diejenigen Schriften, die von J[uden] über Fragen der allgemeinen Wissenschaft verfaßt worden sind, selbst wenn sie in hebr. Sprache geschrieben und für j[üdische] Leser bestimmt waren.[45]

Für die Bestimmung dessen, was das Jüdische an der jüdischen Literatur sei, werden hier vor allem zwei Kriterien angeführt: die Zugehörigkeit der Verfasser wie der Leser zum ›jüdischen Volk‹ und die thematische ›Behandlung oder Darstellung des Judentums‹. Impliziert ist dabei ein drittes Kriterium: Daß jüdische Literatur für jüdische Leser bestimmt sei, schließt ein, daß sie in einer jüdischen Sprache verfaßt ist. Jüdische Literatur, in diesem Sinn, ist Literatur von Juden über Jüdisches für Juden in einer jüdischen Sprache. ›Jüdisch‹ oder ›Judentum‹ ist dabei die Bezeichnung zunächst für eine religiöse Identität, von der dann eine soziale abgeleitet wird.

Schon in den 20er Jahren war jedoch dieses Verständnis von Judentum nicht mehr allgemeingültig. In Krojankers Essay-Sammlung z.B. werden zwar einige Autoren porträtiert, die sich in einem religiösen Sinn als Juden definierten wie etwa Martin Buber oder Max Brod, aber auch solche, die sich nicht so verstanden wie etwa Hugo von Hofmannsthal oder Arthur Schnitzler, ja sogar ein Autor wie Rudolf Borchardt, der sich selber gar nicht – mehr – als Jude begriff. Sein Porträtist Willy Haas bezeichnet ihn dennoch als einen »jüdischen Dichter«, doch muß er einräumen, daß Borchardt »sein Judentum« vergessen und ein »traditionalistisch-germanisches Oeuvre«[46] hervorgebracht habe. Noch weiter gefaßt erscheint der Begriff ›Jüdisch‹ im abschließenden Essay »Das neue Dichtertum der Juden« von Alfred Wolfenstein, der Judentum als eine kulturelle Rolle definiert: als die des Heimatlosen und noch in der (neuen) Heimat Fremden. Dabei werden ›Judentum‹ und ›Dichtertum‹ fast identische Begriffe.

Diese terminologischen Veränderungen sind nicht willkürlich. Sie reflektieren vielmehr Wandlungen der jüdischen Literatur, wie sie seit dem 19., vollends dann seit dem 20. Jahrhundert zu beobachten sind. Inbegriff jüdischer Literatur am Ende des 19. Jahrhunderts war neben der hebräischen die jiddische Literatur. Als Literatur in einer jüdischen Sprache, die jüdische Themen behandelte und sich an jüdische Leser richtete, entsprach sie genau den Kriterien Elbogens. Durch die Migrationswellen der osteuropäischen Juden nach Westen – zunächst nach Mittel- und Westeuropa, vor allem nach Österreich und Deutschland, dann über England in die USA – verlor die jiddische Literatur jedoch bald an Bedeutung. Die fortschreitende Assimilation der osteuropäischen Emigranten führte zur Entstehung einer neuen jüdischen Literatur. Besonders deutlich ist diese Entwicklung in den USA, wo die Yiddish-American Literature der ersten Generation vor allem russischer und polnischer Einwanderer bereits nach zwei bis drei Jahrzehnten von der Jewish-American Literature abgelöst wird.[47] Englisch wird dabei – mit einem Wort Cynthia Ozicks – zum »New Yiddish«.[48]

Schon zu Beginn des 20. Jahrhunderts war jüdische Literatur nicht notwendig mehr Literatur in jüdischen Sprachen, und sie wandte sich auch nicht nur an jüdische Leser. Damit zugleich wandelte sich das Verständnis dessen, was jüdische Themen seien. Neben Fragen, die allein jüdische Gemeinschaften betrafen, wie sie etwa die Ghetto-Literatur kennzeichneten, traten nun etwa auch solche nach dem Verhältnis der Juden zu Nicht-Juden. Eine Distanzierung vom Judentum wurde sogar vielfach ein Merkmal jüdischer Literatur.

Für eine Bestimmung des Begriffs ›jüdische Literatur‹ ergibt sich aus diesen Verhältnissen eine offenkundige Schwierigkeit. Aufgrund der Veränderungen, denen sie im Lauf ihrer Geschichte unterworfen war, ist die jüdische Literatur kaum auf *einen* Begriff zu bringen. Angesichts der Extreme, zwischen denen sie sich bewegt hat und noch immer bewegt, läßt sie sich letztlich nur durch zwei weit gefaßte Merkmale definieren: durch die Zugehörigkeit der Autoren und durch einen literarisch manifesten Bezug ihrer Werke zum Judentum. ›Jüdische Literatur‹ soll hier folglich als ein Sammelbegriff für alle Texte jüdischer Schriftsteller verstanden werden, die eine jüdische Identität erkennen lassen.

Die Formel von den jüdischen Autoren mit jüdischer Identität mag zunächst tautologisch anmuten, sie ist es aber nicht. Nicht nur Otto Weininger hat in »Geschlecht und Charakter«

gefordert, die Juden sollten aufhören, Juden zu sein.[49] Juden ohne jüdische Identität sind ein Phänomen der Assimilation. Sie sind deshalb auch geradezu ein Topos der deutschen Literatur – nicht nur bei nicht-jüdischen Schriftstellern wie Böll oder Grass, sondern ebenso bei jüdischen wie Arthur Schnitzler.[50] Dem entgegengesetzt ist, was schon Ludwig Geiger das »Erwachen des jüdischen Bewußtseins«[51] genannt hat: die Zurücknahme der Assimilation.

Den historischen Wandlungen entsprechend, sind die beiden Ausdrücke ›Zugehörigkeit zum Judentum‹ und ›literarisch manifester Bezug zum Judentum‹ in einem weiten Sinn zu verstehen. Für Ismar Elbogen war ›Zugehörigkeit zum Judentum‹ noch vor allem religiös definiert: als Bindung an den jüdischen Glauben. 60 Jahre später hat Vilém Flusser in einem Essay das Judesein als eine komplexe Identität beschrieben, die neben einem religiösen zumindest noch einen existentiellen und einen kulturellen Aspekt hat.[52] Mira Zussman wiederum hat die »Wurzeln jüdischer Identität« in »vier Prinzipien« entdeckt: »im Gefühl gemeinsamer Herkunft, in der Verbundenheit durch den Glauben, in der Orientierung auf ein gemeinsames Land, in der Identifizierung mit einer besonderen Geschichte«.[53] Die Definitionen Flussers und Zussmans scheinen für das moderne, zumal das assimilierte Judentum erheblich angemessener, weil sie die Existenz nicht nur einer religiösen jüdischen Identität in der Moderne berücksichtigen.

Das Gefühl einer »Zugehörigkeit zum Judentum« muß schließlich auch keine *positive* jüdische Identität einschließen. Es ist ein Paradox der jüdischen Literatur insbesondere des 20. Jahrhunderts, daß zahlreiche jüdische Schriftsteller eine kritische, mitunter sogar prinzipiell kritische Einstellung zum Judentum hatten – sich ihm aber gleichwohl noch verbunden fühlten. Eines der bekanntesten Beispiele dafür aus der deutsch-jüdischen Literatur ist Kurt Tucholsky. Seine Kritik an Juden, etwa in seinen Wendriner-Geschichten, war so scharf, daß er gelegentlich als jüdischer Antisemit bezeichnet worden ist, so z.B. von Gershom Scholem.[54] In seinem berühmt gewordenen Brief an Arnold Zweig hat Tucholsky sein paradoxes, ja ambivalentes Verhältnis zum Judentum auf die Formel gebracht: »Ich bin im Jahre 1911 ›aus dem Judentum ausgetreten‹, und ich weiß, daß man das gar nicht kann.«[55]

Daß ein Bewußtsein der Zugehörigkeit zum Judentum literarisch manifest werden muß, ist ebenfalls in einem weiten Sinn zu verstehen. Der einfachste Fall ist die Übernahme traditionell jüdischer Stoffe und Motive, die in der Regel aus der hebräischen Bibel stammen, wie sie etwa Joseph Roths »Hiob«-Roman oder Karl Wolfskehls »Hiob«-Zyklus kennzeichnet. Von einer jüdischen Thematik ist allerdings nicht nur bei solchen Bearbeitungen zu sprechen. Der Begriff schließt vielmehr – neben der literarischen Beschäftigung mit Ereignissen der jüdischen Geschichte, wie sie etwa in Heines »Rabbi von Bacherach« zu finden ist – auch Darstellungen von Erfahrungen ein, die Juden gemacht haben oder machen mußten – also etwa Autobiographien wie Jakob Wassermanns »Mein Weg als Deutscher und Jude«, Max Brods »Streitbares Leben« oder Robert Neumanns »Ein leichtes Leben«.

Eine thematologische Bestimmung allein kann aber der jüdischen Literatur in ihrer Komplexität kaum gerecht werden. Schon Moritz Goldstein hat zu bedenken gegeben, daß »jüdische Kunst« nicht »identisch mit der Behandlung jüdischer Stoffe«[56] sei; und noch Paul Celan hat betont, daß sein Judentum nicht nur an der thematischen Oberfläche seiner Werke faßbar sei: »meine Gedichte implizieren mein Judentum«.[57] Literarisch manifest kann die Zugehörigkeit zum Judentum deshalb auch durch die Wahl bestimmter Formen werden.

Ob es so etwas wie eine spezifisch ›jüdische Form‹ gibt, eine Form also, die jüdisch und nur jüdisch ist, mag zwar schwer zu entscheiden sein.[58] Doch gibt es offenkundig eine Verwendung von Formen, die Traditionen bildet – auch in der jüdischen Literatur. Die Wahl einer solchen Form bedeutet dann zugleich die Anknüpfung an eine Tradition. Ein Beispiel dafür ist etwa der Gebrauch der Psalmen-Form in Gedichten wie Walter Mehrings »Psalm über das Gleichnis von der Meerfahrt« oder Paul Celans »Psalm«.[59] Schon durch die ausdrückliche Kennzeichnung als Psalmen werden sie in einen Gattungs-Zusammenhang gestellt, der bis zur hebräischen Bibel zurückreicht.

5. Abgrenzung: Jüdische Literatur in deutscher Sprache und deutsch-jüdische Literatur

Jüdische Literatur, wie sie hier verstanden wird, ist nicht an eine Nation oder Sprache gebunden. Schon Gustav Karpeles hat betont, sie umfasse »die wichtigsten Sprachgebiete gleichmäßig«:[60] »Sie enthält Schriftwerke in hebräischer, aramäischer, griechischer, arabischer, spanischer, italienischer, französischer, deutscher und vielen anderen Sprachen.«[61] Tatsächlich gibt es jüdische Literatur in allen großen Sprachen der Welt – außer in denen, die Karpeles angeführt hat, seither auch noch etwa in der englischen und der amerikanischen, der polnischen, der russischen oder ungarischen. Zumindest in diesem Sinn ist jüdische Literatur also Weltliteratur: sie ist international verbreitet.

Der hier verwendete Begriff ›jüdische Literatur in deutscher Sprache‹ ist allerdings mit dem gängigeren der ›deutsch-jüdischen Literatur‹ nicht identisch. Dieser Ausdruck bezeichnet in der Regel die Literatur deutscher Autoren und Autorinnen jüdischer Herkunft. So verstanden, ist jüdische Literatur deutscher Sprache zwar immer auch deutsch-jüdische Literatur; deutsche Literatur von Juden ist aber nicht notwendig auch jüdische Literatur deutscher Sprache. Entscheidend für die Zuordnung eines Autors zur jüdischen Literatur deutscher Sprache ist nicht seine Herkunft, sondern sein Selbstverständnis.

Zweifellos gibt es eine ganze Reihe von Schriftstellern und Schriftstellerinnen jüdischer Herkunft, die sich selber nicht als Juden begriffen haben. Eine Autorin wie Elisabeth Langgässer beispielsweise wird nicht selten der deutsch-jüdischen Literatur zugerechnet. Mit gutem Grund, wie es scheint: Sie war die Tochter eines jüdischen Vaters und wurde 1936 sogar als ›Halbjüdin‹ von der Reichsschrifttumskammer mit Schreibverbot belegt. Der jüdischen Literatur in deutscher Sprache kann man sie dennoch kaum zuordnen. Katholisch getauft, hat sie sich in einem emphatischen Sinn als Christin verstanden. Karl Krolow gegenüber hat sie 1948, zwei Jahre vor ihrem Tod, bekannt, ihre Gedichte seien »Teil einer Liturgie«: »Man kann sie eigentlich nur theologisch verstehen.«[62] Zwar hat sie sich, etwa in ihrem letzten Roman »Märkische Argonautenfahrt«, auch mit jüdischem Schicksal auseinandergesetzt[63] – doch von der Position einer katholischen Schriftstellerin aus, die im Christentum nicht nur antik-mythisches, sondern auch jüdisches Denken aufgehoben sah. Elisabeth Langgässer wird hier deshalb ebensowenig zur jüdischen Literatur gerechnet wie etwa Rudolf Borchardt.

Jüdische Literatur deutscher Sprache ist somit nur eine Teilmenge der deutsch-jüdischen Literatur. Schon in ihren Anfängen ist die deutsche Literatur jüdischer Autoren nicht unbedingt auch jüdische Literatur in deutscher Sprache. Von Isachar Falkensohn Behr etwa hat Christian Wagenknecht gesagt, man dürfe in seinen »Gedichten von einem pohlnischen Juden« keinen »Ton« suchen, »den seine Vorbilder und Lehrmeister nicht schon angestimmt hätten: an dem man ihn gar als polnischen Juden erkennen könnte«.[64] Wagenknecht hat in der literarischen Anpassung die Bedingung für die Aufnahme jüdischer Autoren in die deutsche Literatur gesehen:

Anders als auf dem Weg einer solchen Nachahmung und Anpassung war eine Teilnahme an der literarischen Kultur der Deutschen schwerlich zu bewirken – im 18. weniger noch als im 19. Jahrhundert. Diesen Weg hat noch der im Zeitalter der Toleranzpatente und Emanzipationsedikte geborene deutsche Jude Heinrich Heine einschlagen müssen: mit Liebesliedern und Schicksalsdramen im nunmehr herrschenden romantischen Geschmack und mit den ersten Prosaschriften im modischen Genre des Reisebilds. Die *Hebräischen Melodien* des *Romanzero* hat erst der alte Heine angestimmt.[65]

Jüdische Literatur in deutscher Sprache gibt es zwar schon im 19. Jahrhundert – wofür nicht nur der späte Heine, sondern schon der erste Entwurf des »Rabbi von Bacherach« steht.[66] Ihre große Zeit aber ist das 20. Jahrhundert.

6. Jüdische Schriftsteller: Franz Kafka und andere

Auch wenn der hier verwendete Begriff ›jüdische Literatur in deutscher Sprache‹ enger gefaßt ist als der einer ›deutschen Literatur von Juden‹, ist er doch immer noch weit genug, die bedeutendsten deutsch-jüdischen Schriftsteller einschließen zu können – wie unterschiedlich sie zunächst erscheinen mögen. Die von Beda Allemann gestellte Frage: »ob und in welch genauerem Sinn« Kafka als jüdischer Autor zu bezeichnen sei, läßt sich mit Hilfe der hier entwickelten Definition eindeutig beantworten. Im explizierten Sinn muß nicht nur Heine, sondern auch Kafka als jüdischer Autor deutscher Sprache angesehen werden.

Giuliano Baioni hat Kafka als einen jüdischen Schriftsteller aufgrund der »Interdependenz seiner Existenz als Jude und seiner Existenz als Schriftsteller« charakterisiert: für Kafka sei das Judentum »selbst Literatur oder doch zumindest Bedingung der Literatur«.[67] In zweierlei Hinsicht ist diese Formel jedoch problematisch. Daß das Judentum »Bedingung« ihrer Literatur ist, mag für viele jüdische Autoren zu Beginn des 20. Jahrhunderts gelten – auch für solche, die selber keine jüdische Identität hatten. Wenn Baioni außerdem feststellt, daß Kafka kein Werk mit einem »eindeutig« jüdischen Thema geschrieben habe, dann bezieht er sich auf dessen literarisches Œuvre im engeren Sinn: auf die Erzählungen und Romane. Nach dem hier vorgeschlagenen Begriff von jüdischer *Literatur* schließt das Werk dieses Autors in einem weiteren Sinn aber auch seine Briefe und seine Tagebücher ein – wie es im übrigen in der neueren Kafka-Forschung üblich ist. Über die jüdische Literatur zu Beginn des 20. Jahrhunderts kann man sich tatsächlich in mancher Hinsicht kaum ein besseres Bild machen als durch die Lektüre der Tagebücher Kafkas. Nicht nur die Situation der deutsch-jüdischen Literatur in den ersten beiden Jahrzehnten des Jahrhunderts, sondern auch die der jüdischen Literatur im Ganzen erschließt sich aus ihnen – dank Kafkas Interesse an jüdischer Kultur und Literatur.

Das Beispiel Kafkas läßt die Notwendigkeit einer weiteren Differenzierung erkennen. Ein Autor muß nicht mit seinem *ganzen* Werk der jüdischen Literatur im definierten Sinn angehören. Nicht jeder (deutsch-)jüdische Schriftsteller hat ein durchweg ›jüdisches Œuvre‹; oft sind es nur einzelne Texte oder mehr oder weniger umfangreiche Gruppen von Texten, in denen ein Bewußtsein der Zugehörigkeit zum Judentum manifest wird. Heines »Buch der Lieder« beispielsweise wird man – Gedichten wie »Donna Clara« zum Trotz – insgesamt kaum als ein Werk der jüdischen Literatur ansehen können – im Unterschied etwa zu seinem »Rabbi von Bacherach«. Eine solche Unterscheidung entspricht im übrigen grundsätzlich auch dem Selbstverständnis jüdischer Autoren. Jakob Wassermann z.B. hat in »Mein Weg als Deutscher und Jude« im Hinblick auf seinen zweiten Roman »Der Fall Caspar Hauser« betont, daß er zumindest Teile seines Werks nicht der jüdischen Literatur zurechnete.[68]

7. Die Heterogenität jüdischer Literatur in deutscher Sprache: Das Beispiel des Prager Kreises

Der Begriff der jüdischen Literatur ist hier auch so weit gefaßt, daß er in der Lage ist, die Texte nicht nur der *wichtigsten*, sondern auch der *unterschiedlichsten* Autoren der deutsch-jüdischen Literatur zu erfassen. Das ist in diesem Fall besonders wichtig. Denn tatsächlich ist die jüdische Literatur deutscher Sprache alles andere als homogen. Deutliche Unterschiede bestehen nicht nur zwischen Schriftstellern verschiedener Epochen wie Heine und Kafka. Sie finden sich auch innerhalb einer Zeit, nicht selten sogar an einem Ort zur selben Zeit, wie gerade das Beispiel Prags verrät.

Das deutsche Prag zur Zeit Kafkas war überwiegend jüdisch, sozial wie literarisch. Bis auf wenige Ausnahmen, deren wichtigste Rilke darstellt, war die Prager deutsche Literatur des frühen 20. Jahrhunderts deutsch-jüdische Literatur. Auch die Autoren, mit denen Kafka sich befreundete, waren durchweg jüdisch.[69] Wenngleich sie gelegentlich als der ›Prager Kreis‹ bezeichnet werden, bildeten sie doch keineswegs ein homogenes Milieu. Unter ihnen waren so unterschiedliche Persönlichkeiten wie Max Brod, Ernst Weiß und Franz Werfel, die zugleich verschiedene Typen deutsch-jüdischer Schriftsteller repräsentieren: Werfel, dessen Interesse am Christentum schon in seinen Wiener Jahren immer deutlicher wurde; Weiß, den Kafka voll Sympathie als den »Typus des westeuropäischen Juden«[70] beschrieben hat und den es weiter nach Westen, nach Berlin zog; schließlich Max Brod, der sich unter dem Einfluß Martin Bubers zum (kultur-)zionistischen Schriftsteller entwickelte, Ende der 30er Jahre nach Palästina emigrierte und sich dort sogar als hebräischer Autor versuchte.[71]

Es ist auffällig, daß die Freunde Kafkas miteinander nicht befreundet waren, zumindest nicht dauerhaft. Brod und Werfel überwarfen sich bald, und zu Weiß unterhielt keiner von beiden eine tiefere Beziehung. Auch jenseits aller persönlichen Differenzen ist das kein Zufall. Waren sie auch alle Juden, so waren sie es doch auf sehr unterschiedliche Art. Brod hat in seiner Autobiographie »Ein streitbares Leben« die Prager Juden in drei Gruppen eingeteilt: »solche, die sich als Angehörige des deutschen Volkes fühlten«, »dann andere, die mit sehr ähnlichen Beweisgründen für den Satz kämpften, daß sie zur tschechischen Nation gehörten – und schließlich Juden, die sich einfach und ohne Ziererei zum Judentum bekannten«,[72] wie Brod das für sich selber in Anspruch nahm. Tatsächlich war es auch die Einstellung zum Judentum, die Kafkas Freunde voneinander trennte. Daß für Brod der »Typus des westeuropäischen Juden«, den Kafka in Ernst Weiß sah, wenig Anziehungskraft haben konnte, ist nicht schwer einzusehen: Brod war überzeugt von der »Fragwürdigkeit der Assimilation jüdischer Eigenart an die Umgebung«.[73] Der Zwiespalt zwischen Brod und Werfel mag, vor dem Hintergrund ihrer frühen Freundschaft, auf die Dauer sogar noch tiefer gewesen sein. Brod hat in dem Kapitel seiner Autobiographie, in dem er sein Bekenntnis zum Zionismus ablegt, vermerkt, »in welchen Schmerz« ihn »Werfels Entwicklung versetzte«, der, »zunächst mehr Protestant als Katholik«, »zu christlichen Lehren« tendierte.[74] Dennoch wird man Werfel, nicht nur seines Frühwerks wegen, kaum aus der jüdischen Literatur ausschließen können. Ein Begriff von jüdischer Literatur, der solchen Differenzen, wie sie sich schon in Prag finden, nicht zuläßt, kann nur als dogmatische Fixierung betrachtet werden.

8. ›Jüdischer Diskurs‹: Explikation

Konstitutiv für die jüdische Literatur deutscher Sprache sind im 20. Jahrhundert wesentlich Darstellungen jüdischer Erfahrungen,[75] die Teile eines übergreifenden Diskurses sind. Diskursiv sind sie nicht unbedingt in dem Sinn, daß sie logisch und argumentativ wären. Tatsächlich können sie sich vieler verschiedener Gattungen bedienen – von Essay und Tagebuch bis zu Roman und Gedicht. Diskursiv sind sie vielmehr vor allem in dem Sinn, daß sie auf ein Thema oder einen thematischen Komplex bezogen sind, der schrittweise entwickelt wird.[76] Dabei ist die thematische Erörterung oft untrennbar mit der Wahl bestimmter poetischer Formen verbunden.

An dem jüdischen Diskurs in der deutschen Literatur des 20. Jahrhunderts haben die unterschiedlichsten Schriftsteller teilgenommen – Prager Autoren wie Max Brod und Franz Kafka, Autoren aus Galizien wie Joseph Roth und Manès Sperber, Wiener Autoren wie Robert Neumann, Berliner wie Alfred Döblin und Walter Mehring. Sie stammten nicht nur aus unterschiedlichen Regionen, sondern auch aus verschiedenen kulturellen Kontexten. Unter ihnen waren religiöse ebenso wie säkulare Juden, ost- ebenso wie westeuropäisch geprägte, Zionisten ebenso wie Anti-Zionisten, und sie schrieben unter insgesamt kaum vergleichbaren historischen Umständen. So unterschiedlich die Erfahrungen sind, die sie machten, so unterschiedlich auch ihre Darstellungen dieser Erfahrungen ausfallen, verbindet ihre Werke miteinander die Suche nach einer jüdischen Identität: diese thematische Gemeinsamkeit konstituiert den jüdischen Diskurs in der deutschen Literatur des 20. Jahrhunderts.

Dieser Diskurs ist durch Kohärenz und Diskontinuität zugleich charakterisiert. Wird die Kohärenz durch seinen großen thematischen Zusammenhang gesichert, so entsteht die Diskontinuität vor allem durch seinen mehr empirischen als logischen Charakter: Die Erfahrungen, die er zum Gegenstand hat, sind mit Ereignissen und Prozessen verbunden, die letztlich kontingent bleiben, zumindest miteinander nicht notwendig verbunden sind. Der Bezug auf sie schafft zwar eine gewisse Vergleichbarkeit der Teil-Diskurse; doch sind die literarischen Repräsentationen und Interpretationen dieser Erfahrungen von großer Verschiedenartigkeit.

Von zentraler, identitätsstiftender Bedeutung sind vor allem drei historische Erfahrungen: die Krise der Assimilation, das Exil und der Holocaust. Die Krise der Assimilation, wie sie schon zu Beginn des Jahrhunderts deutlich wird, hat während gut zweier Jahrzehnte immer wieder die jüdische Literatur beschäftigt und von Kafka bis Joseph Roth ihren Ausdruck wesentlich in der Hinwendung zu ostjüdischer Kultur und Literatur gefunden. Die jüdische Erfahrung des Exils hingegen haben Autoren wie Alfred Döblin, Karl Wolfskehl oder Robert Neumann vor allem in den 30er Jahren dargestellt. Der Holocaust schließlich ist das große Thema der jüdischen Nachkriegsliteratur, zuerst und vor allem bei Paul Celan.

Diese drei Diskurse, die alle im Zusammenhang mit bestimmten historischen Entwicklungen stehen, folgen im wesentlichen aufeinander, trotz gelegentlicher Überschneidungen. Daneben gibt es allerdings auch epochenübergreifende Diskurse, die sich, mit Unterbrechungen allerdings, fast durch das ganze 20. Jahrhundert ziehen und für die Entstehung der jüdischen Literatur deutscher Sprache kaum weniger konstitutiv waren. Der wichtigste von ihnen ist die jüdische Heine-Rezeption, in der bereits das große Thema anklingt, das in den folgenden literarischen Diskursen variiert wird.

III. »In dunkeln Zeiten«

Heine-Rezeption als Tradition
der jüdischen Literatur deutscher Sprache
im 20. Jahrhundert

1. Heine und die deutsche Literatur:
Grundzüge seiner Wirkungsgeschichte

Von der »negativen Wirkungsgeschichte« Heines hat noch 1986 Jürgen Habermas gesprochen und dabei den Intellektuellen gemeint, der in Deutschland »eine Tradition« nicht habe ausbilden können.[1] Mit dem Dichter Heine verhielt es sich lange Zeit ähnlich. Vor allem in den ersten 100 Jahren nach seinem Tod war seine Stellung in der deutschen Literatur umstritten; ja, seine Zugehörigkeit zu ihr wurde ihm sogar streitig gemacht. Als Exilant und als Jude war er ein doppelter Außenseiter. »Heinrich Heine«, hat Hans Mayer behauptet, »war ein europäisches Ereignis und ein deutscher Skandal«.[2]

Das eine hängt eng mit dem anderen zusammen. Die europäische Wirkung seines Werks wurde Heine nämlich häufig als Nachweis seiner letztlich nicht deutschen, ja ›undeutschen‹ Art ausgelegt. Als ›undeutsch‹ galten aber nicht nur seine engen Beziehungen zur französischen Literatur, die Karl Kraus polemisch auf den Punkt brachte, als er schrieb, Heine habe »die Franzosenkrankheit« des Feuilletonismus »bei uns eingeschleppt«.[3] Als ›undeutsch‹ betrachteten Heines Gegner auch seine jüdische Herkunft. Von Wolfgang Menzel über Heinrich von Treitschke bis zu Julius Streicher reicht eine lange, unrühmliche Linie antisemitischer Polemik gegen Heine.[4] Ihr Ziel war es, ihn als jüdischen Autor zu brandmarken und aus der deutschen Literatur auszuschließen. Am gründlichsten ist dabei wohl Adolf Bartels verfahren, der in seiner »Einführung in das deutsche Schrifttum für deutsche Leser«[5] von 1933 den Dichter nicht einmal mehr erwähnt hat.

Die große literarhistorische Leistung Heines ist heute unumstritten. Wenn Golo Mann etwa behauptet, »daß in Heines Geist und Sprache das Deutsche mit einem Schlag modern geworden«[6] sei, dann ist das literarhistorisch zwar nicht ganz zutreffend: der modernen Lyrik, wie sie mit Baudelaire beginnt, ist Heine, der ›letzte Romantiker‹, noch nicht zuzurechnen (und wenn er selbst von der ›modernen Literatur‹ sprach, meinte er bezeichnenderweise die des Jungen Deutschland). Dennoch markiert sein Auftreten einen Einschnitt innerhalb der deutschen Literatur.

Mit einem von ihm selbst geprägten Ausdruck bezeichnet man diese Zäsur als das »Ende der Kunstperiode«.[7] Sie ist durch die Abkehr von der Literatur der Romantik und der Philosophie des deutschen Idealismus gekennzeichnet, die in Heines Stil, etwa im »Funktionsübergang von Dichtung und Publizistik«[8] am greifbarsten ist. Die nachhaltige Wirkung dieses Einschnitts hat ihn zu einem Klassiker der deutschen Literatur gemacht, der seit dem späten 19. Jahrhundert eine Reihe von Nachfolgern besonders in der Lyrik gefunden hat.

Seine Bedeutung für die jüdische und die deutsch-jüdische Literatur muß man vielleicht noch höher veranschlagen. Heine hat die deutsche Literatur verändert – aber die jüdische Literatur revolutioniert. Er ist der erste jüdische Autor der Neuzeit gewesen, der mit Werken in einer nicht-jüdischen Sprache Weltruhm erlangt hat. Mit ihm ist die jüdische Literatur in die neuere Weltliteratur eingetreten.

Seine Wirkung reicht deshalb über die *deutsch*-jüdische Literatur hinaus. In ihrer großen Zeit, also ungefähr zwischen 1880 und 1920, wurde Heine auch für die jiddische Literatur wichtig,[9] und zwar sowohl für die osteuropäische wie die amerikanisch-jiddische. Ohne solche Linien seiner jüdischen Rezeption zu mißachten, kann man aber sagen, daß er für die deutschjüdische Literatur die größte Bedeutung erlangt hat.

Heine steht nicht am Beginn der jüdischen Literatur in deutscher Sprache, deren Ursprünge im späten 18. Jahrhundert, bei Autoren wie Isachar Falkenson Behr und Ephraim Moses Kuh liegen. Dennoch steht sein Werk auch innerhalb der jüdischen Literatur deutscher Sprache für einen Anfang. Es ist gelegentlich behauptet worden, Heine sei ein jüdischer Dichter »ohne Tradition«[10] gewesen. Der Dichter ohne Tradition hat jedoch selbst eine Tradition begründet. Über fast 150 Jahre hinweg bildet sein Werk einen gemeinsamen Bezug jüdischer Autoren deutscher Sprache.

Lang ist die Reihe deutsch-jüdischer Schriftsteller des 20. Jahrhunderts, die zumeist in Essays und Vorträgen Heines literarische Leistung gewürdigt und ihn nicht selten gegen Kritik verteidigt haben. Sie schließt so unterschiedliche Autoren wie Lion Feuchtwanger, Manès Sperber, Hermann Kesten, Carl Zuckmayer und Hilde Domin ein. Noch heterogener, aber nicht nur ihrer großen Zahl wegen, sind die poetischen Rezeptionen. Nicht unbedingt offen, häufig vielmehr verdeckt geführt, oft bloß punktuell und ohne Zusammenhang untereinander, sind die literarischen Auseinandersetzungen mit Heine verstreut, bis zur Unüberschaubarkeit. Sichtbarstes Zeichen dieser poetischen Rezeption ist die Popularität mancher Verse und Formen wie etwa der »Nachtgedanken«, die das literarische Muster nicht nur für Gedichte zum Beispiel von Mascha Kaléko (»Nachtgedanken«) oder Hans Sahl (»Denk ich an Deutschland in der Nacht«), sondern auch für Essays wie Chaim Nolls »Nachtgedanken über Deutschland« geworden sind.

Für die Rezeption Heines in der deutschen Literatur kommt einem Aspekt besondere Bedeutung zu. Im 20. Jahrhundert ist Heine zum Gegenstand eines jüdischen Diskurses geworden, dessen Thema die Rolle des jüdischen Schriftstellers in der deutschen Gesellschaft ist. Dieser Diskurs beginnt in den Jahren vor dem 1. Weltkrieg und reicht bis in die Gegenwart. Er hat nicht nur eine wichtige, ja vielleicht die wichtigste Tradition innerhalb der jüdischen Literatur deutscher Sprache geschaffen – er diente auch einer Selbstvergewisserung jüdischer Schriftsteller.

2. Heine als jüdischer Schriftsteller

In seiner komplexen Verbundenheit mit jüdischer Geschichte, Kultur und Literatur bot Heines Werk zahlreiche Anknüpfungsmöglichkeiten für spätere Autoren. Das ›Jüdische‹ in seinen Schriften, das nicht nur von seinen antisemitischen Kritikern allzu oft in Mängeln gesucht worden ist,[11] zeigt sich vor allem in der Darstellung von Erfahrungen, die schon im 19. Jahrhundert deutsche Juden machen und unter verschärften Bedingungen im 20. wiederholen mußten. Dazu zählen vor allem die Erfahrungen der problematischen Assimilation und des Exils.

Heine gehört zu der ersten Generation deutscher Juden, die die Diaspora-Existenz einer jahrhundertelang verfolgten religiösen Minderheit durch sprachliche und kulturelle Anpassung aufzuheben versuchten. Das widersprüchliche Vor und Zurück der Emanzipation und die Problematik der als Gegenleistung für die Gleichstellung eingeforderten Assimilation hat er, ähnlich wie Börne, ähnlich wohl auch wie Rahel Varnhagen,[12] früh erkannt. Sie alle mußten erfahren, daß nicht die Emanzipation, nicht einmal die Assimilation der Juden dem deutschen Antisemitismus ein Ende setzen konnten. Heine blieb zwar ein engagierter Anwalt der Emanzipation als rechtlicher und politischer Gleichstellung der Juden. Die Assimilation aber hat er zunehmend kritisch betrachtet. Seine Verbindungen zum Judentum hat er, trotz Taufe, aufrechterhalten – etwa durch die Lektüre der Bibel und durch das Interesse an jüdischer Geschichte und hebräischer Literatur, von denen der »Rabbi von Bacherach« ebenso wie die »Hebräischen Melodien« zeugen. Zur Darstellung jüdischer Erfahrung in seinem Werk tritt dadurch der Bezug auf die jüdische Überlieferung hinzu, die religiöse wie die poetische.[13]

Es ist allerdings nicht nur die Erfahrung der problematischen Assimilation, die Heine für spätere jüdische Autoren interessant gemacht hat. Adorno hat gelegentlich von der »Heimatlosigkeit« Heines gesprochen, die er noch in dessen »stereotype[m] Thema, hoffnungslose Liebe«, wiederentdeckte.[14] Tatsächlich gehört Heine mit Börne zu den ersten Exilautoren der deutsch-jüdischen Literatur. Obwohl er Deutschland aus politischen Gründen und nicht als verfolgter Jude verließ, hat die Emigration doch seine jüdische Identität gestärkt. Die Verbannung mußte er auch als ein Scheitern der Assimilationsbemühungen verstehen. Von der schwierigen Situation der deutsch-jüdischen Literatur, deren Weg innerhalb kurzer Zeit von der Diaspora ins Exil führte, war er unmittelbar betroffen.

3. Heine und die deutsch-jüdische Literatur im 20. Jahrhundert

Die Rezeption des Heineschen Werks innerhalb der deutsch-jüdischen Literatur beginnt bereits zu seinen Lebzeiten.[15] Sie ist, aufs Ganze gesehen, kontrovers, ja widersprüchlich und nie frei von Ambivalenz. Unter emanzipierten Juden wie Berthold Auerbach und Gabriel Riesser fand Heine schon früh scharfe Kritiker, die befürchteten, seine ›Frivolität‹, sein ›Sensualismus‹, seine ›Amoralität‹ könnten dem Ansehen der Juden bei den Deutschen schaden.[16] Auch Ludwig Philippson, der Begründer der »Allgemeinen Zeitung des Judentums«, lehnte Heine, ebenso wie Börne, seiner ›Zerrissenheit‹ wegen ab.[17] Erst Gustav Karpeles, der Nachfolger Philippsons in der »Allgemeinen Zeitung«, würdigte Heines »Rabbi von Bacherach« als das erste Werk der deutsch-jüdischen Literatur,[18] bevor Moritz Goldstein ihn 1906, zum 50. Todestag, »den ersten großen jüdischen Dichter in Deutschland«[19] nannte.

Durch die Bemühungen um eine jüdische Literatur zu Beginn des 20. Jahrhunderts erhielt auch die Heine-Rezeption eine neue Richtung. In seinem Essay »Deutsch-jüdischer Parnaß« hat Moritz Goldstein Heines Werk als den wichtigsten Beitrag eines Juden zur deutschen Literatur charakterisiert. Der »deutsche Parnaß«, schrieb er, »sollte einen Juden nicht locken! Wessen er sich dort oben zu versehen hat, lehrt das Beispiel Heinrich Heines.«[20] Als Jude sei Heine einer beispiellosen Behandlung ausgesetzt:

es ist ein Gebrüll maßloser Verleumdung, Entstellung, Verhöhnung, es ist das Toben derselben Rotten, die im Mittelalter in die Judenquartiere einbrachen, um im Namen Jesu Christi zu morden, zu brennen und vor allem zu rauben. Der Haß, der hier rast, gilt jedem von uns, den Ruhm oder Macht oder Geld über die andern emporhöbe.[21]

Für Goldstein ist Heine als »der einzige jüdische Dichter von europäischer Bedeutung« ein »Symptom«: »Wer es zu deuten weiß, dem wird die Lust vergehen, sich mit den ach! so viel glücklicheren deutschen Dichtern zu messen; er wird sein Bündel schnüren und seiner Wege gehen.«[22] Goldsteins Bemerkungen über Heine sind von dem Bewußtsein bestimmt, daß die deutsch-jüdische Symbiose eine »Halbheit«[23] geblieben und die Assimilation gescheitert sei. Sie lesen sich so, als hätte er bereits zu Beginn des Jahrhunderts die Ereignisse vorweggenommen, die 20 Jahre später auch andere deutsch-jüdische Schriftsteller zum Umdenken gezwungen haben.

Das wichtigste Datum der jüdischen Heine-Rezeption in Deutschland ist tatsächlich das Jahr 1933. Die nationalsozialistische Juden-Verfolgung, die sich von Anfang an wesentlich gegen Schriftsteller richtete, hat auch das Bild Heines in der deutschen Literatur verändert. Bis heute gilt sein Fall als ein »Paradigma« für die »Ausschaltung ›jüdischen‹ Schrifttums«[24] im Dritten Reich. Bevor 1940 die jüdischen Schriftsteller insgesamt indiziert wurden, war er zwar nicht verboten – selbst wenn seine Bücher gelegentlich beschlagnahmt wurden, wie etwa 1938 von der Münchner Gestapo. Heine-Ausgaben wurden jedoch von Verlagen wieder zurückgezogen; seine Gedichte und Lieder, allen voran die »Loreley«, mußten in Lesebüchern und Anthologien als Texte eines unbekannten Dichters gekennzeichnet werden; sein Gesamtwerk stand auf dem Index etwa der bayerischen Leihbüchereien. Schließlich wurde er zum Objekt antisemitischer Kampagnen. Die größte fand 1936/37 in Zeitschriften wie den »Nationalsozialistischen Monatsheften«, dem »Westdeutschen Beobachter«, der »Neuen Literatur«, auch dem »Schwarzen Korps« statt, und an ihr beteiligten sich regimetreue Schriftsteller wie Will Vesper.[25]

In einer Gegenbewegung zu dieser Diffamierung hatten damals vor allem exilierte jüdische Schriftsteller bereits begonnen, Heine für sich zu reklamieren.[26] Eines der signifikantesten Beispiele für diese jüdische Rezeption ist Max Brods großes, fast 500 Seiten umfassendes Werk »Heinrich Heine«, das 1934 im Verlag Allert de Lange in Amsterdam – und zugleich im Leipziger Tal-Verlag – erschien. Obwohl es in einem Exil-Verlag veröffentlicht wurde, ist Brods Buch mit den zahlreichen Arbeiten deutscher Exilanten über Heine kaum zu vergleichen.[27] Brods Interesse gilt nicht Heine als dem »heimlichen Kaiser jeder Emigration« (Arnold Zweig),[28] sondern als dem Repräsentanten *der* Epoche der deutsch-jüdischen Geschichte, die 1933 zu Ende gegangen ist. Brods Deutung ist dabei ein Beispiel für die »Heimholung Heines«,[29] von der er selbst in Anlehnung an eine Formulierung des großen hebräischen Dichters Chaim Nachman Bialik spricht. Sein Bild des »jüdischen Dichters deutscher Zunge«[30] ist wesentlich bestimmt von der Erfahrung der nationalsozialistischen Juden-Verfolgung, die er zugleich als das Scheitern jüdischer Assimilation begreift.

Die Formel vom »jüdischen Dichter deutscher Zunge« verrät Brods Perspektive. Für ihn ist Heine weniger ein deutscher Autor als ein jüdischer Dichter, der auf Deutsch geschrieben hat. Heines Werk, das er geradezu programmatisch »in den jüdischen Zusammenhang ordnet«,[31] bis hin zu dem Versuch, dessen »Familienverwandtschaft«[32] mit anderen deutsch-jüdischen Dichtern wie etwa Süßkind von Trimberg zu beschreiben, ist ihm ein poetischer Reflex der »jüdischen Situation«.[33]

Heine repräsentiert für Brod den Typus des »Diaspora-Juden«.[34] »Der Jude in der Diaspora«, schreibt er, »ist einsam, haltlos, ruhelos«.[35] Sein Leben sei geprägt durch die Erfahrung von Zurückweisung, Einsamkeit, Fremdheit, die zusammen die »besondere jüdische Isoliertheits-Situation« ausmachen. Brods Sicht des »jüdischen Dichters deutscher Zunge« Heinrich Heine ist deutlich von seiner eigenen kulturzionistischen Position im Umkreis der von Martin Buber propagierten ›jüdischen Renaissance‹ bestimmt. Die Assimilation, in der Brod kaum mehr als eine kulturelle Selbstaufgabe sieht, erscheint ihm als der Sündenfall des deutschen Judentums. Die »Größe«[36] Heines erkennt er vor allem in dessen Kritik an der Assimilation und seinem Festhalten an der jüdischen Überlieferung. Brods eindringliche Beschreibung der »jüdische[n] Isoliertheits-Situation«,[37] der Heine sich als »Diaspora-Jude« ausgesetzt gesehen habe, ist auch ein Plädoyer für eine jüdische Identität jenseits der Assimilation.

Die Bedeutung von Brods Buch innerhalb der Heine-Rezeption liegt in seiner dezidert jüdischen Perspektive. Konsequent hat er Heine als einen »jüdischen Dichter deutscher Zunge« und dessen Leben als »Jüdisches Schicksal«[38] charakterisiert. Bei Heine, schreibt Brod, sei »jüdisches Schicksal, in der speziellen raumzeitlichen Konstellation des damaligen Judentums, zum Schicksal eines Dichters geworden«.[39] Mit Brods Buch setzt in den 30er Jahren eine bis in die Gegenwart reichende jüdische Rezeption Heines ein, die ihm als diskriminierten, exilierten und diffamierten, gleichwohl selbstbewußten deutschen Juden gilt. Wie er auf diese Weise eine Orientierungsfigur der jüdischen Literatur deutscher Sprache im 20. Jahrhundert geworden ist, verdeutlichen vor allem zwei Beispiele: Yvan Goll und Paul Celan. Als technisch und thematisch unterschiedliche Arten der Bezugnahme auf diesen Autor sind sie gerade in ihrer Verschiedenartigkeit repräsentativ für die jüdische Heine-Rezeption in der deutschen Literatur. Sie spiegeln nicht nur Spannungen im Werk Heines, sondern auch Spannungen der deutsch-jüdischen Literatur wieder.

4. Yvan Golls verdeckte Heine-Rezeption

Im lyrischen Werk Yvan Golls kommt der Name Heine nicht vor. Das mag nicht weiter auffällig sein, weil Goll kaum in die Nachfolge Heines innerhalb der deutschen Literatur zu gehören scheint. Von Lyrikern, die sich unverkennbar und meist erklärtermaßen auf Heine bezogen haben, wie Wedekind, Tucholsky und Kästner, auch Brecht und Biermann, unterscheidet er sich deutlich. Für sein Werk sind eine dezidiert moderne Sprachverwendung und freie Versformen typischer als der witzige Ton und die populären, dem Volkslied nahen Formen, die Heine bevorzugte. Anders als die meisten Nachfolger Heines in der deutschen Literatur war er auch kein im engeren Sinn politischer Lyriker.

Was ihn vielleicht auf den ersten Blick Heine ähnlich erscheinen lassen könnte, seine deutsch-französische Doppelexistenz, sein Leben abwechselnd in Deutschland und Frankreich, weist tatsächlich auf einen erheblichen Unterschied hin. Yvan Goll war Elsässer. Seine erste Sprache, die Sprache seines Elternhauses, war Französisch; auch als Autor hat er sie nie aufgegeben. Von Anfang an gehörte er der deutschen so gut wie der französischen Literatur an. Deutschland hat er, Anfang der

20er Jahre, auch nicht aus politischen Gründen verlassen, sondern um sich in Paris den Surrealisten anzuschließen. In Frankreich war Goll nicht im Exil. Erst von Frankreich aus ist er ins Exil gegangen: in die USA.

Diesen Unterschieden zum Trotz kann man dennoch allerdings verdeckte Spuren einer Heine-Rezeption in Yvan Golls lyrischem Hauptwerk finden, in seinem Zyklus »Jean sans Terre«, den er in vier Bänden zwischen 1936 und 1944 in französischer Sprache veröffentlichte. Von allen Gedichten des Zyklus gibt es deutsche Übersetzungen, die Goll allein oder zusammen mit Lothar Klünner angefertigt hat.

Der Name der Hauptfigur geht auf den englischen König John Lackland, Johann Ohneland, zurück, der 1202 bis 1204 im Krieg mit Philipp II. von Frankreich seine französischen Lehen verlor. Der englische König hat allerdings kaum mehr als den Namen gegeben. »Der Held dieser Dichtungen«, heißt es im Vorwort von Claire und Yvan Goll, »ist nicht der berühmte englische Monarch, sondern der Zeitgenosse, das Individuum, der Träumer, der aus allen Ländern verwiesen wird und von Kontinent zu Kontinent irrt, Gott und seine Seele suchend, immer in dem Wunsche, sich seines symbolischen Schattens entledigen zu können«.[40] Die Hauptmotive des Zyklus sind dementsprechend Heimatlosigkeit, unfreiwillige Wanderschaft, Vertreibung.

Ungewöhnlich im Werk Golls ist die Form des »Jean sans Terre«: jeweils vier, zu einer Strophe angeordnete, meist drei- oder vierhebige, kreuzgereimte jambische oder trochäische Verse. In seinem Œuvre hat diese Form kaum ein Vorbild – sieht man einmal von einigen frühen Gedichten wie dem »Osterlied« ab. Sie unterscheidet sich deutlich von den freien Versen, die er schon früh bevorzugte.

Im März 1936, während er an dem »Jean sans Terre«-Zyklus arbeitete, hat Goll die Form seiner Frau Claire gegenüber rechtfertigen müssen – und dabei auch ihre Herkunft erklärt:

Immer schwebte mir eine kompakte größere Dichtung vor, und immer zerfloß alles, weil ich keine Form gefunden hatte. Mach Dich nicht über diesen Kurzvers lustig. Er ist eine schwer zu handhabende Klinge. Soweit ich mich entsinnen kann, ist diese gereimte Kurzstrophe oft in ausländischen klassischen Werken gebraucht worden, wie z.B. im spanischen Romancero, und in längeren Heine-Dichtungen.[41]

Heine hat die Form der »gereimten Kurzstrophe« tatsächlich in seinen »längeren« Dichtungen verwendet, etwa in »Deutschland. Ein Wintermärchen«, das Goll in seinem Brief vom 7.3.1936 an seine Frau erwähnt hatte, aber auch im »Romanzero«, und häufig umspielt sie dabei die Form der meist trochäischen Romanzenstrophe.

Die Auseinandersetzung zwischen den Eheleuten läßt darauf schließen, daß die Wahl dieser für Goll ungewöhnlichen, von seiner Frau verlachten Form nicht ohne Bedeutung war. Claire Goll hat die »gereimte Kurzstrophe« offenbar als einen poetischen Anachronismus angesehen – und im lyrischen Werk des Avantgardisten Yvan Goll kann sie auch leicht so erscheinen. Für Goll selber bedeutete ihre Wahl aber nicht nur die Lösung des technischen Problems, das er in seinem Brief erwähnt. Schon Heine hat in seinem Nachwort zum »Romanzero« von dem besonderen »Kolorit«[42] dieser Form gesprochen, und die Dreiteilung seines Buchs in »Historien«, »Lamentationen« und »Hebräische Melodien« deutet bereits auf einige dieser Konnotationen hin. Für Heine war die Kurzstrophe eine durchaus bewegliche, vielseitige Form, sowohl für epische wie religiöse, für historische wie psychologische Stoffe geeignet.

Heine hat das ›Kolorit‹ dieser Form im übrigen selbst erweitert – indem er sie nicht nur für seine jüdischen Stoffe im »Romanzero«, sondern auch für die Darstellung seines Exilanten-Lebens in »Deutschland. Ein Wintermärchen« genutzt hat. Dieses satirische Vers-Epos handelt zwar von einer Heimkehr, aber es ist die Heimkehr eines Emigranten, eine Rückkehr auf Zeit. Der Verlust der Heimat, die Heimatlosigkeit ist das geheime Thema des Buchs.

Auch solche Bezüge mögen Goll zu der Wahl der traditionellen Form bewogen haben. In seinen Zyklus, dessen »Held« erklärtermaßen »der Zeitgenosse« ist, bringt sie allerdings ein Moment von Ungleichzeitigkeit hinein. Goll hat diese Wirkung offenbar nicht bloß in Kauf genommen – er hat sie beabsichtigt. Die Form deutet Traditionslinien an, die weit über die Literatur der Moderne zurückgehen. Heines »längere Dichtungen« sind dabei die Vermittlungsinstanz. Denn auch er hat im »Romanzero« eine der »Kurzstrophe« ähnliche Form dazu benutzt, selbst an eine Tradition wiederanzuknüpfen, am deutlichsten in seinem großen Gedicht über Jehuda ben Halevy. Nicht zuletzt in diesem Sinn ist also die von Goll übernommene Form ›traditionell‹: sie stiftet selbst eine Tradition.

Goll hat im »Jean sans Terre« aber nicht nur mit der Wahl der Form den Anschluß an eine Tradition gesucht. Heimatlosigkeit und Wanderschaft sind auch jüdische *Themen*, und zumindest auf den biblischen Ursprung des einen Motivs verweist das fünfte Gedicht des Zyklus: »Jean sans Terre rencontre Ahasver«, »Johann Ohneland begegnet Ahasver«. In Golls Zyklus ist Ahasver das Alter ego der Hauptfigur. In der letzten Strophe heißt es programmatisch:

> So hat Johann den alten
> Ahasver erkannt:
> Fleisch von seinem Fleische
> Sein Bruder ohne Land.[43]

Wie das Form-Zitat ist dieses Motiv-Zitat ein Versuch, das eigene Werk in die Tradition einer jüdischen Literatur zu stellen, die weit über Heine zurückreicht. Dabei darf man allerdings nicht übersehen, daß Goll sich in die Tradition nicht einfach einreiht, sondern daß er sie auf seine Weise fortzuführen beabsichtigt. Wenn er Ahasver als den »Bruder« Jean sans Terres bezeichnet, dann wird bei aller Verwandtschaft auch der Abstand betont: Johann Ohneland *ist* nicht Ahasver. Die jüdische Erfahrung der Heimatlosigkeit erhält in Golls Werk vielmehr eine universale Bedeutung. Der heimatlose Jude ist nur das Modell des heimatlosen Menschen in der Moderne.

5. Paul Celan und Heine

Paul Celan hat sich wiederholt auf Heines Werk bezogen, das ihm seit seiner Jugend vertraut war, und er hat dies nicht nur ausdrücklich wie Brod, auch versteckt wie Goll getan, ohne die Bezüge im Text zu markieren. Das bekannteste Beispiel dafür ist das Gedicht, das den ersten Teil der »Niemandsrose« beschließt:

**Eine Gauner- und Ganovenweise
gesungen zu Paris Emprés Pontoise
von Paul Celan
aus Czernowitz bei Sadagora**

> *Manchmal nur, in dunkeln Zeiten,*
> *Heinrich Heine: An Edom*

Damals, als es noch Galgen gab,
da, nicht wahr, gab es
ein Oben.

Wo bleibt mein Bart, Wind, wo
mein Judenfleck, wo
mein Bart, den du raufst?

Krumm war der Weg, den ich ging,
krumm war er, ja,
denn, ja,
er war gerade.

Heia.

Krumm, so wird meine Nase.
Nase.

Und wir zogen auch nach *Friaul*.
Da hätten wir, da hätten wir.
Denn es blühte der Mandelbaum.
Mandelbaum, Bandelmaum.

Mandeltraum, Trandelmaum.
Und auch der Machandelbaum.
Chandelbaum.

Heia.
Aum.

Envoi

Aber, aber er bäumt sich, der Baum. Er,
auch er,
steht gegen
die Pest.[44]

Das Gedicht ist voll poetischer Anspielungen,[45] und es ist nicht zuletzt die Fülle dieser Bezüge, die den Text zugleich schwer verständlich macht und ihm seine Tiefe gibt. Der Titel und die erste Versgruppe spielen an auf den berühmten »Vierzeiler den Villon machte, als er zum Tod verurteilt wurde«,[46] und diese Anspielung reicht noch in die erste Versgruppe hinein (»Damals, als es noch Galgen gab«). Dennoch ist Celans »Gauner- und Ganovenweise«, wie Peter Horst Neumann bemerkt hat, »eine Judenweise«,[47] deren organisierendes Zentrum nicht der Bezug zu Villon ist.

Die Wortspiele mit dem Wort »Mandelbaum« haben die Interpreten Celans, so noch zuletzt Georg-Michael Schulz, als »eine Anspielung auf Ossip Mandelstam«[48] verstanden, dem Celan »Die Niemandsrose« gewidmet hat. Den Sinn dieser Anspielung hat Schulz dabei allerdings nicht zu erklären vermocht. Der Bezug zu Heine scheint für das Gedicht jedoch von kaum geringerer Bedeutung zu sein.

Der Vers, den Celan als Motto zitiert, stammt aus dem Widmungsgedicht »An Edom!«, das Heine im Oktober 1824 an seinen Freund Moses Moser gerichtet hat. Es lautet:

> (*An Edom!*)
> Ein Jahrtausend schon und länger,
> Dulden wir uns brüderlich,
> Du, du duldest, daß ich atme,
> Daß du rasest, dulde Ich.
>
> Manchmal nur, in dunkeln Zeiten,
> Ward dir wunderlich zu Mut,
> Und die liebefrommen Tätzchen
> Färbtest du mit meinem Blut!
>
> Jetzt wird unsre Freundschaft fester,
> Und noch täglich nimmt sie zu;
> Denn ich selbst begann zu rasen,
> Und ich werde fast wie Du.[49]

Edom, der Nachbarstaat Israels in der Frühgeschichte Palästinas, ist für Heine zum Namen für den Feind der Juden geworden. Sein Gedicht ist an den Judenhasser gerichtet. Es ist ein

Gedicht über Judenverfolgung und die Rache der Juden an ihren Feinden.

Heine hat »An Edom!« in der ersten Phase seiner Arbeit am »Rabbi von Bacherach« geschrieben. Es nimmt offensichtlich ein Stichwort aus dem Prosa-Fragment auf. Als der Rabbi und seine Frau auf ihrer Flucht nach Frankfurt gelangen, treffen sie dort, am Eingang zum Ghetto, auf Jäkel den Narren, der zur schönen Sara, der Frau des Rabbis, die Worte spricht: »einst kommt der Tag, wo der Engel des Todes den Schlächter schlachten wird, und all unser Blut kommt über Edom; denn Gott ist ein rächender Gott – – –«.[50]

Diesen Zusammenhang muß man im Gedächtnis behalten, wenn man Celans Gedicht liest. Wie Heine sah sich Celan Anfang der 60er Jahre in »dunkeln Zeiten«. »Wir leben unter finsteren Himmeln«, schrieb er im Mai 1960 an Hans Bender.[51] Vor allem in seiner Korrespondenz mit Alfred Margul-Sperber, seinem Bukarester Mentor, findet sich Celans Einschätzung der Situation in diesen Jahren wieder. Am 30. Juli 1960 erwähnte er Margul-Sperber gegenüber die »Umtriebe des Neonazismus«,[52] die er seit Ende der 50er Jahre ebenso aufmerksam wie erschreckt beobachtete. Mehr aber noch beschäftigte ihn zu dieser Zeit die »gegen mich angezettelte Diffamierungskampagne in der sogenannten Bundesrepublik«:[53] die Plagiatsvorwürfe, die Claire Goll gegen ihn erhoben hatte. Celan sah diese Affäre im Zusammenhang mit dem wieder aufgeflammten Antisemitismus in der Bundesrepublik.[54] Hinweise von Kritikern wie Günter Blöcker auf seine »Herkunft«[55] empfand er deshalb auch als antisemitisch.

Das Gedicht zitiert ironisch, ja sarkastisch antisemitische Stereotype: den »Bart«, den »Judenfleck«, die krumme Nase, schließlich auch die »Pest«, die, wie schon Heine im »Rabbi von Bacherach« beschreibt, den Vorwand für Judenpogrome lieferte. Noch der »Machandelbaum« scheint in diese Reihe zu gehören: das grausame Märchen von dem ermordeten Kind erinnert an das Motiv des Ritualmordes, das im ersten Kapitel des »Rabbi von Bacherach« gleichfalls erscheint.

Celan zitiert die antisemitischen Vorurteile aber nicht einfach; er bezieht sie vielmehr auf sich: »Wo bleibt mein Bart, Wind« und »Krumm, so wird meine Nase«. Der Gestus dieser Sätze ist jedoch ironisch; sie verraten zwar auch Betroffenheit, ja Betroffensein von antisemitischen Vorurteilen. Vor allem aber sollen sie, für Celan wie für den Leser, die antijüdischen Vorurteile ad absurdum führen, und zwar durch den einfachsten Beweis, den Hinweis auf den Sprecher. Die grimmige Haltung, die dahinter steht, verrät vor allem der von Celan ausgesparte Kontext seines Heine-Zitats. Sarkastisches Zitieren antisemitischer Vorurteile einerseits und nur im Zitat angedeutete Beschwörung von Rache an den Judenhassern andererseits: zwischen diesen beiden Polen bewegt sich Celans Gedicht.

Die verschiedenen, offenen und versteckten Verweise auf Heine erlauben eine neue Lesart des Titels, der in der Villon-Anspielung keineswegs aufgeht; ja, die Villon-Allusion wird von einer massiven Heine-Anspielung überlagert und überformt. Ein Moment dieser Anspielung mag deutlich sein: der Hinweis auf Paris als Exilort auch Celans. Die beiden anderen Momente sind dagegen zunächst schwerer auszumachen.

Es ist immer wieder vermerkt worden, daß Celan nur ein Mal seinen Namen in einem Gedichttitel benutzt hat: in diesem. Das ist nicht schwer zu erklären – und es hat abermals mit Heine zu tun. In einem Brief vom 30. Juli 1960 an Alfred Margul-Sperber hat Celan geschrieben, Claire Goll u.a. bezichtigten ihn »des Betruges, der Erbschleicherei, des Plagiats«.[56] Claire Goll hingegen habe sich selber des »Diebstahls«[57] schuldig gemacht, weil sie seine Übersetzungen der letzten Gedichte Yvan Golls stillschweigend für ihre eigenen Übertragungen benutzt habe.

Nicht nur das kriminalistische Vokabular des Gedichts ist ein Echo auf diese Worte. Offenbar in Anspielung auf sie schreibt Celan in seinem Brief vom 8. Februar 1962: »Sie erinnern sich an Will Vesper: – die *anonyme* Lorelei. Ich bin ebenfalls – wörtlich, lieber – Alfred Margul-Sperber! – *der, den es nicht gibt.*«[58] Mit diesen Worten spielt Celan auf die nationalsozialistische Kampagne gegen Heine und die Kennzeichnung seiner Gedichte als Texte eines unbekannten Dichters an. Celan glaubte eine solche Erfahrung der Enteignung im Fall seiner Yvan Goll-Übertragungen auch gemacht zu haben – dadurch, daß die Witwe den Druck seiner Übersetzungen verhindert, sie bei ihren eigenen Übertragungen dann benutzt, aber nicht erwähnt habe. Die exponierte Selbst-Nennung im Titel des Gedichts ist Protest und Demonstration zugleich: Protest gegen die Anonymisierung und demonstrative Erinnerung an den eigenen Namen.

Auch die Wendung von der »Gauner- und Ganovenweise«, die Kennzeichnung der eigenen lyrischen Rede als Gesang verweist nicht nur auf Villon. Die Worte über den rächenden jüdischen Gott, der Edom, die Feinde der Juden, vernichten werde, spricht in Heines »Rabbi von Bacherach« Jäkel der Narr. Er gibt gleich in doppelter Hinsicht die Rolle vor, die auch Celan in seinem Gedicht annimmt.

Zum einen singt er ebenfalls eine Weise, bevor er seine schweren Worte spricht, eine lustige jüdische Weise aus dem Talmud, die ganz seiner Rolle als Narr zu entsprechen scheint. Zum anderen spielt auch er zwar den Spaßmacher: er ist der Narr mit dem »Lustigmachergesicht«,[59] doch unterbricht er seine »Possenreißerein«, seinen »Lustigmacherton[...]«[60] unvermittelt, um ernst und drohend die Feinde Israels zu verfluchen. Die Doppelbödigkeit der lyrischen Rede Celans, ihr vordergründiger Spaß und ihr untergründiger Ernst sind in der Rede Jäkels vorgeformt.

Celans literarische Bezugnahme auf Heine zielt über die Literatur hinaus. Für Celan ist Heine ein Vorgänger als verbannter, verfolgter und diffamierter jüdischer Dichter, einer, der die gleiche Erfahrung machen mußte und sie in seinem Werk dargestellt hat. Es ist behauptet worden, Celan habe während der Plagiatsaffäre »immer deutlicher in Verleumdung und Verbannung, die Mandelstamms Weg bestimmen, das exemplarische Schicksal des modernen jüdischen Dichters und darin zugleich sein eigenes«[61] erkannt. Die »Gauner- und Ganovenweise« legt einen anderen Schluß nahe. Nicht »in der Biographie Mandelstamms« erscheint die Plagiatsaffäre »präformiert«,[62] sondern in der Biographie wie der Rezeption Heines. Um 1960 herum ist Heine für Celan der Typus des modernen jüdischen Dichters geworden.

6. Heine als Modell des jüdischen Schriftstellers in der Diaspora

Die Heine-Rezeptionen Golls und Celans mögen auf den ersten Blick so verschiedenartig sein, daß sie kaum vergleichbar erscheinen. Goll bezieht sich in seinem »Jean sans Terre« weniger auf Inhalte als auf die Form eines Heineschen Werkes; Celan in seiner »Gauner- und Ganovenweise« nicht auf die Form, sondern auf den Inhalt eines Heineschen Gedichts. Warum Heine für den einen wie für den anderen zur Orientierungsfigur werden konnte, läßt sich jedoch weniger aus Inhalten und Formen als aus bestimmten Strukturen erklären.

Max Brod hat das ›jüdische Schicksal‹ Heines vor allem durch die Erfahrungen eines ›Diaspora-Juden‹ definiert: Einsamkeit, Ruhelosigkeit, Zurückweisung und Verfolgung. Es sind genau diese Erfahrungen, die sowohl Goll wie Celan in ihren Gedichten, die sich auf Heine beziehen, dargestellt haben, allerdings mit bezeichnenden Unterschieden. Ihr unterschiedliches Verständnis des Dichters Heine verrät dabei jeweils ihr Selbstverständnis.

Wenn Yvan Goll in seinem Zyklus »Jean sans Terre« den Typus des »Einsamen«[63] beschwört, der zugleich ein »Wanderer mit den Sternaugen« ist, ein »Vagabund ohne Namen, ohne Haus«, »der Fremde vom Jenseits«,[64] dann gibt er dem jüdischen Motiv des Exils, wie es auch Heine gekannt hat, eine Wendung ins Kosmische, ja Metaphysische und deutet es universalistisch als allgemein-menschliches Schicksal. Das jüdische Schicksal wird zum Schicksal des Dichters, »der nichts anderes wünscht als eine unsichtbare Karriere: die des allen Schmerz mitleidenden Dichters«.[65] Wenn Celan hingegen Exil und Einsamkeit, Verfolgung und Ausgestoßensein in seiner »Gauner- und Ganovenweise« als Folge des Antisemitismus interpretiert, dann stellt er sein Schicksal gerade in den jüdischen Zusammenhang. Das Schicksal des Dichters wird wieder zum jüdischen Schicksal.

In den Gedichten Golls und Celans offenbaren sich so zwei deutlich geschiedene, in manchem gegenläufige Tendenzen der jüdischen Heine-Rezeption: die Wendung der jüdischen Erfahrung ins Allgemein-Menschliche und der Rückbezug einer vorderhand allgemeinen Erfahrung auf die »jüdische Situation«. Zwischen diesen beiden Polen aber hat sich nicht nur die Heine-Rezeption, sondern die deutsch-jüdische Literatur im Ganzen bewegt. Die jüdische Heine-Rezeption ist darin symptomatisch: für den Zusammenhalt wie den Zwiespalt dieser Literatur.

IV. Die »Eindrucksfähigkeit für das Jüdische«

Ostjudentum und jiddische Literatur als Gegenstand jüdischen Diskurses von Kafka bis Joseph Roth

1. Kafka und die jiddische Literatur

In einer Tagebuch-Aufzeichnung vom Oktober 1911 hat Kafka seinen Wunsch ausgesprochen, »ein großes jiddisches Theater zu sehen« und »die jiddische Literatur zu kennen«.[1] Das war in dem Winter, in dem die kleine Schauspielertruppe Jizchak Löwys aus Lemberg in Prag gastierte. Durch sie hat Kafka dann tatsächlich die jiddische Literatur kennengelernt – auch wenn der andere Teil seines Wunsches, »ein großes jiddisches Theater zu sehen«, nicht in Erfüllung gegangen ist: die Truppe Löwys war kaum in der Lage, solchen Ansprüchen zu genügen.

Kafkas Tagebücher bezeugen am Ende umfangreiche Kenntnisse der zeitgenössischen jiddischen Literatur. Er kannte Dramen von Abraham Goldfaden, A.M. Scharkansky, Jakob Gordin, Joseph Lateiner, Freimann und Moses Richter.[2] Durch Löwy lernte er auch jiddische Lyrik kennen – Gedichte etwa von David Edelstatt und Morris Rosenfeld, die Löwy in einer von Kafka eingeleiteten Lesung dem Prager Publikum vorstellte. Im Oktober 1911 hat Kafka sogar ein Streitgespräch zwischen Löwy und dem Schauspieler Tschissik darüber festgehalten, ob Edelstatt oder Rosenfeld der »größte jüdische Schreiber«[3] sei. Kafka las außerdem Humoresken von Scholem Alejchem, Geschichten von Jizchak Leib Peretz und Mendele Moicher Sforims Roman »Fischke der Krumer«.[4] Keiner der großen jiddischen Autoren des späten 19. und frühen 20. Jahrhunderts blieb ihm unbekannt.

Kafkas Tagebücher verraten ein Interesse nicht nur an der jiddischen Literatur. Die hebräische Literatur seiner Zeit war ihm zwar nicht so vertraut wie die jiddische, doch kannte er einige ihrer prominentesten Vertreter wie Chaim Nachman Bialik[5] und Joseph Chaim Brenner. Neben der jiddischen galt, aus leicht einzusehenden Gründen, seine besondere Aufmerksamkeit der deutsch-jüdischen Literatur: Dramatikern wie Arthur Schnitzler,[6] Carl Sternheim[7] oder Walter Hasenclever,[8] Lyrikern wie Richard Beer-Hofmann[9] und, immer wieder, Franz Werfel.[10] Er hörte Vorträge von Adolf Loos und Karl Kraus[11], von Maximilian Harden[12] und Franz Werfel. Er lernte Kurt Tucholsky in Prag,[13] Karl Wolfskehl[14] und Else Lasker-Schüler[15] in Berlin kennen. Er war mit Max Brod, Oskar Baum und Ernst Weiß befreundet. Eine Tagebuch-Aufzeichnung vom 24. Januar 1912 belegt außerdem, daß er anhand von Pines' »L'histoire de la Littérature Judéo-Allemande« sogar systematisch literaturgeschichtliche Studien betrieb.[16]

Für einen Schriftsteller wie Kafka sind diese Interessen zunächst nicht weiter verwunderlich. Literatur war das Zentrum seines Lebens. Im August 1913 hat er Felice Bauer gegenüber sein Verhältnis zur Literatur beschrieben – das gerade kein ›Verhältnis *zur* Literatur‹ war: »Ich habe kein literarisches Interesse, sondern bestehe aus Literatur, ich bin nichts anderes und kann nichts anderes sein.«[17] Das war sicher nicht nur so eindringlich formuliert, um Felice Bauer zu schrecken und abzuschrecken. In seinem Tagebuch hatte Kafka einige Tage früher denselben Sachverhalt sogar noch pointierter beschrieben: »Alles, was sich nicht auf Literatur bezieht, hasse ich.«[18]

Daß die Beschäftigung mit Literatur für ihn von existentieller Bedeutung war, gilt erst recht für sein Studium der jiddischen Dichtung: Es ist Teil seiner Auseinandersetzung mit jüdischer Kultur und Religion in den Jahren vor dem 1. Weltkrieg. Die jiddische Literatur zog Kafka dabei vor allem als Ausdruck ostjüdischer Kultur an, die wiederum für ihn eine Alternative zu dem »Nichts«[19] an Judentum darstellte, das er in seiner Familie kennengelernt hatte. Als Kafka Bekanntschaft mit der Schauspielertruppe Löwys machte, war er auf der Suche nach einer anderen jüdischen Identität.

Das heißt nicht, daß er sich für das jiddische Theater gar nicht als ein ästhetisches Phänomen interessiert hätte. Tatsächlich bestehen seine Aufzeichnungen über einzelne Aufführungen zumeist aus – mehr oder weniger langen – Inhaltsangaben der Stücke und Schilderungen der Inszenierungen. Bis in einzelne Gesten und Bewegungen hinein beschrieb er, fasziniert von ihrer Körpersprache, die Auftritte der jüdischen Schauspieler. Im Ganzen dominierte jedoch in seiner Beschäftigung mit der jiddischen Literatur ein kulturelles Interesse. Im »Wilden Menschen«, einem Stück von Jakob Gordin, vermißte er etwa »das unmittelbare, förmlich ein für allemal improvisierte Judentum der andern Stücke«.[20] Noch bezeichnender ist seine Reaktion auf Gordins Stück »Schhite«. Die »Talmudzitate« darin notierte er sich in sein Tagebuch[21] – bevor er sich dann am nächsten Tag, vermutlich von Löwy, weitere Auskünfte über den Talmud besorgte.[22]

Die Hoffnungen, die Kafka mit seinem Studium der jiddischen Literatur und des jiddischen Theaters verband, haben sich allerdings nicht erfüllt. Seine Entfremdung von der jüdischen Tradition hat die Literatur der Ostjuden nicht aufheben können. Schon am 6. Januar 1912 notierte er sich, anläßlich eines Stücks von Freimann, in sein Tagebuch:

Die Eindrucksfähigkeit für das Jüdische in diesen Stücken verläßt mich, weil sie zu gleichförmig sind und in ein Jammern ausarten, das auf vereinzelte kräftigere Ausbrüche stolz ist. Bei den ersten Stücken konnte ich denken, an ein Judentum geraten zu sein, in dem die Anfänge des meinigen ruhen und sie sich zu mir hin entwickeln und dadurch in meinem schwerfälligen Judentum mich aufklären und weiterbringen werden, statt dessen entfernen sie sich, je mehr ich höre, von mir weg.[23]

Die Enttäuschung, die in solchen Sätzen anklingt, ist nicht nur in der geringen ästhetischen Qualität der jiddischen Dramatik begründet, über die sich Kafka schnell im klaren war.

In der Beschäftigung mit dem Ostjudentum hat Kafka keine neue jüdische Identität finden können. Das jiddische Theater hat ihm zwar eine bis dahin unbekannte Welt erschlossen; ein neues Selbstverständnis hat es ihm aber kaum vermitteln können. Vom traditionellen Judentum war Kafka, anders als sein Freund Max Brod, offenbar schon zu weit entfernt. Der Umzug nach Berlin, im vorletzten Jahr seines Lebens, dürfte dafür das sichtbarste Zeichen sein. Auch wenn Kafka immer wieder mit dem Gedanken gespielt hat, nach Palästina auszuwandern – seine Sehnsucht nach einer literarischen Existenz in Berlin war schließlich stärker. Berlin kannte er schon aus früheren Besuchen – als einen Ort, an dem der »Typus des westeuropäischen Juden«[24] zu Hause war, den er in seinem Freund Ernst Weiß verkörpert sah. Wenn Kafka sich in seinem Brief an Milena Jesenská vom November 1920 als »de[n] westjüdischste[n]« der Westjuden[25] bezeichnete, dann war das, vier Jahre vor seinem Tod, auch eine Absage an die kulturelle Alternative, die sich einem jüdischen Intellektuellen aus Prag zu Beginn des 20. Jahrhunderts geboten hat: die Absage an eine zionistische oder kulturzionistische Identität. Anders als manche seiner Freunde hat Kafka gerade die Spannungen einer westjüdischen Existenz ausgehalten.

Daß die Beschäftigung mit ostjüdischer Kultur ihn nicht zum traditionellen Judentum zurückführte, hängt auch mit der biographischen Konstellation zusammen, auf die sein Studium der jiddischen Literatur traf. Zu ihr gehört nicht nur die beginnende Auflehnung gegen den Vater und die ungefähr gleichzeitig einsetzende schwierige Beziehung zu Felice Bauer, sondern auch die einstweilen nur dem Tagebuch anvertraute Entscheidung für die Schriftstellerei, die ihn in einen Konflikt mit den bürgerlichen Vorstellungen sowohl des Vaters wie der Braut bringen mußte. Seinen Wunsch nach einer anderen jüdischen Identität sah Kafka in einem Konflikt mit seiner Sehnsucht nach einer literarischen Existenz. Einem Dasein als Jude in Einklang mit der Tradition stand sein Wunsch nach einem Leben als Schriftsteller entgegen.

Für Giuliano Baioni ist deshalb die Beschäftigung mit dem jiddischen Theater die ›Geburtsstunde‹ des Autors Franz Kafka: »in der Begegnung mit den Schauspielern« sei er als Autor ›geboren‹ worden.[26] Baioni zufolge hat Kafka an der Truppe Löwys vor allem die »Natürlichkeit ihres Judentums«[27] fasziniert, die ihm deutlich machte, wie sehr er bereits dem traditionellen Judentum entfremdet war. Der tiefste Ausdruck dieser Entfremdung aber sei für ihn seine Hingabe an die Literatur gewesen, weil sie ihn daran hinderte, »den der Literatur entgegengesetzten Weg zu gehen – den Weg zur Ehe und zur Familie«,[28] wie er in Einklang mit der jüdischen Tradition gewesen wäre. Nicht zufällig wurde der Junggeselle, ein Außenseiter auch in der Welt des traditionellen Judentums, für ihn zum Sinnbild des Schriftstellers.[29]

Die westjüdische Existenz, der Kafka am Ende nicht entfliehen konnte, hat er in seinem Brief an Milena beschrieben:

Wir kennen doch beide ausgiebig charakteristische Exemplare von Westjuden, ich bin, soviel ich weiß, der westjüdischste von ihnen, das bedeutet, übertrieben ausgedrückt, daß mir keine ruhige Sekunde geschenkt ist, nichts ist mir geschenkt, alles muß erworben werden, nicht nur die Gegenwart und Zukunft, auch noch die Vergangenheit, etwas das doch jeder Mensch vielleicht mitbekommen hat, auch das muß erworben werden, das ist vielleicht die schwerste Arbeit [...].[30]

Auch Kafkas Interesse an der jiddischen Literatur, vorderhand eine Flucht aus dem Westjudentum, ist in diesem Sinn noch ›westjüdisch‹: der Versuch, über die Literatur die religiöse und kulturelle Tradition zu finden, die ihm fehlte. Das Scheitern dieses Versuchs verrät dabei über ihn soviel wie über seine Situation.

2. Westjuden und Ostjuden

Kafkas Interesse für die jiddische Literatur und das jiddische Theater ist nicht selbstverständlich – nicht für einen Prager Juden, auch nicht für einen deutschsprachigen jüdischen Autor seiner Zeit. Das jüdische Bürgertum Prags war in hohem Maß assimiliert. Das Gastspiel der Truppe Löwys in der Stadt war bezeichnenderweise nur kurz und wenig erfolgreich. Schon im Januar 1912 hat Kafka festgestellt, »daß die Geschäfte der Truppe elend gingen [...] und daß die Interesselosigkeit der Prager Juden ihnen gegenüber unbegreiflich sei«.[31] Diese Gleichgültigkeit hatte nicht nur ästhetische Gründe. Zwar hat sich Max Brod noch Jahrzehnte später daran erinnert, daß »diese Schmierenkomödianten ihre schlechten Stücke« in dem »miserable[n] Café Savoy« spielten.[32] Die heftige Reaktion, die Kafkas Vater Löwy gegenüber zeigte, deutet jedoch auf andere Gründe hin. Dessen Bemerkung: »Wer sich mit Hunden zu Bett legt, steht mit Wanzen auf«,[33] verrät ein starkes, auch unter Westjuden durchaus übliches Vorurteil über das Ostjudentum. Es ist Ausdruck der kulturellen Diskrepanz, die um 1900 zwischen Westjuden und Ostjuden bestand.

In einer Tagebuch-Aufzeichnung von 1915 hat Kafka die »Verachtung der Ostjuden für die hiesigen Juden«[34] erwähnt. Die Verachtung der Westjuden für die Ostjuden war kaum weniger tief – und sie war weitverbreitet, auch unter Intellektuellen und Künstlern. Wie die deutschsprachigen Juden insgesamt haben die deutsch-jüdischen Schriftsteller lange Zeit ihre Identität in der Differenz zum Ostjudentum bestimmt. In der deutsch-jüdischen Literatur noch des späten 19. und frühen 20. Jahrhunderts, etwa bei Karl Emil Franzos oder Georg Hermann, ist der Ostjude der problematische Jude – schon weil er den Antitypus des aufgeklärten Westjuden darstellt.[35] Bezeichnend ist Jakob Wassermanns Geständnis in seiner autobiographischen Schrift »Mein Weg als Deutscher und Jude« (1921), er habe »einen polnischen oder galizischen Juden« immer als Fremden empfunden:

eine Regung von Brüderlichkeit, ja nur von Verwandtschaft verspürte ich durchaus nicht. Er war mir vollkommen fremd, in den Äußerungen, in jedem Hauch fremd, und wenn sich keine menschlich-individuelle Sympathie ergab, sogar abstoßend.[36]

Solche Abneigung gegen die Ostjuden wurde auch auf die jiddische Literatur übertragen. Selbst Ludwig Geiger hat die »Stücke in jüdisch-deutschem Jargon«, die er in Berlin sah, nur als »einen interessanten Beitrag zur Kulturgeschichte« gelten lassen: »So viel Sinn ich für Humor zu besitzen glaube – in diesen Exhibitionen ordinären jüdischen Witzes mit Gliederverrenkungen und frivolen Scherzen vermag ich unmöglich wirkliche Literatur zu erblicken.«[37]

Symptomatisch für das Verhältnis der Westjuden zu den Ostjuden war ihre Bewertung des Jiddischen. 1912 hat Kafka eine Lesung Löwys mit einer kleinen »Rede über die jiddische Sprache« eingeleitet. Wie damals allgemein üblich, nannte er sie einen »Jargon«, ja einen »verwirrten Jargon«. Die Vorbehalte der deutschsprechenden Juden ihr gegenüber waren ihm vertraut: »Angst vor dem Jargon, Angst mit einem gewissen Widerwillen auf dem Grunde ist schließlich verständlich wenn man will.« Denn das Jiddische habe »noch keine Sprachformen von solcher Deutlichkeit ausgebildet, wie wir sie brauchen«, es bestehe »nur aus Fremdwörtern« und »Dialekt«.[38] Eine solche Abwertung der jiddischen Sprache hatte unter deutschsprachigen Juden Tradition.

Am Anfang der deutsch-jüdischen Literatur steht, als Bedingung ihrer Entstehung, die Abkehr von der jiddischen und der Wechsel zur deutschen Sprache.[39] Dieser durchaus langwierige Prozeß, der um 1750 einsetzt und ungefähr 100 Jahre dauert, ging mit einer kulturellen Neuorientierung einher. Schon Moses Mendelssohn galt das Jiddische als ein Hindernis für die Aufklärung der Juden. Als »erste[n] Schritt zur Cultur«,[40] zur Teilhabe an der Aufklärung hat er ihnen deshalb die Erlernung der deutschen Sprache empfohlen.

Bezeichnenderweise war während des 19. Jahrhunderts das Sozialprestige des Jiddischen bei den Nicht-Juden wie bei den Juden gleichermaßen niedrig. Zu den jüdischen Verächtern des Jiddischen zählten sogar die führenden Vertreter der Wissenschaft des Judentums – von Leopold Zunz über Moritz Steinschneider bis zu Heinrich Graetz. Es wurde aus mancherlei Gründen abgelehnt –

teils weil es in linguistischer Hinsicht als häßlich, mißtönend, komisch, als entartetes Deutsch oder minderwertiges Kauderwelsch galt, dessen sprachliche Nähe zur Gaunersprache gern betont wurde und zu Verdächtigungen seiner Sprecher Anlaß bot; teils weil es den Sprecher als ungebildet, rückständig, unassimiliert auszuweisen schien und als Merkmal einer möglicherweise fehlenden Assimilationsbereitschaft sowie traditioneller Jüdischkeit nicht nur von Judengegnern, sondern auch von Anhängern der Emanzipation abgelehnt wurde.[41]

Gerade den Befürwortern der Assimilation galt die jiddische Sprache als rückständig, als Ausdruck einer »Jüdischkeit im orthodoxen, vorassimilierten, unaufgeklärten Sinne«.[42] Deshalb kann es nicht verwundern, daß die Polemik gegen das Jiddische auch ein Topos der deutsch-jüdischen Literatur des 19. und frühen 20. Jahrhunderts war.[43] Schon Berthold Auerbach nannte in »Dichter und Kaufmann«, seinem Buch über den deutsch-jüdischen Dichter Ephraim Moses Kuh, das Jiddische ein »schlechte[s], mit ebräischen Phrasen verunzierte[s]

Deutsch«.⁴⁴ Einen Höhepunkt erreicht die Polemik gegen das Jiddische in den Sprachglossen von Karl Kraus. Spuren des Jiddischen in der deutschen Sprache hat er unnachsichtig kritisiert – etwa in der Polemik »Jüdelnde Hasen«, in der er Felix Salten den Gebrauch des Jiddischen in einem Fortsetzungsroman vorwarf.⁴⁵

Auch unter jüdischen Schriftstellern ist erst langsam ein Bewußtsein dafür entstanden, daß die Verdrängung der jiddischen Sprache in Deutschland einen kulturellen Verlust bedeutete. So hat etwa Max Brod 1934 bemerkt, daß damit »eine große jüdische Tradition, ja man kann sagen: das jüdische Mittelalter, im Zuge der mächtig eindringenden weltlichen Bildung«,⁴⁶ verlorengegangen sei. Zu dieser Tradition gehört auch die ›jüdisch-deutsche Literatur‹, die jiddische Literatur in Deutschland, deren Geschichte im 18. Jahrhundert zu Ende ging.⁴⁷

Die Verdrängung des Jiddischen bedeutete aber nicht allein den Verlust jüdischer Tradition. Aus deutscher Sicht hat die Alterität des Jiddischen zumindest noch einen zweiten Aspekt. Bis ins 20. Jahrhundert hinein steht es nicht nur für jüdische Vergangenheit, sondern auch für die Gegenwart dieser Vergangenheit. Als Sprache der osteuropäischen Juden verwies es auf den Fortbestand eines vermeintlich anachronistischen, ja obsoleten vor-aufklärerischen Judentums und damit auf einen für manche assimilierten Juden schmerzlichen inner-jüdischen Widerspruch. »Der Ostjude, der Recht- und Heimatlose aller östlichen Pogrome«, hat Walter Mehring geschrieben, »blieb, soweit er sich nicht geistig und pekuniär assimilierte, als ›Mischpoche‹ peinlich ...«⁴⁸

3. Die Krise westjüdischer Identität

Kafkas Beschäftigung mit ostjüdischer Kultur und jiddischer Literatur markiert eine Zäsur in der deutsch-jüdischen Literatur zu Beginn des 20. Jahrhunderts. Sie ist eines der ersten und wichtigsten Beispiele für die Suche jüdischer Schriftsteller nach einer neuen jüdischen Identität. Bei Kafka hat die »Eindrucksfähigkeit für das Jüdische« ihre Spuren allerdings fast ausschließlich in den Tagebüchern und Briefen hinterlassen, kaum in seinen Erzählungen und Romanen. Das unterscheidet ihn von anderen deutsch-jüdischen Autoren der Jahrhundertwende:

In einer Zeit, als Dichter wie Wassermann, Schnitzler, Zweig und andere, die weit weniger bewußte Juden waren, sogenannte ›jüdische‹ Romane und Dramen schrieben (Wassermann, Die Juden von Zirndorf; Schnitzler, Der Weg ins Freie; Zweig, Jeremias), bleibt Kafkas Werk beinahe frei von jüdischen Gestalten und offenen jüdischen Bezügen.[49]

Dieser »Mangel an offen jüdischen Themen«[50] in seinem erzählerischen Werk – wenn es denn einer ist – charakterisiert nicht nur den Autor Kafka. Er verweist auch auf das Fehlen eines jüdischen Diskurses in der deutschen Literatur des frühen 20. Jahrhunderts. Als Kafka sich dem Ostjudentum und seiner Literatur zuwandte, war ein solcher Diskurs noch nicht etabliert, allenfalls im Entstehen.

Zwar waren etwa die ›jüdischen Romane‹ Wassermanns und Schnitzlers schon erschienen. Programmatisch wird die Bemühung um eine jüdische Literatur in Deutschland aber erst in den Jahren vor dem 1. Weltkrieg – etwa mit Moritz Goldsteins Essay »Deutsch-jüdischer Parnaß«, der 1912 im ersten Märzheft der Zeitschrift »Der Kunstwart« erschien und ein großes Echo auslöste.[51] »*Wir Juden*«, hat Goldstein darin pointiert festgestellt, »*verwalten den geistigen Besitz eines Volkes, das uns die Berechtigung und die Fähigkeit dazu abspricht*«.[52]

Als »Rettung aus der Halbheit, aus dem Zwitterwesen, aus Verleumdung und Verdächtigung, aus Ungerechtigkeit und Übelwollen«[53] hat er den Juden die Ausbildung einer »jüdische[n] Kunst«[54] empfohlen: »Nicht durchaus nur *für* Juden und *über* Juden schreiben, dichten, malen, aber überall und unbedingt *als* Jude wirken.«[55] Allerdings fehle dafür »noch das *Organ, das alle schaffenden Juden, eben als Juden, vereinigt*«.[56] Als »dringende und schöne Aufgabe für uns Juden« hat er die »Behandlung jüdischer Stoffe« angesehen: »Denn soviel schon geschehen, *das* Judendrama, *der* Judenroman ist noch ungedichtet.«[57]

Ob Kafka sich an einem jüdischen Diskurs, wäre er um 1910 schon entwickelt gewesen, beteiligt hätte, ist allerdings fraglich. Seine Beschäftigung mit dem jiddischen Theater hat – unter den besonderen biographischen Umständen, auf die sie traf – eine ganz eigene existentielle Wende genommen. Dennoch hat sie aber auch nicht bloß privaten Charakter. Sein Interesse am Ostjudentum und an jiddischer Literatur ist vielmehr von symptomatischer Bedeutung – als Ausdruck nicht nur einer individuellen, sondern auch einer kulturellen Verunsicherung.

Gershom Scholem hat, wohl als erster, das Werk Kafkas als Symptom einer Krise der religiösen Werte des Judentums verstanden.[58] Tatsächlich befand sich zu Beginn des 20. Jahrhunderts das Westjudentum in einer Identitäts-Krise. Die Entfernung von der jüdischen Tradition schuf zwar, auf Seiten der Juden, die Voraussetzung für eine kulturelle Assimilation; dennoch sahen sie sich seit dem Ende des 19. Jahrhunderts neuen antisemitischen Kampagnen ausgesetzt – in Ost- ebenso wie in Westeuropa.[59]

Die Suche nach einer neuen jüdischen Identität, die in dieser historischen Situation entstand, hat ihre Richtung vor allem durch den Kulturzionismus erhalten, wie er sich in den ersten Jahren des 20. Jahrhunderts herausbildete. Die von Martin Buber 1901 zuerst propagierte »jüdische Renaissance«[60] zielte auf die Erneuerung einer durch die Assimilation verlorengegangenen kulturellen und religiösen jüdischen Identität. Bubers Ziel war allerdings weniger die Wiederherstellung einer politischen Einheit der Juden als die Ausbildung eines neuen kulturellen und spirituellen Selbstverständnisses, zu dem wesentlich die Beschäftigung mit dem Chassidismus und seiner Literatur gehörte. Sie führte zu einer »Neubewertung der ostjüdischen Lebensformen«,[61] die nicht selten zum Ideal authentischer jüdischer Existenz stilisiert wurden.[62] Auch Kafkas Interesse an jiddischer Literatur und ostjüdischer Kultur steht im Zusammenhang mit dieser Suche nach einer neuen jüdischen Identität.

In kaum einer anderen europäischen Großstadt hat Martin Bubers Programm einer ›jüdischen Renaissance‹ so nachhaltig gewirkt wie in Prag.[63] Die Idee einer Wiedergeburt der jüdischen Kultur fand unter den jungen Juden Prags, die der Generation Kafkas angehörten, großen Widerhall. 1909, 1910 und 1913 wurde Buber von ihnen zu insgesamt vier Vorträgen eingeladen. Zumindest einen davon, den über »Die Erneuerung des Judentums« vom Dezember 1910, hat Kafka sehr wahrscheinlich gehört,[64] der zu dem Kreis der kulturzionistischen Juden vor allem durch seinen Jugendfreund Hugo Bergmann und seinen Schriftstellerfreund Max Brod Kontakt hatte.

Brod hat in seiner Autobiographie »Streitbares Leben« die Begegnung mit der Schauspielertruppe Löwys als den »Angelpunkt meiner Wandlung« bezeichnet.[65] Damit war seine Wandlung zum Zionisten gemeint. »Es war alles falsch und elend, was da gezeigt wurde,« schreibt Brod, »aber überall blickte das Richtige durch.«[66] Erst Martin Buber habe »mit seinen chassidischen Geschichten die Brücke zwischen Ideal und Volkstümlichkeit«[67] geschlagen – durch die letztlich messianische Interpretation chassidischer Mystik. Kafka, der Buber distanziert gegenüberstand, hat sich den Kulturzionismus am Ende nicht zueigen machen können.[68] Bezeichnend ist das Urteil über Brod, das er schon 1911, aus Anlaß ihres gemeinsamen Projekts »Richard und Samuel« geäußert hat: »Ich und Max müssen doch grundverschieden sein.«[69]

4. Annäherungen: Deutsch-jüdische und jiddische Literatur zu Beginn des 20. Jahrhunderts

Mit Kafkas Tagebuchaufzeichnungen beginnt in der deutschen Literatur des 20. Jahrhunderts ein jüdischer Diskurs, dessen Gegenstand ostjüdische Kultur und Literatur, dessen Thema die Suche nach einer neuen jüdischen Identität ist. Sie stehen damit auch am Anfang einer Wiederentdeckung der jiddischen Literatur durch deutsch-jüdische Schriftsteller im 20. Jahrhundert.[70] Die Zeit dafür scheint um die Jahrhundertwende besonders günstig gewesen zu sein. Denn die letzten Jahrzehnte des 19. und die ersten des 20. Jahrhunderts sind die große Epoche der jiddischen Literatur. Sie gilt allgemein als deren »Klassik«[71] – der seltene Fall, daß als klassisch die Epoche einer Literatur angesehen wird, in der sie in die Moderne eingetreten ist. Durch Übersetzungen auch in nicht-jüdische Sprachen, etwa ins Deutsche, gewann sie Aufmerksamkeit und bald auch Anerkennung jenseits ihres angestammten Publikums. Ihre großen Vertreter, allen voran Scholem Alejchem, aber auch

Jizchak Leib Peretz und Mendele Moicher Sforim, wurden international beachtet, in Europa ebenso wie in den USA.[72] Ihre Verdienste waren auch nach außen hin erkennbar. Ihnen war es gelungen, eine Literatur zu verändern, deren Entwicklung eine stark durch Oralität gekennzeichnete Sprache und das Fehlen einer wirksamen literarischen Tradition enge Grenzen gesetzt hatten und die noch wesentlich von melodramatischer Trivialliteratur geprägt war.

Mit dem Tod dieser drei Dichter am Ende des 1. Weltkriegs endete die klassische Epoche der jiddischen Literatur, aber noch nicht deren Aufstieg, der keineswegs nur ästhetische Gründe hatte. Die Umwälzungen, die Osteuropa nach dem 1. Weltkrieg und dem Ende des Zarismus veränderten, begünstigten zunächst die Ausbreitung jiddischer Kultur. In Polen und der Sowjet-Union wurden jiddische Schulen, Verlage und Büchereien eingerichtet. In Vilna etablierte sich das – in Berlin gegründete – YIVO, das »Yidischer Visnschaftlecher Institut«.[73] Moskau und Warschau, für kurze Zeit auch Berlin wurden zu Zentren jiddischer Literatur in Europa. In den 20er Jahren war die jiddische der Inbegriff jüdischer Literatur: »Jewish literature after World War I«, hat Benjamin Harshav festgestellt, »was predominantly Yiddish, with only a few Hebrew writers living outside the new center of Hebrew literature in Eretz Israel«.[74]

Die Erneuerung der jiddischen Literatur fällt ungefähr mit dem Aufstieg der deutsch-jüdischen Literatur zusammen. Die Gleichzeitigkeit dieser Entwicklungen ist allerdings ihre größte Gemeinsamkeit. Ansonsten handelt es sich um zwei voneinander unabhängige, in vielem geradezu gegenläufige Prozesse, die sich zum Teil in einem beträchtlichen äußeren Abstand voneinander vollzogen. Entscheidender aber als die geographische Distanz, die im übrigen auf mancherlei Weise immer wieder aufgehoben wurde, nicht zuletzt durch die Migration der jiddischen Autoren, war die kulturelle Differenz zwischen jiddischer und deutsch-jüdischer Literatur, die mit der zwischen Ostjudentum und Westjudentum zusammenfällt. Deren Relativierung im Zuge der ›jüdischen Renaissance‹ hat erst die Voraussetzung für Berührungen geschaffen.

5. Jüdische Migration und jiddisches Volkstheater

Das Interesse an jiddischer Literatur galt schon bei Autoren wie Kafka und Brod kaum der ›klassischen‹ jiddischen Literatur der Jahrhundertwende. Die drei großen Vertreter der jiddischen Literatur, die für diese Blüte stehen, Scholem Alejchem, Mendele Moicher Sforim und Jizchak Leib Peretz, lebten noch, als sich der Kulturzionismus formierte. Der chassidischen Literatur haben Buber und seine Anhänger jedoch mehr Beachtung geschenkt als der klassisch-jiddischen. Bezeichnenderweise hat der Schocken Verlag in den 30er Jahren kein Buch von Scholem Alejchem und Mendele Moicher Sforim und nur eines von Jizchak Leib Peretz veröffentlicht: dessen »Chassidische Erzählungen«, übersetzt von Bubers Schwiegersohn Ludwig Strauß.[75]

Erst spät hat ein deutsch-jüdischer Schriftsteller, der in Galizien geborene Manès Sperber, in seinem Buch »Churban oder Die unfaßbare Gewißheit« die jiddische Literatur umfassend gewürdigt.[76] Darin hat er nicht nur das »Schicksal einer Literatur« beschrieben, sondern auch einige ihrer bedeutendsten Vertreter porträtiert, zumal Scholem Alejchem, Joseph Opatoshu, H. Leivick und Jakob Glatstein. Sperber gehört zu den wenigen jüdischen Autoren deutscher Sprache, denen die jiddische Literatur seit der Kindheit vertraut war. In seiner Autobiographie »All das Vergangene ...« hat er erzählt, wie er schon mit neun Jahren »die Klassiker der jiddischen Literatur« kennenlernte, allen voran Scholem Alejchem.[77] Diese literarische Bildung machte Sperber allerdings zu einem Außenseiter auch unter den jüdischen Autoren deutscher Sprache, die sich ostjüdischer Literatur zuwandten.

Seltener noch als eine intensive Lektüre der großen jiddischen Literatur waren Kontakte zu jiddischen Autoren. Eines der wenigen Beispiele dafür ist die Freundschaft zwischen Else Lasker-Schüler und Abraham Nochem Stenzel. Stenzel gehörte zu der ostjüdischen Schriftsteller-Kolonie im Berlin der 20er Jahre, zusammen etwa mit David Bergelson und Daniel Tscharni.[78] Obwohl Berlin in dieser Zeit ein Zentrum des jiddischen Verlagswesens[79] war, ist die jiddische Literatur, selbst die ins Deutsche übersetzte, insgesamt nur von wenigen deutsch-jüdischen Autoren wahrgenommen worden.[80]

Deren Interesse konzentrierte sich vielmehr auf jiddische Volksliteratur und dabei wiederum vor allem auf das jiddische Theater.[81] Das mag zunächst überraschen, denn das Drama war kaum der literarisch avancierteste Teil der jiddischen Literatur. In deren Modernisierungsprozeß war es nicht in derselben Weise wie die Prosa, zumal der Roman und die Lyrik einbezogen. Tatsächlich hat das jiddische Theater für westjüdische Autoren nicht allein aus ästhetischen Gründen Bedeutung erlangt.

Den deutsch-jüdischen Schriftstellern, die zumeist nicht mehr Hebräisch gelernt hatten, war die jiddische Literatur in der Regel verschlossen: sie waren kaum in der Lage, sie im Original zu lesen. Das gesprochene Jiddisch dagegen bereitete ihnen geringere Verständnis-Schwierigkeiten.[82] Außerdem war das Theater im ersten Drittel des 20. Jahrhunderts der wichtigste Vermittler jiddischer Literatur in Mitteleuropa. War die kleine Schauspieler-Truppe Jizchak Löwys noch auf der Flucht vor Pogromen nach Prag gelangt, so unternahmen die großen jiddischen Theater, die Wilnaer Truppe und das Moskauer Akademische Theater, ebenso wie die Habimah, nach dem 1. Weltkrieg große, viel beachtete Tourneen, die sie auch nach Deutschland führten. Die bedeutendsten deutsch-jüdischen Theaterkritiker der Zeit, etwa Alfred Kerr und Alfred Polgar, haben die Aufführungen dieser jiddischen Schauspieler-Truppen durchaus zur Kenntnis genommen.[83] Das Berliner Gastspiel des Moskauer Jüdischen Theaters hat Kerr 1928 mit den Worten gefeiert: »Das ist große Kunst. Große Kunst.«[84]

6. Joseph Roth über das jiddische Theater

In die Wanderung der Ostjuden nach Westen, wie sie nach den Pogromen in Polen und Rußland um 1900 einsetzte, war das Theater von Anfang an einbezogen. Wo es größere Ansammlungen von Ostjuden gab wie etwa im Berliner Scheunenviertel, gab es bald auch jiddisches Theater.[85] Bezeichnenderweise hat Joseph Roth in seinem Essay »Juden auf Wanderschaft« vom jiddischen Theater behauptet, es sei »fast mehr eine Institution des westlichen Ghettos als der östlichen«.[86]

Das jiddische Theater, das er beschreibt, ist dem ähnlich, das auch Kafka kennengelernt hat: jüdische Schauspielertruppen aus Polen oder Rußland bei Gastspielen im Westen. Anders aber als Kafka sah Roth es nicht als mehr oder weniger authentischen Ausdruck ostjüdischer Kultur an. Bezeichnenderweise beschreibt er in seinem Essay zwei jiddische Theater, die er in Mittel- und Westeuropa kennengelernt hat: in Berlin und in Paris. Das Repertoire dieser Theater: »alte Lieder«, »eine humoristische Geschichte von Scholem Alechem«, »moderne hebräische und jiddische Gedichte lebender und jüngst verstorbener jüdischer Autoren«,[87] schließlich »die schöne ernste, sogar schwierige und manchmal abstrakte Poesie des großen hebräischen Dichters Bialik«[88] hat Roth genauso interessiert wie die Reaktionen des Publikums. Von den Zuschauern – »Kaufleute und deren Familien«, »nicht mehr orthodox, sondern ›aufgeklärt‹«, unter ihnen »Zyniker und Abergläubische«, »in Dingen des Geschäfts rücksichtslos gegeneinander und gegen Fremde« – sagt er: »sie können weinen, besonders in einem solchen Freilufttheater, wie dieses war«.[89] Das habe nicht nur damit zu tun, daß Juden emotional leicht zu bewegen seien.[90] Das Theater rühre vielmehr »an eine bestimmte verborgene Saite«, die sie »opferwillig, gütig und human«[91] mache. Im Theater vergewisserten sich gerade die ›aufgeklärten‹ Juden ihrer Herkunft. »Für dieses Volk Schauspieler sein ist schön«, bemerkt Roth anläßlich eines jiddischen Theaters in Paris: »Es war eine so innige, beinahe private Beziehung von der Bühne zum Zuschauer.«[92]

Bei aller Sympathie ist Roths Darstellung des jiddischen Theaters jedoch distanziert. Sie ist frei von dem drängenden, existentiellen Interesse, das Kafka leitete. Das hängt auch mit Roths Einschätzung der Funktion jüdischer Kunst zusammen. Erscheint der einsame Junggeselle in den Tagebuch-Aufzeichnungen Kafkas als Inbegriff des westjüdischen Autors, so ist für Roth das Sinnbild des ostjüdischen Künstlers der »Batlen«[93] – »ein Spaßmacher, ein Narr, ein Philosoph, ein Geschichtenerzähler«:

In jeder kleinen Stadt lebt mindestens ein Batlen. Er erheitert die Gäste bei Hochzeiten und Kindstaufen, er schläft im Bethaus, ersinnt Geschichten, hört zu, wenn die Männer disputieren, und zerbricht sich den Kopf über unnütze Dinge. Man nimmt ihn nicht ernst. Er aber ist der ernsteste aller Menschen. Er hätte ebenso mit Federn und Korallen handeln können wie jener Wohlhabende, der ihn zur Hochzeit lädt, damit er sich über sich selbst lustig mache. Aber er handelt nicht. Es fällt ihm schwer, ein Gewerbe zu betreiben, zu heiraten, Kinder zu zeugen und ein angesehenes Mitglied der Gesellschaft zu sein. Manchmal wandert er von Dorf zu Dorf, von Stadt zu Stadt. Er verhungert nicht, er ist immer am Rande des Hungers. Er stirbt nicht, er entbehrt nur, aber er will entbehren. Seine Geschichten würden wahrscheinlich in Europa Aufsehen erregen, wenn sie gedruckt würden. Viele behandeln Themen, die man aus der jiddischen und aus der russischen Literatur kennt.[94]

In Paris begegnet Roth ein solcher ›Batlen‹ aus Radziwillow, »dem alten russisch-österreichischen Grenzort«, der Nachbarstadt von Brody, dem Geburtsort Roths. »Er war ein Clown aus Überzeugung und nicht von Geburt«, der von sich sagt:

Ich bin immer ein Clown in dieser Welt [...] Soll ich Beethoven spielen? Soll ich Kol Nidre spielen? Eines Abends, als ich auf der Bühne stand, begann ich, mich vor Lachen zu schütteln. Was mache ich der Welt vor, ich, ein Musikant aus Radziwillow? Soll ich nach Radziwillow zurückkehren und bei jüdischen Hochzeiten aufspielen? Werde ich dort nicht noch lächerlicher sein?[95]

Die Anekdote verdeutlicht, daß der ›Batlen‹ für Roth Sinnbild des jüdischen Künstlers ist – innerhalb der ostjüdischen Volks-Kultur wie in der nicht-jüdischen westeuropäischen Gesellschaft. Selbst »Scholem Alechem«, schreibt er, »war der Typus eines Batlen – nur bewußter, ehrgeiziger und von seiner Kulturaufgabe überzeugt«.[96] Ernst zu sein, ohne ernst genommen zu werden, als Spaßmacher verstanden und mißverstanden zu werden, weder hier noch da hinzugehören: das definiert für Roth den jüdischen Künstler. Seine Charakteristik des ›Batlen‹ ließe sich noch auf Franz Kafka übertragen. Auch der ›Batlen‹ ist ein Junggeselle, dem es schwer fällt, ein angesehenes und nützliches Mitglied der Gesellschaft zu werden, der entbehrt und auch entbehren will, der immer nur Geschichten ersinnt und in einer Tradition steht, die ihm vielleicht selber nicht bewußt ist.[97]

7. Kontakte: Arnold Zweig und Alfred Döblin über Ostjuden und ihre Literatur

David Bronsen hat »Juden auf der Wanderschaft« als Roths »Bekenntnis zu den Ostjuden« gedeutet:

> Sein bis dahin nie in Worte gefaßtes Eingeständnis, er könne sich niemals von seiner Herkunft, an die er sich am liebsten nicht erinnert hätte, und von den Bindungen seiner Kindheit, von denen er sich mit aller Gewalt lösen wollte, trennen, kommt in diesem Essay durch die hierin ausgesprochene Sympathie sogar deutlicher zum Ausdruck als in seinem später erschienenen *Hiob*-Roman.[98]

Tatsächlich ist Joseph Roth einer der wenigen Autoren aus der deutsch-jüdischen Literatur der 20er und 30er Jahre, bei dem noch, ähnlich wie bei Kafka, das Interesse für das Ostjudentum mit dem an jiddischer Literatur zusammentraf.

Die deutsch-jüdischen Schriftsteller, die in den 20er Jahren über das Ostjudentum schrieben, waren an dessen Literatur meist nur noch wenig interessiert. Die jiddische Literatur spielte für sie vor allem aus einem Grund eine geringere Rolle als für Kafka: An die Stelle literarischer Vermittlung war inzwischen die unmittelbare Begegnung mit dem Ostjudentum getreten. Sie alle kannten es nämlich aus eigener Anschauung. Die einen hatten es als deutsche Soldaten während des 1. Weltkriegs erlebt – wie Sammy Gronemann[99] oder Arnold Zweig. Die anderen lernten es auf Reisen in Osteuropa kennen – wie Alfred Döblin während seiner Polen-Reise im Herbst 1924. Für sie alle wurde die Begegnung mit den Ostjuden zu einer Erfahrung des Judentums, dem sie, ähnlich wie Kafka, als westeuropäische Juden bereits entfremdet waren.

Arnold Zweigs Buch »Das ostjüdische Antlitz«, mit Zeichnungen von Hermann Struck zuerst 1920 erschienen, erwähnt nur gelegentlich jiddische Literatur und jiddisches Theater. So heißt es etwa von dem Gesicht eines greisen Juden:

> Es sieht uns aus den Erzählungen *Mendeles* an, dies Gesicht: treuherzig und verträumt und von einer Reinheit, die sich nur erkauft mit Verzicht auf die breiten Tätigkeiten und das Glück der breiten Tätigkeiten.[100]

An einer anderen Stelle handelt Zweig ausführlich von der Verehrung, die Ostjuden ihren Dichtern entgegenbringen:

Mendele und Scholem Alejchem, Asch und Agnon und vor allem der herrliche Jizchak Lejb Perez sind die Söhne des Volkes, und ein ganzes Volk ist ihr begeisterter, dankbarer, entflammter Leser.[101]

Zweigs Interesse gilt nur am Rande der ostjüdischen Literatur, im wesentlichen dagegen dem ostjüdischen Volk, das er in der auch physiognomischen Beschreibung einiger Typen wie des jüdischen Greises, des jüdischen Lesers, der jüdischen Frau und des jungen Juden zu charakterisieren versucht.

Sein Buch ist auch weniger von einem ästhetischen als von einem politischen und kulturpolitischen Anliegen geleitet. Es soll erklärtermaßen »Zeugnis«[102] ablegen für die von den Polen nach dem Ende des 2. Weltkriegs verfolgten und ermordeten Ostjuden Litauens und ihre Kultur. »Die Juden des Ostens wollen auf ihre jüdische Art leben, in eignem Kulturkreis, eigenem Glauben und mit eigenen Sprachen«,[103] stellt Zweig fest. Sein Buch ist aber nicht nur ein Ausdruck der Solidarität eines Westjuden mit den verfolgten Ostjuden. Im Vorwort zur zweiten Auflage hat er es »das erste vorläufige Dokument einer menschlichen Verwandlung des Verfassers«[104] genannt. Von den Ostjuden spricht er als von »unseren Brüdern und Schwestern«,[105] und am Ende des Buchs steht die Apotheose des Knaben als »Sinnbild«[106] des jüdischen Volks:

Ein Knabe ist Jisrael auf der Erde, gezüchtigt, verwirrt, trotzig und zur Heimkehr bereit, wenn ihm einer nur mit dem rechten gültigen Wort begegnet, seine Scham zu schonen. Höre, die Zeit beginnt das Wort zu sprechen.[107]

In solchen hymnischen Formulierungen beschwört Zweig nicht nur die »Heimkehr« des jüdischen Volks, sondern ebenso seine eigene Heimkehr zu ihm.

Ähnlich erging es Alfred Döblin auf seiner »Reise in Polen«, die er im Herbst 1924 unternommen hat, erschreckt und verunsichert durch antisemitische Ausschreitungen in Berlin. Nur an wenigen, aber wichtigen Stellen kommt er auf die jiddische Literatur zu sprechen. So folgt er am »Rüsttag des jüdischen Versöhnungsfestes«[108] einer »große[n] Volksmenge«, die ihn zu einem Grab führt: »sie umringen das Grab, lesen, zeigen darauf: ›Perez, Perez.‹«[109] Auch erzählt er vom Besuch eines jiddischen Theaters in Wilna: »Man spielt ›Mottke Gannef‹ von Schalom Asch, in jiddischer Sprache«.[110] Doch das sind eher Ausnahmen.

Döblins Reise von Warschau aus erst nach Wilna im Nordosten, dann über Lublin nach Lemberg im Südosten des damaligen Polen dient einer Erkundung jüdischen Lebens, das ihm unbekannt war. »Welch imposantes Volk, das jüdische«, schreibt Döblin in Wilna.

Ich habe es nicht gekannt, glaubte, das, was ich in Deutschland sah, die betriebsamen Leute wären die Juden, die Händler, die in Familiensinn schmoren und langsam verfetten, die flinken Intellektuellen, die zahllosen unsicheren unglücklichen feinen Menschen. Ich sehe jetzt: das sind abgerissene Exemplare, degenerierende, weit weg vom Kern des Volkes, das hier lebt und sich erhält.[111]

Den kulturellen Zusammenhalt des Judentums »in diesen scheinbar kulturarmen Ostlandschaften« sieht er in der Religion: »Wie fließt alles um das Geistige. Welche ungeheure Wichtigkeit mißt man dem Geistigen, Religiösen zu. Nicht eine kleine Volksschicht, eine ganze Masse geistig gebunden.«[112]

Wieweit Döblins Annäherung an das Ostjudentum ging, verraten die beiden Gespräche, die am Ende seiner Reise stehen. In Lodz sucht er den Strickower Rabbi auf und stellt ihm Fragen zum Judentum, die der Rebbe »in leicht verständlichem Jiddisch«[113] beantwortet. »Wundervolles Gespräch, vollkommenes Labsal«,[114] lautet Döblins knapper Kommentar. Ebenso enthusiastisch ist sein Urteil über das Gespräch mit einem ›jungen jiddischen Literaten‹, der ihn unmittelbar vor der Abreise in seinem Hotel besucht. Dessen Meinungen, die in dem Satz gipfeln: »Die Welt muß aufgemenscht werden«, kommentiert Döblin mit den Worten: »Wie tut es wohl, solche Stimmen zu hören, ohne selbst die Lippen zu bewegen. Wie deutlich wird, daß man nicht allein auf der Welt ist. Kein aussprechbares Gefühl. Gefühl aller Gefühle.«[115] Döblins Sicht des Ostjudentums blieb zwar – wie ihm Joseph Roth gelegentlich vorwarf – westjüdisch. Seine Suche nach authentischem Judentum endete jedoch mit dem Gefühl einer Übereinstimmung mit Ostjuden, die ihn ebenso überrascht wie begeistert hat.

8. Ein jiddisches Gedicht von Walter Mehring

Die Tagebuch-Aufzeichnungen Kafkas, Roths Essay, Zweigs Studie und Döblins Reisebericht sind Beispiele für das Interesse, das deutsch-jüdische Autoren im ersten Drittel des 20. Jahrhunderts für jiddische Kultur und Literatur entwickelt haben. Es ist auch im erzählerischen Werk dieser Schriftsteller erkennbar, wenngleich vielleicht weniger deutlich. Spuren ihrer Lektüre jiddischer Literatur lassen sich sowohl im Werk Franz Kafkas wie Joseph Roths finden. Evelyn Torton Beck hat für Kafkas Erzählung »Das Urteil« nachgewiesen, daß es in »Themen und Sprache, in Handlung und Struktur, ja selbst in der Charakterisierung der Figuren [...] unleugbare Parallelen« zu zwei jiddischen Theaterstücken, »zu Gordins *Got, Mensh un Tayvel* und Sharkanskis *Kol Nidre*« gebe.[116] David Bronsen wiederum, der Biograph Joseph Roths, hat dessen dritten Roman »Rebellion« von seinem »jüdischen Motiv« her, das nach einem Wort Roths »die sichtliche Ungerechtigkeit Gottes und seine Irrtümer«[117] ist, nicht nur mit der hebräischen, sondern auch der jiddischen Literatur verglichen – vor allem mit Jizchak Leib Peretz' Erzählung »Bontsche Schweig« und Isaak Bashevis Singers Novelle »Gimpel der Narr«.[118]

Auch im erzählerischen Werk Zweigs und Döblins hat die Begegnung mit dem Ostjudentum Spuren hinterlassen – bei Zweig etwa in seinem Roman »Einsetzung eines Königs« (1937), zu dessen Personal ostjüdische Figuren wie der Jeschiwes-Bocher Jossel Schutz gehören;[119] bei Döblin vor allem in »Berlin Alexanderplatz«. »Die Bedeutung, welche die in dem Polen-Buch dokumentierte persönliche und literarische Erfahrung für Döblins weitere schriftstellerische Entfaltung gewonnen hat,« ist in seinem großen Roman nach Hans-Peter Bayerdörfer »struktureller und grundsätzlicher, nicht primär stofflicher Art«. Die jüdischen Figuren sind zwar kaum mehr als »Randfiguren«; gleichwohl ist etwa die Geschichte von Vater und Sohn Zannowich, die am Anfang des Romans steht, »strukturbildend für das gesamte Werk«.[120] Von einem Juden wird der frisch aus dem Gefängnis entlassene Franz Biberkopf mit ins Scheunenviertel genommen. Die »Belehrung durch das Beispiel des Zannowich«,[121] von einem Juden in einem jiddisch gefärbten Deutsch erzählt, führt nicht nur die biblischen Motive in den Roman ein; sie deutet auch auf die Geschichte Biberkopfs voraus.

Bei keinem deutsch-jüdischen Autor der 20er Jahre ist die Nähe zur jiddischen Kultur und Literatur jedoch so deutlich wie bei Walter Mehring. Unter den Gedichten, die er 1929 unter dem Titel »Die Gedichte, Lieder und Chansons des Walter Mehring« veröffentlichte, findet sich auch der »Psalm über das Gleichnis von der Meerfahrt«. Dem deutschen Titel zum Trotz ist es ein Gedicht in jiddischer Sprache:

Fahrt ein Schiff auf dem großen Jam herum mit jekkes, mit gojm,
    mit jidn,
Flattern Fischlach ihm nach, die Seelen zu chappen, was man
    wirft über Bord,
Hebt sich ein Sturm auf! Und Schrecken und Moire! Man dawnt,
    man leint und man ort!
Wu sennen wir? Oijoijoijoij! Wu sennen wir? fragen jekkes und
    gojm und jidn![122]

Daß Mehring ein Gedicht in jiddischer Sprache geschrieben hat, mag nur im ersten Moment überraschen. Immerhin war er ein Meister lyrischer Sprachmischung, in dessen Gedichten sich Spuren des Französischen wie des amerikanischen Englisch finden – Kirchenlatein und Berliner Dialekt nicht zu vergessen. Strukturbildend ist das Verfahren der Sprachmischung in seinem Drama »Der Kaufmann von Berlin« geworden.

Dessen Hauptfigur, der galizische Jude Simon Chajim Kaftan, spricht während des ganzen Stücks Jiddisch. Das »historische Schauspiel aus der deutschen Inflation« erzählt vom Aufstieg und Fall des Ostjuden Kaftan, der im Berlin der Inflationszeit als Bankier ein Vermögen gewinnt und verliert. Am Ende steht er, steckbrieflich gesucht, auf dem Bahnhof Alexanderplatz, auf dem er zu Beginn angekommen war, mittellos, von der deutschen Gesellschaft ausgestoßen, und trifft auf andere, gerade angereiste Ostjuden, die wie er ihr Glück in Berlin suchen wollen.

Am Beispiel Kaftans handelt Mehring das Problem des deutschen Antisemitismus während der Inflation ab. Kaftan, von den Juden seines Schtetls mit 100 Dollar ausgestattet, macht mit dem deutschen Rechtsanwalt Müller gemeinsame Sache, läßt sich von ihm zu manchem schmutzigen Geschäft drängen

– bis Müller ihn am Ende ruiniert und sich einen neuen jüdischen Geschäftspartner sucht. Kaftan zieht als Strohmann des skrupellosen Anwalts Haß auf sich, der sich gegen ihn als Ostjuden richtet. Er selbst ist eher naiv als brutal und will Geld nur verdienen für die Heilung seiner lungenkranken Tochter.

Mehring bringt mit Kaftan nicht allein einen Ostjuden auf die Bühne. Der erste Teil seines Stücks spielt auch in der Berliner Grenadierstraße, dem Elendsviertel der ostjüdischen Emigranten, dem Mehring schon in seinem Band »Politisches Cabaret« von 1920 das Gedicht »Jiddische Schweiz« gewidmet hatte. Anders als Zweig und Döblin zeigt er den Ostjuden nicht in seiner osteuropäischen, polnischen oder russischen Umgebung, sondern in der mitteleuropäischen Fremde: in Berlin. »Galizien grenzt an Berlin«,[123] heißt es im ersten Teil des Stücks. Die Formel spiegelt die historischen Veränderungen in den Beziehungen zwischen Ost- und Westjuden wieder: Die Begegnung mit dem Ostjudentum findet nun im Westen statt. Der Ostjude im Westen interessiert Mehring dabei genauso wie das Bild, das sich die Deutschen von ihm machen – die antisemitischen Deutschen wiederum ebenso wie die um Abgrenzung bemühten deutschen Juden, deren traditionell ablehnende Haltung gegenüber den Ostjuden er schon im Vorspiel kritisiert.[124]

Der »Psalm über das Gleichnis von der Meerfahrt« gehört thematisch in den Umkreis des Stücks. Die refrainartig wiederholte Aufzählung »jekkes und gojm und jidn« zeigt an, daß es auch in dem Gedicht um das Verhältnis von Deutschen, deutschen Juden und Ostjuden geht. Das Gedicht ist ein Plädoyer für ihr Zusammenleben:

> Ach! zu was hilft Aich das Silbenstreiten?
> Geld und Gut und alle Narrischkeiten?
> Als man so zusamm
> Tut fahren auf dem Jam!
> Was Ihr tut und macht:
> Alle zores: a nekome für die Fisch![125]

Die Wahl des Jiddischen ist hier weniger ein Exotismus als ein Archaismus. Für Mehring ist es nur scheinbar die fremde Sprache der Ostjuden, vielmehr als Judendeutsch die historische

Sprache der Westjuden, die sie sowohl mit den Deutschen wie mit den Ostjuden verbindet. In der Sprache ist die Erinnerung an das mittelalterliche Zusammenleben von Deutschen und Juden aufbewahrt, die Mehring in einen Appell verwandelt. So beglaubigt die Wahl der historischen Sprache die Botschaft des Gedichts: Das Gedächtnis der Sprache reicht weiter zurück als das der Menschen.

9. Ostjuden und Westjuden im Exil

Daß ein deutsch-jüdischer Schriftsteller im ersten Drittel des 20. Jahrhunderts auf Jiddisch schreibt, ist ungewöhnlich – und ähnlich selten wie der umgekehrte Fall, daß ein jiddischer Autor sich auf Deutsch ausdrückt.[126] Mehr noch als sein Stück, das manche Kritik provoziert hat,[127] stellt Mehrings Gedicht zu seiner Zeit die größte Annäherung eines deutsch-jüdischen Autors an die Sprache und die Kultur der Ostjuden dar. Spätere Versuche stehen alle bereits im Zeichen der Shoah – etwa Sperbers Autobiographie »All das Vergangene ...« und sein Buch »Churban«, Gedichte wie Rose Ausländers »Zu di Chewejrim in Bukarest«[128] oder Paul Celans »Benedicta«, dem er nicht nur ein jiddisches Motto beigegeben hat, in dem er auch erstmals jiddische Worte und Wendungen gebraucht.[129] Werke wie die Sperbers, Ausländers und Celans sind Akte der Erinnerung an eine untergegangene, verlorene Kultur und Literatur. Zugleich sind sie Versuche, die alten kulturellen Differenzen zwischen West- und Ostjuden im sprachlichen Zitat zumindest symbolisch aufzuheben – in der Erkenntnis, daß sie nur die beiden Teile desselben verfolgten Volks darstellen.

Schon Joseph Roth hat diesen Versuch unternommen. »Wer ist ›Westjude‹?« fragt er in »Juden auf Wanderschaft« und antwortet: »Fast alle Juden waren einmal Westjuden, ehe sie nach Polen und Rußland kamen. Und alle Juden waren einmal ›Ostjuden‹, ehe ein Teil von ihnen westjüdisch wurde.«[130] Roths melancholische Sicht des Ostjudentums ist nicht zu trennen von seiner Ernüchterung über den »Traum der Ostjuden von einer westeuropäischen Humanität«, den er »lächerlich« nennt.[131] Bereits in den 20er Jahren hatte Roth Zweifel an der

Assimilation. 1937, im Pariser Exil, hat er ein Vorwort für eine geplante Neuausgabe seines Essays geschrieben, in dem er das Scheitern der Assimilation »insbesondere im Lande der unbegrenzten Möglichkeiten, das nicht etwa Amerika heißt, sondern Deutschland«,[132] konstatiert. Er kritisiert die »tragische Verblendung, die bei vielen, bei den meisten Westjuden den verlorenen oder verwässerten Glauben der Väter zu ersetzen scheint und die ich den Aberglauben an den Fortschritt nenne«.[133] Roths Versuch, »den Nichtjuden und Juden Westeuropas Verständnis für das Unglück der Ostjuden beizubringen«,[134] war von Anfang an grundiert von seiner Skepsis gegenüber der Assimilation. Seine Kenntnis des Ostjudentums hat ihn jedoch davor bewahrt, es zum allein authentischen Jüdischen zu stilisieren und dem Westjudentum als das ganz Andere gegenüberzusetzen.

Eine vergleichbare Skepsis ist auch ein Motiv für Kafkas Beschäftigung mit dem Ostjudentum gewesen. Sah Kafka sich aber noch vor die Wahl zwischen einer ostjüdischen und einer westjüdischen Identität gestellt, so hat Roth nur noch das Scheitern der Alternativen jüdischen Selbstverständnisses feststellen können: das des jüdischen Nationalismus ebenso wie das der Assimilation. Zum Ostjuden- war für ihn das »Westjuden-Problem«[135] hinzugekommen. Die Westjuden, verfolgt vom Antisemitismus der Deutschen, sah er nun genauso zum »Wandern«[136] verurteilt wie die Ostjuden ein Jahrzehnt zuvor. »Die ausgewanderten deutschen Juden«, schreibt er 1937, »bilden gleichsam ein ganz neues Volk: sie haben verlernt, Juden zu sein; sie fangen an, das Judensein langsam zu erlernen«.[137] Was es heißt, Jude zu sein, haben die deutsch-jüdischen Schriftsteller im ersten Drittel des 20. Jahrhunderts tatsächlich immer wieder von den Ostjuden und aus der jiddischen Literatur zu lernen versucht. 1937 war ihre Beschäftigung mit dem Ostjudentum jedoch schon an ein Ende gekommen – verdrängt durch die Auseinandersetzung mit dem Antisemitismus des nationalsozialistischen Deutschland, die einen neuen jüdischen Diskurs begründete.

V. Zwischen Babylon und Zion

Die jüdische Erfahrung des Exils

1. Die Vertreibung jüdischer Schriftsteller aus Deutschland

Als in der Nacht vom 10. auf den 11. Mai 1933 in der Aktion »Wider den undeutschen Geist« an deutschen Universitäten Bücher verbrannt wurden, waren es zumeist die Werke jüdischer Journalisten, Schriftsteller und Philosophen, die ins Feuer geworfen wurden. In einem Rundschreiben der Deutschen Studentenschaft werden einige beim Namen genannt, zum Beispiel Sigmund Freud, Emil Ludwig, Theodor Wolff, Georg Bernhard, Alfred Kerr und Kurt Tucholsky.[1]

Die nationalsozialistische Literaturpolitik, deren spektakulärstes Zeichen nur die Bücherverbrennung war, richtete sich nicht allein gegen jüdische Autoren. Am 11. Mai etwa verabschiedete der Gesamtvorstand des Börsenvereins des deutschen Buchhandels eine Liste mit den Namen von 12 Schriftstellern, deren Werke geächtet werden sollten; nur die Hälfte von ihnen war jüdischer Herkunft.[2] Dennoch waren die jüdischen Schriftsteller der Verfolgung durch die Nationalsozialisten besonders ausgesetzt. Schon die Aktion »Wider den undeutschen Geist« stand anfangs »ganz im Zeichen antisemitischer Agitation«.[3] Nach der Gleichschaltung des Buchhandels begann bald die Arisierung jüdischer Verlage; Autoren jüdischer Herkunft wurden mit Berufsverbot belegt, ihre Bücher verboten und unterdrückt; 1940 schließlich wurden alle »Werke voll- und halbjüdischer Verfasser«[4] indiziert.

Die jüdischen Schriftsteller hatten sich den Haß der neuen Machthaber nicht allein ihrer Herkunft wegen zugezogen. Was die Nationalsozialisten unter ›undeutschem Geist‹ verstanden, verkörperten sie mehr als andere. Sie waren zwar nicht die einzigen, aber oftmals die profiliertesten Vertreter der Moderne in Deutschland. Nicht nur der »jüdische Avantgardismus«,[5] die deutsch-jüdische Literatur im Ganzen unterschied sich grundlegend von dem völkischen ›Schrifttum‹,[6] das nun durchgesetzt werden sollte. Von den Nationalsozialisten wurde sie deshalb als ›Asphaltliteratur‹,[7] ihre Vertreter als ›Zivilisationsliteraten‹[8] geschmäht.

Die Gegnerschaft bestand nicht nur im Literarischen. Die jüdischen Schriftsteller waren meist auch politische Opponenten des Nationalsozialismus. Sie fühlten sich als Demokraten und als Sozialisten mit der Weimarer Republik als dem »Versuch eines menschlichen, freiheitlichen Regimes« (Heinrich Mann)[9] verbunden, das die Nationalsozialisten auch deshalb als »Judenrepublik« verunglimpften.[10]

Im Bewußtsein ihrer Gefährdung hatten darum schon vor der Aktion »Wider den undeutschen Geist« jüdische Autoren Deutschland verlassen. Ludwig Marcuse etwa floh in der Nacht des Reichstagsbrandes, aus Angst, verhaftet zu werden.[11] Joseph Roth war, nach eigener Bekundung, bereits am 30. Januar 1933 nach Paris emigriert. »Wir müssen fort«, hatte er im Juni 1932 Freunden gegenüber erklärt, »damit es nur Bücher sind, die in Brand gesteckt werden.«[12] Andere Schriftsteller folgten bald: Alfred Döblin, Hermann Kesten, Bruno Frank, Arnold Zweig, Lion Feuchtwanger, Ernst Toller, Alfred Kerr, Franz Werfel u.a. Innerhalb kurzer Zeit befand sich die deutsch-jüdische Literatur im Exil.

Was die Flucht und Vertreibung dieser Autoren bedeutete, ist auf verschiedene Weise mit verschiedenen Begriffen zu beschreiben versucht worden. Walter Muschg hat in ihr einen Aspekt der »Zerstörung der deutschen Literatur« durch die Nationalsozialisten gesehen, deren Vernichtungswerk ein Zeichen dafür sei, »daß die moderne Kultur auf Sand gebaut war«.[13] Hans Mayer hat die Vertreibung der jüdischen Literatur aus Deutschland als »Widerruf« charakterisiert – als »Widerruf des Zusammenlebens und gemeinsamen Wirkens der Deutschen mit den deutschen Juden«, also dessen, »was man *als deutsch-jüdische Symbiose zu bezeichnen pflegt*«,[14] zumindest in einem weiteren Sinn. Tatsächlich markiert die Vertreibung der jüdischen Autoren nicht nur das vorläufige Scheitern der literarischen Moderne in Deutschland. Mit ihr endete vorerst auch die deutsch-jüdische Literatur, wie sie seit dem späten 18. und frühen 19. Jahrhundert bestanden hatte: als deutsche Literatur in Deutschland. Für die Dauer des Dritten Reichs existierte die jüdische Literatur deutscher Sprache fast nur noch im Exil.[15]

2. Die Situation der jüdischen Exilliteratur

Die deutsch-jüdische Exilliteratur ist unter schwierigen Umständen entstanden. Von Anfang an befand sie sich in einem »Dilemma«.[16] Ihrer Profilierung stand die im Exil allenthalben erhobene Forderung nach Einheit und Geschlossenheit der Verfolgten, nach einer »Einheitsfront in der Literatur« (Alfred Kantorowicz) entgegen.[17] Schon 1933 hat Heinrich Mann in seinem Essay »Aufgaben der Emigration« den deutschen Juden zwar ausdrücklich das »volle Recht« zugesprochen, »alles laut zu verkünden«, was sie »durch Pogrome, Anprangerungen, Vertreibung aus Recht und Besitz« erlitten hätten.[18] Dennoch gab er zu bedenken, ob es nicht »doch vielleicht« ein »Fehler« sei, wenn »nur oder hauptsächlich die Klagen der Juden erschallen«.[19] Von der ›Abschaffung‹ der »echten Werte« seien sie wie alle anderen betroffen: »Der Haß gegen die Juden ist untergeordnet dem viel umfassenderen Haß gegen die menschliche Freiheit.«[20]

Neben der Forderung nach Geschlossenheit war es die von den Nazis behauptete Identität von Exilliteratur und jüdischer Literatur, die den jüdischen Autoren immer wieder Zurückhaltung aufnötigte, wenn sie nicht die Distanzierung der anderen Exilanten riskieren wollten. Anfang 1936 wurde diese Problematik in der Kontroverse zwischen Eduard Korrodi, dem Feuilletonchef der »Neuen Zürcher Zeitung«, und Thomas Mann deutlich. Korrodi hatte Leopold Schwarzschilds Behauptung, daß die deutsche Literatur »fast komplett nach draußen gerettet werden konnte«,[21] mit dem Hinweis kritisiert, »daß ein Teil der Emigranten [...] die deutsche Literatur mit derjenigen jüdischer Autoren identifiziert«.[22] Diese Bemerkung konnte den Eindruck erwecken, nur jüdische Schriftsteller hätten Deutschland verlassen. Thomas Mann rügte deshalb

Korrodis Verwechslung der »Emigrantenliteratur mit der jüdischen« und betonte, »daß von einem durchaus oder auch nur vorwiegend jüdischen Gepräge der literarischen Emigration nicht gesprochen werden«[23] könne. Thomas Manns Antwort war, so Ehrhard Bahr, »an die Adresse der Reichsschrifttumskammer und deren Propaganda gerichtet«;[24] sie sollte einer propagandistisch ausnutzbaren Identifikation von Exilliteratur und deutsch-jüdischer Literatur entgegenwirken. Zugleich war sie jedoch Ausdruck des Selbstverständnisses *der* Emigranten, die sich nicht als einen Teil des ›jüdischen Exils‹ begriffen.

Die Problematik wurde durch diese Auseinandersetzung allerdings nur publik. Unter den Exilanten war sie schon seit längerem diskutiert worden. Die Tagebücher René Schickeles etwa belegen die Sorge eines nicht-jüdischen Exilanten über die Akzentuierung jüdischer Emigration, deren Schwere er im übrigen durchaus erkannte. Bei seiner Lektüre von Heinrich Manns Essay »Aufgaben der Emigration« notierte er sich, unter dem Stichwort »›Entjudung‹ der Emigration«, dessen Formulierung, die »Juden« seien »nur ein Teil der deutschen Emigration« und die »Propaganda der Emigration« dürfe sich nicht »allein gegen die Judenverfolgungen« richten.[25]

Trotz dieser doppelt ungünstigen Konstellation hat sich schon in den ersten Jahren der Emigration eine deutsch-jüdische Exilliteratur konstituiert. Noch 1933 erschienen einige Werke, die die Verfolgung und Vertreibung deutscher Juden, zumeist aus deren Perspektive, beschreiben – Ferdinand Brucknturs Drama »Rassen«, Lion Feuchtwangers Roman »Die Geschwister Oppenheim« oder Max Brods Roman »Die Frau, die nicht enttäuscht«. Zu diesen literarischen Werken kamen zahlreiche publizistische Arbeiten hinzu, die der »Zerstörung der deutschen Judenheit« (Arnold Zweig)[26] und vor allem dem deutschen Antisemitismus galten. Nicht nur jüdische Autoren machten ihn zum Thema, wie etwa Heinrich Manns Essay »Ihr ordinärer Antisemitismus« (1933) und manche späteren Reden von Thomas Mann, beispielsweise »Zum Problem des Antisemitismus« (1937) belegen. Dennoch waren es in erster Linie unmittelbar betroffene jüdische Autoren, die die Entwicklung des offiziellen deutschen Antisemitismus analysierten und kommentierten. Das »Neue Tage-Buch« unter Leopold

Schwarzschild wurde dafür ein wichtiges Forum. In ihm veröffentlichte etwa Walter Mehring Glossen wie »Juda in Langemark«, »Aus Bismarcks Tagen« oder »Alt-preußische Kolonial- und Rassenpolitik«.[27] Ludwig Marcuse publizierte unter dem Pseudonym Heinz Raabe Artikel wie »Treitschke, Rosenberg und Post« oder »Internationale Enquête über den Judenhass«. Diese Texte sind, bis heute, in Deutschland fast unbeachtet gebliebene Zeugnisse des publizistischen Kampfes der deutschjüdischen Exilanten gegen den Judenhaß im eigenen Land.

3. Der jüdische Diskurs im Exil

Diese publizistischen und poetischen Arbeiten haben einen eigenen jüdischen Diskurs im Exil konstituiert. Ehrhard Bahr hat ihn dadurch charakterisiert, daß »die Identifikation mit der jüdischen Herkunft und die Darstellung jüdischer Wirklichkeit und Problematik nicht mehr mit Rücksicht auf Integration in Gesellschaft und Staat zu erfolgen brauchten«.[28] Mit dieser Formel ist zwar ein wichtiger Aspekt angesprochen. Das Bekenntnis zum Judentum ist aber nicht das einzige, auch nicht das wichtigste Thema des jüdischen Exil-Diskurses. Zentral ist vielmehr die Darstellung und Deutung des Exils als einer jüdischen Erfahrung. In ihr wird das Selbstverständnis der jüdischen Exil-Schriftsteller literarisch manifest, die ihre Verbannung in einem Zusammenhang mit ihrem Judentum sahen. Ihre Werke sind deshalb in einem besonderen Sinn Exil-Literatur: Sie sind nicht nur im Exil entstanden – das Exil ist auch ihr Thema.

Wenn von einer jüdischen Erfahrung des Exils die Rede ist, liegt es nahe, zunächst an religiöse Interpretationen zu denken, wie sie sich auch im Werk einiger Emigranten, etwa der Nelly Sachs, finden.[29] Die religiöse Sicht ist jedoch für die deutschjüdische Exilliteratur nicht dominant. Die meisten deutsch-jüdischen Schriftsteller, die ins Exil getrieben wurden, waren dem Glauben ihrer Vorfahren bereits entfremdet; nicht viele fanden zu ihm zurück. Selbst wenn sie das Exil als eine jüdische Erfahrung verstanden, ja auch wenn sie dabei auf biblische Stoffe und Figuren zurückgriffen, zumal auf den Auszug aus Ägypten und die babylonische Gefangenschaft der Juden, deuteten sie es doch nicht unbedingt religiös.

Tatsächlich läßt sich von einer metaphysischen Interpretation der Verbannung eine politische deutlich unterscheiden. Im Sinn der politischen Deutung ist das jüdische Exil Folge antisemitischer Entwicklungen in Deutschland, die das jüdische Volk zu einer neuen Besinnung auf seine Identität zwingen; im Sinn der religiösen Interpretation hingegen ein Schicksal, das letztlich im jüdischen Glauben, in der Treue der Juden zu ihrem Gott begründet ist. Beiden Deutungen gemeinsam ist, bei allen Unterschieden, die Hoffnung auf eine Erlösung vom Exil – sei es durch die Offenbarung Gottes, sei es durch Landnahme. Dagegen steht eine dritte Position: die Vorstellung von einem ›ewigen Exil‹, einem Exil ohne Ende.

4. Das Exil als soziologisches und politisches Problem: Alfred Döblins Programm der »jüdischen Erneuerung«

Den Anfang der deutsch-jüdischen Exilliteratur markiert ein soziologischer und politischer Diskurs. Seine Wortführer waren Alfred Döblin und Arnold Zweig: Döblin mit seinen beiden Büchern »Jüdische Erneuerung« (1933) und »Flucht und Sammlung des Judenvolks« (1935); Zweig mit seiner Schrift »Bilanz der deutschen Judenheit« (1935) und dem mit Lion Feuchtwanger zusammen verfaßten Buch »Die Aufgabe des Judentums« (1933). Trotz mancher Differenzen im einzelnen ist ihnen der Versuch gemeinsam, die »politische und soziale Lage der Juden«[30] im Exil zu analysieren.

Daß die Flucht der Juden aus Deutschland eine Zäsur in der Geschichte der deutsch-jüdischen Beziehungen darstellt, ist dabei fast ein Gemeinplatz. Mit der Vertreibung und Verfolgung war das Projekt einer rechtlichen und politischen Gleichstellung der Juden von deutscher Seite aus aufgekündigt worden.[31] Für Juden wie Döblin und Zweig stand damit aber auch die Assimilation als Bedingung ihrer westjüdischen Existenz zur Diskussion. Aus dem Scheitern des deutschen Modells hat vor allem Döblin radikale Konsequenzen zu ziehen versucht.

Bezeichnend ist die buchhalterische Metapher, die er für seinen Diskurs verwendet. Ähnlich wie Zweig von einer »Bilanz«, spricht Döblin in »Jüdische Erneuerung« von einer »Inventuraufnahme«.[32] Solche Metaphern zeugen von dem Bewußtsein eines historischen Endes. Sie zeigen eine Perspektive der Rückschau an, durch die eine Epoche von ihrem Ausgang her in den Blick genommen werden soll. Das Exil bezeichnet dabei das Ende dieser Zeit – und den Beginn einer neuen. In seiner Notiz »Die dritte Gestalt des Judentums«, die in »Flucht und Sammlung des Judenvolks« eingegangen ist, hat Döblin pointiert die Lage so beschrieben:

Die Judenheit hatte die erste Gestalt des palästinensischen Volkes.
Die zweite Gestalt war die der Diaspora.
Es ist eine dritte Gestalt fällig.[33]

Döblin betrachtete das Exil tatsächlich als das »Endstadium der gefeierten deutschen Judenemanzipation«.[34] Die Rede von »Ende und Wende der Emanzipation«[35] ist ein Leitmotiv seiner Schriften.

Im Vordergrund steht zunächst die Kritik der Emanzipation. »Man hat die Emanzipation nicht verstanden«, stellt er in »Jüdische Erneuerung« fest:

Emanzipation bedeutet nicht sich aufzugeben. Die höhere westliche Kultur der Völker, innerhalb derer sich zu Beginn der Emanzipation die verstreuten Juden fanden, verlockte sie, sich überweit zu akklimatisieren. Sie gaben auf, was sie sicher hatten und entleerten sich damit. Denn für sie mußte der Übergang in die westliche Zivilisation früher oder später die Entleerung bedeuten, und zwar sowohl für die Übergangsgeneration, die jüdische Untergangsgeneration wurde, als auch für die, die in die Masse der Westvölker völlig eingingen.[36]

Döblins Kritik galt nicht der Emanzipation als dem Prozeß juristischer und politischer Gleichstellung der Juden, sondern dem Junktim von Emanzipation und Assimilation. »Emanzipation«, schreibt er, »kann nur die politisch geregelte Berührung mit der Umwelt, einem politischen Gebilde sein«.[37] Die »volkliche Auflösung«[38] der Juden, die er als Folge der Emanzipation wahrnahm, wollte er aber nicht durch einen Rückzug

»ins Ghetto«[39] aufheben. Sein politisches Ziel war die »Gewinnung des Minoritätenrechtes für die Juden«.[40]

Der innovative, geradezu revolutionäre Charakter des Döblinschen Essays besteht in dem Plädoyer für eine Zurücknahme der Assimilation und der Kritik an einer Entwicklung der jüdischen und zumal der deutsch-jüdischen Geschichte, die bis zur Französischen Revolution zurück reicht. In der »einhundertjährigen Fehlemanzipation«[41] hat Döblin tatsächlich das Scheitern des Gleichheits-Ideals der »Großen französischen Revolution«[42] erkannt. Die Juden könnten sich künftig nur wirksam schützen, wenn sie sich nicht nur kulturell, sondern auch politisch als eine eigene Minderheit konstituierten. Entschieden plädierte Döblin deshalb für ein jüdisches »Minoritätenrecht«,[43] dem er die »Minoritätenpflicht« entgegensetzte: »die Pflicht der Minorität, ihre Grenzen gegen die anderen zu ziehen und sich eigenwüchsig darzustellen und zu behaupten«.[44] Dafür hat er den Begriff der »jüdischen Erneuerung« geprägt, der die Bildung einer neuen kollektiven jüdischen Identität jenseits der Assimilation meint, »die politische, ökonomische und geistig-religiöse Seiten entfalten« solle.[45]

So wichtig wie die »religiöse Erhebung der Juden«[46] war ihm allerdings Land: »Territorium«, »geschlossene Siedlung«, eine jüdische »Heimstätte«,[47] Raum für »jüdische Massensiedlungen«.[48] Mit diesem Gedanken hat sich Döblin Forderungen der ›Freiland‹-Bewegung zu eigen gemacht, der er sich bald als politischer Aktivist anschloß. Nach dem Tod Israel Zangwills war er eine Zeitlang ihr prominentester Anwalt unter den europäischen Schriftstellern.

Döblins Verwendung des Begriffs ›Exil‹ steht in einer jüdischen Tradition. Wenn er ihn in seinen beiden Büchern gebraucht, meint er die ganze Epoche der Galut von der Vertreibung des jüdischen Volks aus Palästina bis zu seiner Flucht aus Deutschland. Das Exil der deutschen Juden markiert das Ende dieser Epoche: es beschließt den ehemals aussichtsreichsten Versuch einer jüdischen Assimilation.

Für Döblin ist das Exil aber Anfang und Ende zugleich: es fordert zum Entwurf einer neuen Existenz der Juden heraus. Das Exil der deutschen Juden wird in seiner Vorstellung zur Vorbereitung einer durchaus im biblischen Sinn verstandenen »Sammlung« der Juden.

Die Flucht des Judenvolks (bis zur völligen Auflösung) seit der Zerstörung ihrer Hauptstadt Jerusalem und Verwüstung ihres Landes Palästina durch römische Soldaten dauert fort.
Es wird zur Sammlung geblasen.[49]

– heißt es im ersten ›Leitsatz‹ von »Flucht und Sammlung des Judenvolks«. Das Exil sollte zum Ort einer nicht nur sozialen und politischen, sondern auch kulturellen und religiösen »Erneuerung« der Juden werden und den Einzug in »jüdisches Land« und damit das »Ende der Judennot«[50] vorbereiten.

In diesem Gedanken einer Beendigung des Exils durch Landnahme, von Döblin als politische Forderung vorgebracht, kehrt ein religiöser Topos in säkularisierter Form wieder. Döblins Schriften sind in der Erwartung einer Rettung von Unterdrückung in einem fremden Land durch den Auszug in eigenes Territorium ein Beispiel für revolutionäres »Exodus-Denken«,[51] wie es Michael Walzer beschrieben hat. Die Parallelen sind offensichtlich: Das Exil wird in Analogie zu der Zeit in Ägypten gesehen, die mit der Rückkehr in das Land Kanaan ein Ende findet; die Kritik an der »Fehlemanzipation« erinnert an die Polemik gegen »die hebräische Anpassung in Ägypten«,[52] die ein Topos des Exodus-Diskurses ist; und die »Erneuerung« des Judentums selbst ähnelt dem Bund am Sinai.

5. »Zionismus ohne Zion«: Ludwig Marcuses Kritik an Döblins Programm

Die Ideen Döblins haben eine breite Unterstützung unter den emigrierten deutschen Juden nicht gefunden; die Zustimmung war begrenzt. Die insgesamt geringe Resonanz verrät die Gespaltenheit der deutsch-jüdischen Exil-Schriftsteller in einem wichtigen Punkt. Viele exilierte deutsche Juden sahen ihre Aufgabe nicht in der Erneuerung des Judentums, sondern in der Rettung der deutschen Kultur.[53] Nathan Birnbaum hat solche Differenzen schon 1935 in seiner Zeitschrift »Der Ruf« konstatiert, als er Döblin unter die wenigen jüdischen Autoren rechnete, »die der Wandel der Geschicke vor das jüdische Problem in seiner ganzen Schwere und vor Verantwortungen gestellt hat, von denen sie nicht loskommen können«.[54] In der kritischen Diskussion der Ideen Döblins offenbarte sich die tiefe Differenz zwischen den jüdischen Exilanten, die nach wie vor an ihrer deutschen Identität festhielten, und denen, die ein jüdisches Selbstverständnis entwickelt hatten. Bezeichnend ist die Reaktion Ludwig Marcuses.

Hatte er »Döblins Juden-Buch« noch zurückhaltend rezensiert,[55] so griff er im Sommer 1935 in einem Artikel für das »Neue Tage-Buch« Döblin wegen seiner Äußerungen auf dem ersten Kongreß der ›Freiland‹-Bewegung in London an. Marcuse empörte sich nicht nur darüber, daß Döblin sich geweigert hatte, »harte Worte gegen Deutschland wegen seiner Behandlung des Judenproblems« zu sagen.[56] Er warf ihm auch vor, »die Judenfrage mit den geistigen Mitteln des deutschen Nationalsozialismus« zu erledigen.[57] Mit der ›Freiland‹-Bewegung werde »ein neuer Zionismus entstehen«, allerdings »ein Zionismus ohne Zion, ein Nationalismus ohne Nation«. Denn Döblin wolle »einem Volk, welches gar nicht existiert, vorschreiben, daß es sich konstituiere«:[58] »Die Juden aber wollen nicht recht ran. Das ist Döblins größter Kummer.«[59]

Die Differenzen zwischen Marcuse und Döblin betreffen kaum die Einschätzung des deutschen Antisemitismus. Marcuse hat vielmehr, wie manch anderer deutsch-jüdischer Schriftsteller, seine Verbannung nicht als ein zunächst jüdisches Exil begriffen. In seiner Autobiographie »Mein zwanzigstes Jahrhundert« hat er noch 1960 die Emigranten-Zirkel eine »deutsche Diaspora«[60] genannt – mit dem Akzent auf: deutsch. Im Unterschied zu Döblin war für ihn die Assimilation ein unumkehrbarer historischer Prozeß, an dem die Juden auch im Exil festhalten sollten. Deshalb hat er sich allen Forderungen verschlossen, die er als ›nationaljüdisch‹ einschätzte.

Marcuses Polemik läßt erkennen, wie wenig Unterstützung Döblin insbesondere für sein Programm der »Gewinnung des Minoritätenrechtes für die Juden« fand. Anders als er hielten die meisten deutsch-jüdischen Schriftsteller auch im Exil an den Idealen der Französischen Revolution fest, ja definierten sich geradezu durch die Verteidigung der »Ideen von 1789«.[61] Tatsächlich hat es ein halbes Jahrhundert gedauert, bis sich in der deutschen Gegenwarts-Literatur jüdische Autoren als Angehörige einer Minderheit artikuliert haben – ohne sich dabei allerdings der Forderungen Döblins zu erinnern.

Als jüdischer Politiker ist Döblin aber nicht nur an Ungleichzeitigkeiten des Bewußtseins gescheitert. Nicht zuletzt aus Mangel an erwerbbarem Land war die ›Freiland‹-Bewegung bald am Ende. 1938 distanzierte sich Döblin, zunächst in privaten Briefen, vom Territorialismus als politischer Bewegung: »Recht ab bin ich vom Jüdischen«, schrieb er lakonisch an Viktor Zuckerkandl.[62] Dem Brief folgte wenig später die »öffentliche Absage an den Territorialismus«[63] in dem Artikel »Von Führern und Schimmelpilzen«. Döblins »Jüdisches Engagement unter den Bedingungen des Exils«[64] war damit beendet. Seine Biographie widerlegte seinen revolutionären Optimismus: Döblins Hoffnung auf ein Ende des Exils hat sich nicht erfüllt.

6. Das Exil als religiöses Problem: Karl Wolfskehls »Hiob«-Dichtung

Von dem jüdischen Diskurs, der während der ersten Jahre der Emigration in der Exil-Presse stattgefunden hat, scheint Karl Wolfskehl, der 1938 nach Neuseeland emigrierte, eine Welt zu trennen. Sein Zyklus »Hiob oder die vier Spiegel« ist eine der tiefsten religiösen, allerdings auch am schwersten zugänglichen Dichtungen der deutsch-jüdischen Exilliteratur. Durch seinen hohen Stil und seine fast esoterische Bilderwelt ist er bis heute ein sperriges Werk. Seinem Titel zum Trotz ist er keine bloße Neu- oder Nach-Dichtung der Hiob-*Geschichte*, auch nicht nur eine *Hiob*-Dichtung. In verschiedenen Gestalten und Konstellationen sieht Wolfskehl vielmehr »Spiegel« Hiobs. So identifiziert er sein eigenes Schicksal ebenso wie das des jüdischen Volks mit dem Hiobs. Die jüdische Erfahrung des Exils erscheint ihm im biblischen Mythos vorgeformt.

In seinem Zyklus ist »Der erste Spiegel: Hiob Israel« gewidmet, das heißt: Israel als Hiob. Das leidvolle Schicksal des jüdischen Volkes ist für Wolfskehl in der Bindung an einen rätselhaften, fernen Gott begründet, der »verwehrt [...] Näh und Opferruch«, »Nur offenbar dir als ein Untergang«.[65] »Der Untergänge jeden vorgekostet«,⁶⁶ ist »Hiob Israel« allerdings auch ein Ahasver:

> O Hiob, wie du seit die Erde flüchtig
> Und trüb durchzogst, Gelbmal auf schwarzem Grund,
> Niesatten Heischens, ganz Verzicht, ganz süchtig,
> Unstetig stets, suchend noch *nach* dem Fund,
>
> Im Arm Das Buch, lastengebeugt der Stolze,
> Ein Bräutigam dennoch der die Satzung minnt,
> Mit ihr sich einlässt, gar am flammenden Holze
> Nur auf den Preis des Einen, Unsern, sinnt.⁶⁷

Gert Mattenklott hat behauptet, »Hiob und Ahasver, diese Archetypen des jüdischen Unbewußten bzw. der Mentalität, die man den Juden unterstellt«, seien Wolfskehls »Brüder«.⁶⁸ Tatsächlich trägt dessen Hiob auch Züge Ahasvers. Seine Wanderschaft ist jedoch in Wolfskehls Deutung Gott-Suche. Sie ist Ausdruck der Treue zu einem Gott, der sich nicht zeigt; er ist »Das unschaubare Nichts«,⁶⁹ von dem Zeugnis nur die Heilige Schrift ablegt: »Das Buch«. Das macht den Hiob Wolfskehls zu einem jüdischen Ahasver, der allerdings mit der christlichen Tradition des zu ewiger Wanderschaft verfluchten Peinigers Jesu nicht viel gemein hat.⁷⁰

Wolfskehls metaphysische Deutung jüdischen Leidens ist letztlich mystisch. »Der vierte Spiegel: Hiob Maschiach« verweist, mit dem Stichwort »Schechinah«, auf die Nähe seiner Vorstellungen zur jüdischen Mystik. Mit dem Begriff verbindet sich in der jüdischen, insbesondere der chassidischen Mystik das Problem der Erscheinung Gottes.⁷¹ Schechina, die ›Einwohnung Gottes‹, meint dabei dessen Gegenwart in der Welt. Seine Offenbarung – nach alter mystischer Vorstellung »für diesen so, für jenen anders«,⁷² mit den Worten Wolfskehls: »Nimmer wärs wenn nicht hier, wenn nicht heute«⁷³ – fällt für die Juden mit der Erlösung zusammen. Es ist eine innerweltliche Erlösung, eine Erlösung schon im Diesseits, die jedoch nur dem zuteil wird, der seinem Gott treu bleibt. Im »Vierten Spiegel« ist es der Bettler, »siech«, »faul«, der so zum »Erstling«⁷⁴ wird: Hiob als Messias.

Innerhalb der deutsch-jüdischen Exillyrik kommt Wolfskehl eine Sonderstellung zu. Seinem »ausladenden Pathos«⁷⁵ entspricht in ihr kaum etwas. Schon zu seiner Zeit ist sein Zyklus ein poetischer Anachronismus gewesen – verglichen mit den in der Tradition der Neuen Sachlichkeit stehenden Exil-Gedichten etwa Hans Sahls oder Walter Mehrings. Wie Wolfskehl mit seinem »Hiob«-Zyklus und mehr noch mit seinem Gedicht »Verse« hat auch Mehring mit »Der Wanderer« ein Ahasver-Gedicht geschrieben, das allerdings außer dem Motiv der Wanderschaft nichts mit dem Wolfskehls verbindet. Es verknüpft mit der mythischen Figur keine religiöse Interpretation des Exils und steht, erkennbar an seiner Nähe zur gesprochenen Sprache und der Orientierung an stilistischen und formalen Mustern von Song und Chanson, in einer anderen poetischen Tradition. Ahasver ist für Mehring weniger der ewige Jude als der ewig heimatlose Flüchtling.

Das eigentümliche Pathos in den Gedichten Wolfskehls erklärt sich aus dem Selbstverständnis eines Dichters, der sich, in der Nachfolge Georges, als ein Seher, seine Dichtung als »Verkündigung«[76] begreift. Nicht die realistische Darstellung, sondern die symbolisch verdichtete Deutung des Exils ist sein Anliegen. In der Stilisierung bekundet er seine Auffassung von der Rolle des Dichters, der »seiner Identität inne« wird »im mythischen Nachvollzug des ›ewigen Judenfugs‹, in der Identifizierung mit Hiob«.[77] Indem der Mythos zum Modell wird, verwandelt sich die Geschichte – auch die Geschichte der Juden-Verfolgung – in die ewige Wiederkehr des Gleichen. Der zweite »Vorspruch zu: Hiob oder die vier Spiegel« beschwört noch das Schicksal der »Vergasten« als »Hiobs Ach!«.[78] Aus diesem Kreislauf gibt es für Wolfskehl keine politische, sondern nur eine religiöse Befreiung.

Es ist nicht zuletzt diese sowohl mythische wie mystische Denkfiguren aufnehmende Deutung des jüdischen Exils, die Wolfskehl zu einem Außenseiter unter den deutsch-jüdischen Exilanten gemacht hat. Vergleichbar erscheint ihm nur Margarete Susmans Hiob-Buch, an dessen Entstehung er in den 30er Jahren Anteil genommen hat.[79] Sein »Hiob«-Zyklus zeigt eine Vertrautheit mit jüdischer, kabbalistischer wie chassidischer Mystik, die von kaum einem der durchweg assimilierten deutsch-jüdischen Exil-Schriftsteller geteilt werden konnte. Sie hat seine jüdische Exil-Dichtung in einen fast esoterischen Diskurs verwandelt, dessen Wirkungslosigkeit auch in seiner Hermetik angelegt war. In seltener Eindringlichkeit hat Wolfskehl jedoch, der mystischen Tradition folgend, seine religiöse Deutung des Exils zu Ende gedacht. Die mystische Lehre von der Schechina, aus der sich die Vorstellung eines Gottes im Exil ableiten läßt, gab ihm dafür die Anleitung. Paul Hoffmann hat diese Gedanken so zusammengefaßt:

> Gott wohnt der Welt ein, doch geht er in ihr nicht auf. ›Schechina‹ ist nach der Kabbala die der Welt innewohnende Emanation der Gottheit. Etwas von Gott ist gewissermaßen in die Welt ›verbannt‹. Etwas von Gott ist [...] selbst ›im Exil‹.[80]

7. Der gescheiterte Exodus und das Exil ohne Ende: Robert Neumanns Roman »An den Wassern von Babylon«

Döblins und Wolfskehls Deutungen des jüdischen Exils konvergieren, bei aller offensichtlichen Verschiedenartigkeit, in einem Punkt. Für beide ist das Exil ein Übergang – in ein Reich Gottes auf Erden oder in einen eigenen Judenstaat, zumindest ein eigenes Territorium. Sie verbindet die Hoffnung auf eine Erlösung vom Exil – wenn auch in unterschiedlicher Weise: der eine erwartet sie, der religiösen Tradition gemäß, von einem Messias, während der andere lakonisch bemerkt hat: »Es wird kein Messias sie [d.s. die Juden, D.L.] da herausholen. Sie werden schon selbst etwas dazu tun müssen.«[81] Solcher Hoffnung entgegengesetzt ist die Vorstellung von einem Exil ohne Ende. In Robert Neumanns Roman »An den Wassern von Babylon« hat sie ihren wichtigsten literarischen Ausdruck gefunden. Bei Neumann geht die Vorstellung von einem endlosen Exil einher mit einer tiefen Skepsis gegenüber einer territorialen, zionistischen »Lösung der Judenfrage«,[82] wie sie zumindest zeitweise Döblin und Zweig propagiert haben.

»An den Wassern von Babylon« erzählt, zu vier Komplexen geordnet, die Lebensgeschichten von zehn europäischen Juden, die zur Emigration gezwungen sind oder sich dazu entschließen. Ihre Biographien werden zusammengehalten durch eine Rahmenhandlung, die Anfang und Schluß des Romans bildet. Sie spielt 1938 an der Grenze des damals englischen Protektorats Palästina, an der sich die Juden treffen, deren Lebensgeschichten Neumann in den folgenden Kapiteln aufrollt. Ihr Versuch, illegal nach Palästina einzureisen, mißlingt: Ihr Omnibus stürzt auf der engen unbefestigten Straße in die Tiefe. Keiner überlebt den Absturz – bis auf einen, den chassidischen Juden, der sich mit letzter Kraft auf die Höhe des Berges retten kann, über den die Grenze des Landes Kanaan verläuft. Als er den Gipfel erreicht, bricht auch er tot zusammen.

Der Roman ist ein Buch vom jüdischen Schicksal im 20. Jahrhundert zwischen erzwungenem Exil und gescheitertem Exodus, zwischen Babylon und Zion. Die zehn Juden und ihre Angehörigen, die in ihrer Verschiedenartigkeit offensichtlich einen Querschnitt des europäischen Judentums darstellen sollen, vereint die Hoffnung, in Palästina zumindest eine Zuflucht, wenn nicht eine neue Heimat zu finden. Die Anspielungen auf die hebräische Bibel sind dabei ebenso deutlich wie vielfältig. Das beginnt mit dem Titel des Romans, der Worte des ersten Verses von Psalm 137 zitiert und mit der Erinnerung an die babylonische Gefangenschaft der Juden die Exil-Thematik anspricht. Das setzt sich mit anderen Anspielungen fort, die auf die Exodus-Thematik verweisen. Der chassidische Jude, dem es noch gelingt, einen Blick in das Land Kanaan zu werfen, bevor er stirbt, heißt Mojsche Wasservogel. Als er drei Jahre alt war, wurden seine Eltern und Geschwister bei einem Pogrom ermordet. Die Juden, die ihn später aufnahmen, nannten ihn Moses – »wie jenen anderen im Strom des Lebens Gefundenen«.[83] Es ist eben dieser Moses, der 1919 das »Zeichen«[84] vernimmt, sich auf die »Reise« vorbereitet, um »in der Erde Zions begraben«[85] zu werden.

Vor allem »Das letzte Kapitel«, mit dem am Schluß des Romans die Vorgeschichte des Unfalls endet, steckt voller Bezüge zum Buch »Exodus«. Ort der Handlung ist die Wüste, die ausdrücklich bezeichnet wird als »die Wüste Mosis, durch die er das Volk geführt hat nach Kanaan aus der Ägypter Land«.[86] Der biblische Bezug ist dabei stilprägend: die Sprache des Erzählers wie der Figuren imitiert die des Buches »Exodus« gleichermaßen lexikalisch und syntaktisch (»Gehen wir diese Straße vorwärts, so trifft uns Amalek, gehen wir sie aber zurück, so trifft uns Amalek«[87]).

»An den Wassern von Babylon« übernimmt Motive des Buches »Exodus«, um die damit verbundene Heils-Erwartung zu dementieren. Die Geschichte des Exodus ist nach Michael Walzer »eine klassische Erzählung, mit einem Anfang, einer Mitte und einem Ende: Problem, Kampf, Lösung – Ägypten, die Wüste, das Gelobte Land«.[88] Strukturbildend ist die »Bewegung vom Anfang bis zum Ende«:[89] die Linearität der Erzählung. Der Exodus ist ein Auszug, und darin unterscheidet er sich von allen archaischen Reise-Erzählungen, in denen am Schluß die Rückkehr zum Anfang steht. Beim Exodus ist das Ende vollkommen verschieden vom Beginn. In seiner »zielgerichteten Bewegung« ist er »die entscheidende Alternative zu allen mythischen Vorstellungen von ewiger Wiederkehr«[90] und damit zu allen zyklischen und kosmologischen Vorstellungen vom Lauf der Zeiten. Schließlich ist der Exodus die Erzählung von einem Volk – mehr als von Individuen, auch wenn etwa Moses eine große Rolle spielt. Insgesamt verbindet sich mit dem Exodus »die Vorstellung einer Rettung von Leid und Unterdrückung: einer diesseitigen Erlösung, Befreiung, Revolution«.[91] Er ist das Modell für verschiedene radikale politische und religiöse Ideologien geworden, zu denen auch der Zionismus gehört.

Eben diese Hoffnung auf Rettung enttäuscht Neumann in seinem Roman. Das beginnt schon im ersten Kapitel, in dem Palästina als bewacht von englischen Soldaten gezeigt wird – ein Hinweis darauf, daß das Land der Juden nicht mehr oder noch nicht in der Hand der Juden ist. Bereits die Beschreibung der Grenze am Anfang deutet an, daß den Flüchtlingen die Einreise nicht gelingen wird: das Gelobte Land ist den Juden 1938 versperrt. Der schreckliche Ausgang der Geschichte erhält dabei seine Wirkung auch von ihrer Linearität her: Was als Rettung angelegt war, endet als Untergang. Der Glücksumschwung, den der Exodus unter der Führung des Moses kennzeichnete, bleibt den Flüchtlingen von 1938 versagt. Das religiöse Schema wird nicht erfüllt. Auf das Exil folgt kein Exodus.

In dieser desillusionierenden Sicht wird nicht nur der Zionismus, sondern auch jeder andere jüdische Messianismus dementiert. Impliziert ist dabei eine grundlegend andere Deutung des Exils, als sie bei Wolfskehl oder Döblin zu finden ist. In Neumanns Roman erscheinen die Juden als ein Volk ohne Land, heimatlos, ohne Aussicht auf ein Territorium, im buchstäblichen Sinn ausgegrenzt, ja von der Vernichtung bedroht. Das Motto des Romans: »Warum willst du sterben, du Haus Israel?/ Denn ich habe kein Gefallen am Tode dessen,/ so da stirbt, spricht der HErr./ Darum wende dich, und lebe« (Hesekiel 18, 31.32), drückt auch Sorge um das Überleben des jüdischen Volks aus.

Indem Neumann in seinem Roman die Hoffnung von einem Ende des jüdischen Exils scheitern läßt, suggeriert er die Vorstellung eines unaufhebbaren, »absoluten Exils«,[92] wie es beispielsweise auch Else Lasker-Schüler in ihrem Drama »Ichundich« gestaltet hat. Die Vertreibung der Juden aus Deutschland wie aus ganz Europa besiegelt in seinem Roman das jüdische Schicksal der Heimatlosigkeit. »Emigration, Exil, Galuth, das Große Elend der Fremde«[93] werden zur conditio judaica. Eine Erlösung gibt es nicht.

8. Exil und jüdische Identität

Die Essays Döblins, das Poem Wolfskehls, der Roman Neumanns sind Versuche, die jüdische Erfahrung des Exils darzustellen. Ihnen gemeinsam ist die Anknüpfung an ältere jüdische Diskurse, zumal biblische, die jüdisches Exil zum Thema haben. Das verbindet sie mit anderen Werken der jüdischen Exilliteratur – von Werfels »Weg der Verheißung« bis Walter Hasenclevers »Konflikt in Assyrien«, die alle Beispiele sind für das, was Arnold Zweig »Selbstbesinnung auf jüdische Herkunft«[94] genannt hat. Jenseits dieser Gemeinsamkeit sind die Darstellungen der Verbannung jedoch verschiedenartig bis zum Widerspruch: *Die* jüdische Interpretation des Exils hat es nicht gegeben. Auch geht der Rückgriff auf biblische Stoffe und Figuren nicht notwendig mit einer Hinwendung zur jüdischen Religion einher. Daß »die meisten« Exilanten »während der Zeit der Unterdrückung sich dem überlieferten Glauben wieder annäherten«,[95] läßt sich jedenfalls kaum behaupten.

In der deutschen Exil-Literatur nimmt der jüdische Diskurs zwar einen prominenten, aber keinen zentralen Ort ein: er blieb beschränkt auf einen kleineren Kreis von Autoren. Einerlei, ob er als politischer oder als religiöser geführt wurde, stellt er nur einen Strang des Exil-Diskurses dar – und nicht den dominanten. Auch unter den deutsch-jüdischen Schriftstellern hat sich die *jüdische* Interpretation des Exils nicht durchsetzen können.

Ein Grund dafür mag die Negativität dieser Erfahrung sein. Die jüdischen Autoren und Autorinnen haben 1933 das Exil nicht freiwillig gewählt. Der Verfolgung und Verbannung einen positiven Sinn zu geben, gar auf ihnen eine jüdische Identität zu gründen, ist vielen offenkundig schwer gefallen. Ihrer Stigmatisierung als Juden durch das nationalsozialistische Deutschland entsprach auch nicht notwendig ein jüdisches Selbstverständnis; viele wehrten sich vielmehr gegen diese aufgezwungene Identität, die auf einer rassistischen Definition beruhte, die sie nicht akzeptieren konnten. So blieb es für manchen Exilanten ausgemacht, daß »der Begriff der jüdischen Kultur von Hitler und seinen Vor- und Nachläufern erfunden wurde«.[96]

Es kann allerdings nicht allein die Negativität der Exil-Erfahrung gewesen sein, die der Verbreitung des jüdischen Diskurses Grenzen gesetzt hat. Offenbar fehlte es den religiösen Deutungsmustern auch an einigender Kraft: sie verbanden die Exilanten nicht, sie trennten sie. Der Rückbezug auf religiöse Interpretationen ging, nicht nur bei Wolfskehl, einher mit Strategien der Mythisierung des Exils: »the search for a new or renewed myth from within Judaism«, so Guy Stern, » frequently led exile writers to ancient Jewish discourse«.[97] Aufgeklärte, weitgehend assimilierte Juden wie Marcuse konnten in der Berufung auf biblische Deutungsmuster kaum mehr als Relikte mythischen Denkens sehen, das nicht nur hinter der Aufklärung zurückgeblieben war, das gelegentlich auch eine bedenkliche Nähe zu völkischen Ideologien verriet.

Der jüdische Diskurs im Exil war aber nicht nur umstritten, zumindest da, wo er den engen Bezirk der Dichtung verließ. Er war auch in sich von Spannungen gekennzeichnet. Selbst die Exilanten, die sich um eine dezidiert jüdische Deutung des Exils bemühten, gelangten nicht zu einem gemeinsamen Verständnis ihrer Situation. Nicht nur ob die Verbannung im Licht der Hiob-Geschichte, der Ahasver-Legende oder des Exodus gedeutet wird, macht bereits einen erheblichen Unterschied aus. Auch für sich genommen werfen alle diese Interpretationen Fragen auf: Was hat der Exilierte mit Hiob gemeinsam außer dem Umstand, daß beide einen heftigen Glücksumschwung erlebt haben? Ist der Verbannte notwendig ein ewig Heimatloser wie Ahasver? Ist die Flucht aus dem nationalsozialistischen Deutschland dem Auszug aus Ägypten vergleichbar? Guy Stern hat im jüdischen Exil-Diskurs, der sich an die hebräische Bibel anschloß, eine neue Form des Midrasch erkannt, weil er »new explications of biblical texts, events and personae«[98] hervorgebracht habe. Doch bleibt der jüdische Exil-Diskurs letztlich heterogen: er hat sich weniger in eine Tradition eingereiht, als sich vielmehr oft bloß aus ihr bedient, und er hat auch selber kaum eine Tradition in der deutschen Literatur nach 1945 begründen können. Für den jüdischen Diskurs in der deutschen Literatur ist das Exil ein wichtiges, aber nicht das entscheidende Datum. Selbst jüngere Emigranten wie Hilde Domin, Wolfgang Hildesheimer, Peter Weiss oder Erich Fried, die nach Kriegsende debütierten, knüpften bezeichnenderweise nicht an den Exil-Diskurs an und ließen in ihren Veröffentlichungen zunächst auch kaum eine jüdische Identität erkennen. Sie gehören zu den zahlreichen Juden in der deutschen Literatur, die sich, trotz der Verbannung aus Deutschland, nicht unbedingt als jüdische Schriftsteller verstanden.

Die jüdische Literatur, die sich in den 40er und 50er Jahren konstituierte, ist von der Erfahrung weniger des Exils als des Holocaust geprägt: Nach 1945 gilt der jüdische Diskurs vor allem der Verfolgung und Vernichtung der europäischen Juden, die er im Gedicht wie in der Prosa darzustellen versucht. Dabei verrät er, mehr oder weniger deutlich, die neue Außenseiter-Position jüdischer Schriftsteller und Schriftstellerinnen. Denn die Darstellung einer jüdischen Erfahrung der Shoah schließt, etwa bei Paul Celan, aber auch bei Grete Weil, nicht nur eine Identifikation mit dem Jüdischen, sondern auch eine Distanzierung vom deutschen Volk ein. Noch radikaler als im Exil definiert sich die jüdische Literatur deutscher Sprache nach 1945 durch die Differenz zur nicht-jüdischen deutschen. Der jüdische Diskurs nach dem Holocaust enthält eine grundsätzliche Kritik an Deutschland und den Deutschen, die eine Reaktion auf die mörderische Gesellschaftspolitik des Dritten Reichs darstellt. Als jüdischer Diskurs konstituiert er sich aber nicht allein durch seine Themen. Paul Celans »Todesfuge« ist ein Beispiel dafür, daß auch die Holocaust-Literatur den Anschluß an ältere jüdische Literatur sucht, allerdings, den historischen Entwicklungen entsprechend, auf eine dezidiert moderne Weise.

VI. Holocaust-Literatur als jüdische Literatur

Paul Celans »Todesfuge«

1. Gedichte nach Auschwitz und über Auschwitz

Keine Gruppe literarischer Werke stößt auf so grundsätzliche Vorbehalte wie die Dichtung über den Völkermord an den europäischen Juden. Ob die poetischen Darstellungen des Holocaust[1] künstlerisch gelingen oder mißlingen – den Kritikern sind sie gleichermaßen verdächtig. Gelingen sie, müssen sie mit dem Vorwurf rechnen, aus dem Schrecklichen ästhetisch Kapital geschlagen, ja das Grauen beschönigt zu haben. Mißlingen sie jedoch, ziehen sie den Vorwurf auf sich, zwar gut gemeint, ihrem Gegenstand aber nicht gewachsen zu sein.

Der eine Verdacht ist so ruinös wie der andere. Es existiert kaum ein bekanntes Werk der Holocaust-Literatur, das nicht einem von beiden ausgesetzt gewesen ist. Das mag den Eindruck hervorgerufen haben, hier könne es, so oder so, nur ein Scheitern geben. Nach Ansicht vieler Kritiker jedenfalls entzieht sich die Shoah einer poetischen Darstellung. Auschwitz ist ihnen eine Chiffre für all das, was mit den Mitteln der schönen Literatur nicht mehr faßbar ist.

In die literaturkritische wie die literaturwissenschaftliche Beschäftigung mit der Dichtung über den Holocaust sind deshalb von Anfang an grundsätzliche Zweifel an ihrer Legitimität eingegangen. Ihre Problematik ist zumeist im Anschluß an das Wort Adornos erörtert worden, »nach Auschwitz ein Gedicht zu schreiben« sei »barbarisch«.[2] Dieser Satz ist von vielen Interpreten – wohl nicht gegen die Absicht Adornos – auch so verstanden worden, als sei es erst recht barbarisch, Gedichte *über* Auschwitz zu schreiben. Adorno selbst hat den zunächst apodiktisch formulierten, durch seine Kulturkritik allerdings begründbaren Ausspruch in seinem Essay über »Engagement« in diesem Sinn erläutert – bevor er ihn in der »Negativen Dialektik« zurückgenommen hat.[3]

Als er seinen Satz über Gedichte nach Auschwitz veröffentlichte, gab es bereits Dichtung über den Holocaust, auch in deutscher Sprache. Die »Todesfuge« ist zuerst 1947, übersetzt von Petre Solomon, in rumänischer, 1948 dann in dem Gedichtband »Sand in den Urnen« auch in deutscher Sprache veröffentlicht worden, ehe sie 1952 Eingang in Celans zweite Lyriksammlung »Mohn und Gedächtnis« gefunden hat. Nelly Sachs' Zyklus »In den Wohnungen des Todes« kam gleichfalls bereits 1947 heraus. »Noch ehe der fatale Satz formuliert war, war er schon von großen Dichtern widerlegt«, hat Hilde Domin deshalb festgestellt.[4] Daß sich Adornos provozierender, offenbar auf Schock hin kalkulierter Satz angesichts der Holocaust-Lyrik nicht aufrechterhalten ließ, ist aber nicht nur von Hilde Domin behauptet worden. Wie Enzensberger in den Gedichten der Nelly Sachs,[5] so hat Peter Szondi in Celans Poem »Engführung« »die Widerlegung der allzu berühmt gewordenen Behauptung Adornos«[6] gesehen.

Adorno mag das Verdienst gebühren, mit seinen Äußerungen die Problematik jeder Literatur nach Auschwitz und zumal über Auschwitz deutlich gemacht zu haben: Die unaufhebbare Spannung zwischen ihrer ästhetischen Verfaßtheit und den daraus sich ergebenden Verfahren einerseits und dem Grauen ihres historischen Gegenstands führt jede poetische Repräsentation der Judenvernichtung in die Aporie. Die Vorgängigkeit der Theorie hat jedoch die Rezeption der Holocaust-Literatur in Deutschland bestimmt – und eher behindert als gefördert. Die Intensität, mit der noch heute das Dilemma einer Dichtung über den Holocaust theoretisch erörtert wird,[7] fand lange Zeit keine Entsprechung in der konkreten Beschäftigung mit solcher Literatur.

Auf diese Weise sind nicht nur große Teile etwa der jiddischen und hebräischen Holocaust-Dichtung bis heute in Deutschland unbekannt geblieben.[8] Auch die Bedeutung, die der Darstellung der Shoah innerhalb der jüdischen Literatur zukommt, ist in der Diskussion zuwenig berücksichtigt worden. Mit Adornos Hinweis, das »perennierende Leid« habe »soviel Recht auf Ausdruck wie der Gemarterte zu brüllen«,[9] dürfte sie jedenfalls kaum erfaßt sein. Bezeichnenderweise ist bislang in der deutschen Diskussion nur selten die Frage gestellt worden was es bedeutet, daß die Holocaust-Dichtung jüdische Literatur ist. Daß sie es sei, ist allerdings immer wieder bestritten oder einfach übersehen worden. So hat etwa Peter Horst Neumann in einer sensiblen Interpretation der »Todesfuge« behauptet, daß in ihr das »Judenleid als Menschenleid« erscheine.[10] Die humane Absicht einer solchen Formulierung mag unmittelbar einleuchten. Dennoch lenkt sie davon ab, daß es sehr wohl ein besonderes »Judenleid« ist, daß in Gedichten über die Shoah zum Ausdruck kommt.

2. Der ›historische Gehalt‹ der »Todesfuge«

Nicht alle Dichtung über den Holocaust ist jüdische Literatur. Gedichte wie etwa Czesław Miłosz' »Armer Christ sieht das Ghetto«, Randall Jarrells »A Camp in the Prussian Forest«, Hans Magnus Enzensbergers »Die Verschwundenen« oder Wolfdietrich Schnurres »Befragung des Kalks« sind erkennbar von Nicht-Juden geschrieben. Sie nähern sich dem grauenhaften Geschehen aus dem Abstand derer, die von ihm nicht unmittelbar betroffen sind.

Jüdische Literatur ist Dichtung über den Holocaust allerdings nicht schon dadurch, daß ihre Verfasser jüdischer Herkunft sind. Ein Gedicht wie »All There is to Know about Adolf Eichmann« von Leonard Cohen läßt kaum erkennen, daß sein Autor Jude ist. Daß er die Unauffälligkeit Eichmanns zum Thema macht, offensichtlich angeregt durch Hannah Arendts These von der Banalität des Bösen, ist allein jedenfalls noch kein Indiz dafür. Andere Werke der Holocaust-Dichtung signalisieren dagegen deutlich ihre Zugehörigkeit zur jüdischen Literatur – Nelly Sachs' Zyklus »In den Wohnungen des Todes« etwa schon durch die Wahl eines Mottos aus dem Buch Hiob.

In welcher Weise Dichtung über den Holocaust jüdische Literatur sein kann, verdeutlicht das berühmteste Beispiel dieser Art: Paul Celans »Todesfuge«. Jüdische Literatur ist dieses Gedicht schon dadurch, daß es, sowohl objektiv wie subjektiv, Darstellung einer jüdischen Erfahrung ist. Celan ist, zusammen mit Jizchak Katzenelson und Abba Kovner, einer der wenigen jüdischen Dichter, denen die »Enzyklopädie des Holocaust« einen eigenen Artikel gewidmet hat. Diese Auszeichnung verdankt er aber nicht einer besonderen Rolle, die er in der Zeit der Verfolgung und Vernichtung der europäischen Juden gespielt hätte. Anders als Katzenelson, dessen literarische Werke »das tägliche Leben« im Warschauer Ghetto beeinflußten[11] und nach dem das Ghettokämpfer-Museum im Kibbuz Lochamei Hagetaot benannt ist, war Celan keine führende Persönlichkeit des Arbeitslagers, in dem er interniert war. Anders als Abba Kovner, der der »Fareinikte Partisaner Organisatzije«, einer jüdischen Kampfgruppe in Wilna angehörte, war er auch kein Partisanenführer.[12] Celan verdankt seine Aufnahme in die »Enzyklopädie« allein seinem literarischen Werk, das erkennbar »im Zeichen der Schoah«[13] steht.

Das gilt nicht nur für die »Todesfuge«, für sie jedoch besonders. Der »historische Gehalt«[14] des Gedichts ist unzweifelhaft. Auch wenn, so Peter Horst Neumann, der »Ort des Geschehens« als ein »ganz surrealer Ort« erscheint, »surreal vor allem durch die Art, wie sich hier Kunst und Grauen durchdringen«, hat das Gedicht doch »die Realität der Lager in sich aufgenommen«: »mit befohlenem Wohlklang, Fideln und Tanzen (›er befiehlt uns spielt auf‹) müssen die Ausgelöschten ihre Erniedrigung als schönes Fest begehen«.[15] Bezeichnenderweise ist die rumänische Übersetzung der »Todesfuge« mit den Worten eingeleitet worden:

Das Gedicht, dessen Übersetzung wir veröffentlichen, geht auf Tatsachen zurück. In Lublin und anderen Todeslagern der Nazis wurde ein Teil der Verurteilten gezwungen aufzuspielen, während ein anderer Gräber schaufelte.[16]

Tatsächlich ist die »Todesfuge« wohl das erste – literarische – Werk, das Musik im Konzentrationslager zum Thema hat.[17] Der Ort des Gedichts ist als ein Vernichtungslager, seine Personen sind als jüdische Opfer und deutsche Täter zu identifizieren. Anders als in späteren Gedichten Celans wie etwa der »Engführung« gibt es in der »Todesfuge« noch eine »Repräsentation« der schrecklichen Wirklichkeit der Lager.[18]

Darstellung einer jüdischen Erfahrung ist sie allerdings nicht nur in diesem objektiven Sinn, daß sie sich auf ein Ereignis der jüdischen Geschichte bezieht. Die Verfolgung und Vernichtung wird vielmehr aus der Perspektive der Juden als etwas Selbst-Erfahrenes dargestellt. Das grammatische Indiz dafür ist in der »Todesfuge« die Wir-Form. Im Chor der Internierten wird in einem nicht bloß musikalischen Sinn jüdischer Erfahrung eine Stimme verliehen. Dieses pluralische Sprechen, das für die Holocaust-Lyrik insgesamt durchaus typisch ist,[19] signalisiert die Perspektive der Opfer. Es ist untrennbar verbunden mit kollektiver Zwangsarbeit und mit kollektivem Tod: »wir schaufeln ein Grab in den Lüften da liegt man nicht eng«. Der massenhafte Tod und die Anonymität der Opfer verweisen auf das »Ende der individuellen Humanität«,[20] die keine personale Identität mehr zu erlauben scheint, auch nicht im Gedicht.

3. Die Form der »Todesfuge« und das »Hohelied«

Jüdische Holocaust-Dichtung ist die »Todesfuge« nicht nur durch ihr Thema und ihre Perspektive, sondern auch durch ihre Beziehungen zur jüdischen Literatur, die über die Form ebenso wie über Motive hergestellt werden. Die »Todesfuge« ist ein anspielungsreiches, verweisungsmächtiges Gedicht. Nicht bloß Goethes »Faust«, Bachs Arie »Komm, süßer Tod« und Puccinis »Tosca«, auch Gedichte von Rilke, Werfel und Trakl, ja selbst von Rimbaud sind als Prätexte identifiziert worden.[21] Die Bezüge zu jüdischer Literatur scheinen dagegen weniger prominent zu sein. Die vermeintliche »Abhängigkeit«[22] der »Todesfuge« von Gedichten Rose Ausländers und Immanuel Weissglas' ist wohl eingehend erörtert worden.[23] Auch ist gelegentlich der Ursprung der Metapher von der »schwarzen Milch« in den Klageliedern des Jeremias vermutet worden.[24] Und John Felstiner hat in dem Vers »wir trinken und trinken« sogar eine Anspielung auf Heines Gedicht »Die Weber« gelesen (»Wir weben und weben«). Doch scheinen alle diese Nachweise wenig aufschlußreich zu sein. Das mag auch damit zusammenhängen, daß die Referenzen, wenn sie welche sind, im Text nicht markiert und vom Autor nicht akzentuiert worden sind. Außerdem muten die Hinweise durchweg punktuell an – gerade im Vergleich mit der großen Zahl der vorderhand aussagekräftigeren Verbindungen zur modernen Lyrik. Wohl deshalb ist nur selten der Versuch unternommen worden, die »Todesfuge« in den Zusammenhang der jüdischen Literatur zu stellen. Zwei Möglichkeiten der Einordnung zeichnen sich dabei ab – je nachdem, ob man die »Todesfuge« als Kaddisch oder als Psalm versteht.

Amy Colin hat behauptet, daß die »Todesfuge« durch ihre »repetitive structure and monotonous melody«[25] an jüdische Gebete erinnere, und in ihr deshalb eine Art Kaddisch gesehen:

Perhaps, the »Todesfuge« is the *Kaddish* of the secularized poet Celan, who has called upon the entire European tradition to create poems in which he could utter the unspeakable. Perhaps this is the *Kaddish* of the agnostic who lost his family, his home, his people, but who unconsciously continues the gestures of the religious person in Mircea Eliade's sense, that is, in the way the profane takes on characteristics of the sacred.[26]

In ihrem Verzicht auf eine philologische Argumentation ist diese Deutung allerdings ungenau, mehr Vermutung als Befund. Gegen die – paradoxe – Charakterisierung der »Todesfuge« als ›Kaddisch eines säkularisierten Dichters‹ spricht, daß das grundlegende Merkmal eines Gebets nicht erfüllt ist: die Hinwendung zu Gott. Zudem ist weniger das gebetsartige Sprechen als das Singen kennzeichnend für das Gedicht.

Das Motiv des Gesangs scheint aber eher eine Verbindung zu den Psalmen herzustellen. Als Lieder, die zu einem Begleitinstrument gesungen wurden, ist für sie der Gesang konstitutiv. Allein in einem Drittel der Psalmen findet sich zu Beginn eine Erwähnung des Singens. John Felstiner hat daher auch in dem Vers: »Er ruft stecht tiefer ins Erdreich ihr einen ihr andern singet und spielt« eine Anspielung auf Psalm 137, 3.4. gelesen: »Denn dort hießen uns singen, die uns gefangen hielten,... Wie sollten wir des Herrn Lied singen in fremden Landen?«[27] Anklänge an die Psalmen kann man aber nicht allein an dieser Stelle heraushören, und zwar vor allem an solche, in denen das Volk Israel Unrecht und Unterdrückung beklagt. Nicht nur Psalm 137 gehört zu ihnen, auch beispielsweise Psalm 83 und 94. Diese Tradition der Klagelieder ist in der deutsch-jüdischen Literatur durchaus lebendig geblieben – wie etwa noch Heines »Lamentationen« aus dem »Romanzero« belegen.

Zusammen mit den Motiven des Singens und Klagens mag auch die eigentümliche »Textur aus Repetition und Refrain«,[28] auf der wesentlich die suggestive Wirkung der »Todesfuge« beruht, Verweisungscharakter haben. Seit Robert Lowths »De sacra poesie Hebraeorum praelectiones« gilt der *Parallelismus membrorum* als das strukturbildende Prinzip der Psalmen. Die zahlreichen Wiederholungs-Figuren der »Todesfuge« können deshalb auch als ein Form-Zitat verstanden werden.

Die Anspielungen auf die Psalmen-Literatur mögen zu der »Fülle historischer und kultureller Signale« gehören, »die das Gedicht aussendet«;[29] dominant sind sie allerdings nicht, weder für die »Todesfuge« im Ganzen noch für ihre Verbindungen zur jüdischen Literatur, und sie scheinen auch nicht unbedingt eindeutig zu sein. Von zentraler Bedeutung für die Verbindung der »Todesfuge« mit der jüdischen Literatur ist vielmehr das einzige markierte Zitat aus der jüdischen Überlieferung: der Name Sulamith.

Auch wenn der Bezug auf das »Hohelied« offensichtlich erscheint, ist er doch kaum richtig gewürdigt worden. Bezeichnend ist die Interpretation Barbara Wiedemann-Wolfs, die den Namen vor allem in eine Verbindung mit dem poetologischen Charakter des Gedichts gebracht hat:

Daß Literatur auch Thema des Gedichts ist, zeigen schon Margarete und Sulamith, die für zwei große Werke deutscher und jüdischer Literatur stehen, den »Faust« und das »Hohe Lied«. Der Ausgang der beiden Werke wird von Antschel allerdings als durch die Realität des Dritten Reichs revidiert gezeigt, und zwar durch die Epitheta: Nicht Gretchen, sondern Sulamith mit dem »aschenen Haar« wird nun vom Tod bedroht. Und nicht Sulamith, sondern dem goldhaarigen Gretchen fliegen die Herzen zu.[30]

Nicht nur einzelne Formulierungen erscheinen hier dem Text wenig angemessen – etwa die, Sulamith sei »nun vom Tod bedroht«, oder die, »dem goldhaarigen Gretchen« flögen »die Herzen« zu. Auch die Voraussetzung dieser Deutung ist problematisch: die Unterstellung, Sulamith sei, wie Margarete, ein Zitat, das metonymisch für ein literarisches Werk ›stehen‹ soll.

Somit wäre der Name Teil eines poetologischen Diskurses, der den Charakter einer mit dem Gegensatz von Literatur und Realität argumentierenden Kontradictio hätte.

Das »Hohelied« ist jedoch nicht nur durch den Namen Sulamith in der »Todesfuge« präsent. Ein Vergleich fördert erheblich mehr Verbindungen zutage. Fast alle Motive des modernen Gedichts sind im biblischen Text vorgeformt: der Tanz (»Hoheslied« 7, 1), die Milch (4, 11; 5, 1), das Gold (1,11; 5,11 und 14), das Haar (4,1; 5,5; 7,6), schließlich auch das Trinken: »trinke meinen Wein samt meiner Milch«, heißt es etwa im »Hohenlied« 5, 1.

Diese Verbindungen zwingen dazu, das Verhältnis zwischen beiden Texten neu zu bestimmen. Das »Hohelied« ist nicht nur eine *Quelle* der »Todesfuge«; es ist ihre *Vorlage*. Das moderne Gedicht ist aber nicht die Parodie des biblischen, auch nicht seine Kontradictio; es ist seine Kontrafaktur. Die »Todesfuge« bezieht sich schon durch die Verwendung des Namens Sulamith erkennbar auf das »Hohelied« und wahrt zugleich durch die Übernahme einiger Motive eine deutliche Nähe zu ihm. Sie nutzt jedoch, wie es für eine Kontrafaktur kennzeichnend ist, dessen »kommunikatives Potential«[31] für eine eigene Botschaft aus, die von der Aussage der Vorlage abweicht.

Die biblischen Motive erfahren im modernen Gedicht unübersehbare Veränderungen. Sie alle werden in den Motivkomplex des massenhaften Todes hineingenommen: die Milch wird schwarz, das Haar aschen, der Reigentanz zum Totentanz. Das Gold, im »Hohenlied« ein Attribut Salomos und Sulamiths, ist nun eines der Margarete. Die Veränderungen der Motive gehen einher mit dem Wechsel der Gattung: aus dem Liebeslied wird eine Totenklage. Zu dieser Transformation gehört auch ein Wandel der Redeweise.[32] Die »Todesfuge« besteht aus Chorrede, in die die Rede eines Einzelnen, des »Meisters aus Deutschland«, eingebettet ist und an die sich eine andere Einzelrede (»Dein aschenes Haar Sulamith«) anschließt. Diese Rede-Struktur ist nur in gewisser Hinsicht im »Hohenlied« vorgeformt. Es besteht aus der Rede zweier Personen, die eine jeweils an die andere gerichtet; beide werden von Chorrede begleitet. Die veränderte Rede-Struktur wird durch die veränderte Adressierung vollends deutlich. Ist es im »Hohenlied« Sulamith, die ebenso wie Salomon selbst spricht, so wird sie in der »Todesfuge« nur angeredet. Sie verwandelt sich vom Subjekt zum Objekt der Rede.

Diese deutliche Verwandlung der Redestruktur verdankt sich dem Gattungs-Wechsel vom Liebeslied zur Totenklage. Die Liebenden sprechen nicht mehr miteinander: die Geliebte ist schon tot. Die Anrede gilt einer Abwesenden, die allein in der Sprache noch anwesend ist. Sie wird nur scheinbar noch angeredet; in Wirklichkeit wird *über* sie gesprochen. Die Anrede »Dein aschenes Haar Sulamith« stellt tatsächlich ihren Tod fest.

Es bleibt allerdings die Frage, welche Bedeutung der Name Sulamith hier hat. Nach der Interpretation Theo Bucks wird mit ihm »die lyrische Traditionslinie des exemplarischen jüdischen Frauenbilds im ›Hohenlied‹ eingebracht«.[33] Dabei nehme Celan aber eine »aufschlußreiche Veränderung« vor, indem er in den »idealen Gegensatz« der »Bräute des Alten und Neuen Testaments, Sulamith und Maria« »das deutsche Idealbild des ›golden‹-haarigen Gretchens« einführe.[34] Diese Interpretation argumentiert jedoch mit einer Tradition, die kaum die Celans gewesen ist. Der Gegensatz zwischen Sulamith und Maria ist weniger ein Motiv der jüdischen als der christlichen Literatur – worauf im übrigen schon Bucks Gewährsmann, Franz Pforr, der Autor von »Sulamith und Maria«, hindeutet.

Mit dem Namen Sulamith ist auch mehr angesprochen als nur eine ideale Geliebte. Zwar gibt es eine Tradition jüdischer Liebesdichtung, in deren Mittelpunkt die schöne Sulamith steht. Abraham Goldfadens Drama »Sulamith«, das Kafka ausführlich beschrieben hat,[35] gehört, wenngleich eher am Rand, in diese Tradition, ebenso Heine mit seinem Gedicht »Salomo« aus dem »Romanzero« oder Else Lasker-Schüler mit ihrem Gedicht »Sulamith« aus »Styx«. Dennoch verbindet sich mit dem Namen Sulamith in der jüdischen Tradition nicht allein die Vorstellung der schönen Geliebten.

Schon Heinrich Graetz hat in seiner »Volkstümlichen Geschichte der Juden« darauf hingewiesen, daß das »Hohelied« eine Art Gegengedicht zur griechischen Liebeslyrik darstellt:

Der sinnige Dichter hatte sich in der griechischen Welt umgesehen, sich an dem Zauber ihrer Sprache gelabt und ihr manchen Kunstgriff abgesehen, besonders die Form, einen Hirten und eine Hirtin auftreten zu lassen und ihnen Liebesgespräche in den Mund zu legen. Aber mit der Harmlosigkeit dieser ätherischen Poesie hat der Dichter auf die Schäden der Zeit aufmerksam machen wollen. Im Gegensatze zur unsaubern, unkeuschen Liebe der griechischen Welt schuf er ein Idealwesen, eine Hirtin *Sulamith*, die schöne Tochter Amindabs, welche eine tiefe, innige, unverlöschliche Liebe zu einem Hirten, der »unter Lilien weidet« im Herzen trägt, aber dennoch und eben dadurch keusch und züchtig bleibt.[36]

Dieser Gegensatz zum griechischen Liebesverständnis, der in die Konzeption des »Hohenlieds« eingegangen ist, verweist auf eine tiefere Differenz: die oft beschworene zwischen Athen und Jerusalem. Sie ist exemplarisch faßbar in einer Geschichte wie Jizchak Leib Peretz' »Venus und Sulamith«, die die Opposition zwischen der jüdischen und der griechischen Konzeption der Liebe aufgreift. Dieser jiddische Dialog zwischen zwei Jeschiwes-Bochers dreht sich allerdings nur vorderhand um den Unterschied zwischen der griechischen Göttin der Liebe und dem »Ideal der wahren jüdischen Tochter«.[37] Der Unterschied zwischen den beiden Frauengestalten steht vielmehr für die Differenz zwischen griechischer Mythologie und jüdischem Glauben. Der eine Talmud-Schüler belehrt am Ende den anderen, »daß die ganze Mythologie als eine Sammlung von Gleichnissen aufzufassen ist, hinter denen philosophische und religiöse Gedanken stecken«.[38] Darauf erwidert der andere:

Und ist denn das Hohelied nicht auch ein Gleichnis? Ist nicht unter dem König Salomo der Schöpfer der Welt selbst zu verstehen? Ist die reine, aber von der Sonne verbrannte Geliebte nicht die Gemeinde Israels?![39]

In diesen rhetorischen Fragen wird die allegorische Auslegung des Namens Sulamith deutlich, die in der jüdischen Literatur seit Rabbi Akiba zu finden ist. Sulamith steht dabei für das jüdische Volk: »Sulamith ist die Nation«, heißt es im »Midrasch Schir Ha-Schirim«.[40] Auch bei Celan ist diese jüdisches Gemeingut gewordene Interpretation mitzubedenken.

Die Wendung »Dein aschenes Haar Sulamith«, die in einem Liebesgedicht nur für den Tod der Geliebten stehen könnte, erhält vor dem Hintergrund der allegorischen Auslegung des Namens eine weitere Dimension. Dementiert wird mit ihr nicht das jüdische Liebesverständnis oder gar das jüdische

Frauenideal, das sich mit dem Namen Sulamith verbindet. Der Tod Sulamiths steht vielmehr für den Untergang Israels.

Erst diese Bedeutung des Namens erklärt die Rede-Struktur des Gedichts. Das chorische Sprechen, typisch für eine Totenklage, erweist sich damit als ›liturgisch‹. Mit diesem Begriff hat Cynthia Ozick das an der jüdischen Literatur der Diaspora zu bezeichnen versucht, was sie als »centrally Jewish« ansieht: »Liturgy is [...] meant not to have only a private voice. Liturgy is a choral voice, a communal voice«.[41] Celans »Todesfuge« ist in diesem Sinn liturgisch: das pluralische Sprechen kennzeichnet sie als ein Gedicht über die Situation nicht eines Juden, sondern des jüdischen Volks.

Damit klärt sich aber auch die Frage, welcher Gattung die »Todesfuge« zuzurechnen ist. Sie ist weder ein Gebet noch ein Psalm, sondern eine Totenklage als Kontrafaktur eines Liebeslieds, genauer als weltliche Kontrafaktur eines geistlichen Liedes. Sie benutzt die poetischen Möglichkeiten des »Hohenliedes«, um die Hoffnung und das Glücksversprechen, die ihm als Liebeslied innewohnen, zu dementieren.

Der Charakter dieser Totenklage drückt sich bis in ihre Rhetorik hinein aus: in der Anrede Sulamiths, die eine Rede *über* sie ist. Daß die Klage über das jüdische Volk zugleich an dieses Volk gerichtet ist, verrät bereits Celans Verhältnis zum Judentum. Daß sich sein Gedicht nicht an Gott wendet, charakterisiert seine jüdische Identität als säkular. Nicht durch den Glauben an den jüdischen Gott ist sie bestimmt, sondern jenseits eines religiösen Bekenntnisses durch das Mitleiden, die Identifikation mit den verfolgten Juden. Die »Todesfuge« ist kein Toten-Gebet, sondern ein Toten-Gedenken als Zwiesprache mit den Toten.

4. Die »Todesfuge« in der jüdischen Literatur

Bis heute ist die »Todesfuge« umstritten. Über die Jahrzehnte war sie unterschiedlicher Kritik ausgesetzt. Ästhetische Kritik an ihr hat etwa Gert Mattenklott geübt, der das Gedicht »für eines der problematischsten, ja rundheraus gesagt, für eines der schwächsten von Celan« erklärt hat. Es sei ein »suggestives

Szenario deutscher Mythologie«, das »die Shoa zu einem Ereignis der deutschen Kulturgeschichte klassisch-romantischer Prägung«[42] stilisiere und dämonisiere, »in visionärer Trunkenheit, die zu dem Geschehen in den Kloaken der Geschichte in bizarrem Kontrast steht«.[43]

Moralische Kritik an der »Todesfuge« hat schon Reinhard Baumgart vorgebracht, indem er die Frage stellte, ob das Gedicht, »durchkomponiert in raffinierter Partitur – [...] nicht schon zuviel Genuß an Kunst, an der durch sie wieder ›schön‹ gewordenen Verzweiflung« beweise.[44]

Historische Kritik an der »Todesfuge« hat schließlich Rolf Hochhuth formuliert, als er in den Regieanmerkungen zum 5. Akt des »Stellvertreter« Celan vorwarf, er habe »die Vergasung der Juden völlig in Metaphern übersetzt«:

Denn so groß auch die Suggestion ist, die von Wort und Klang ausgeht, Metaphern verstecken nun einmal den höllischen Zynismus dieser Realität, die in sich ja schon maßlos übersteigerte Wirklichkeit ist – so sehr, daß der Eindruck des Unwirklichen, der von ihr ausgeht, schon heute, fünfzehn Jahre nach den Ereignissen, unserer ohnehin starken Neigung entgegenkommt, diese Realität als Legende, als apokalyptisches Märchen unglaubhaft zu finden, eine Gefahr, die durch Verfremdungseffekte noch verstärkt wird.[45]

Solche Kritik, sei sie ästhetisch, moralisch oder historisch, ist nicht voraussetzungslos. Nicht nur bei Hochhuth, dessen Vertrauen in die Überzeugungskraft vermeintlich ›dokumentarischer‹ Literatur noch ungebrochen war, sind die ideologischen und poetologischen Implikationen deutlich. Baumgart hat sich offensichtlich zentrale Motive der kulturkritischen Argumentation Adornos zueigen gemacht. Mattenklott schließlich hat seine Vorstellung von einer ›angemessenen‹ Holocaust-Literatur sogar selbst formuliert: »Angemessen wäre 1945 wohl eine äußerste Ausnüchterung der poetischen Sprache gewesen«.[46]

Dennoch sind die Bedenken nicht unberechtigt: Die »Todesfuge« teilt als ästhetisches Kunstwerk die Problematik aller Dichtung über den Holocaust. Daß sie normativ ist, macht die Kritik an ihr allerdings nicht so zweifelhaft wie ihr dogmatischer Charakter. Sie läuft Gefahr, die Bedeutung zu verkennen, die der »Todesfuge« als einem Gedicht über den Holocaust innerhalb der jüdischen Literatur zukommt.

Die »Todesfuge« ist das bekannteste, ja berühmteste literarische Werk über die Vernichtung der Juden geworden. Kein anderes Gedicht, keine Erzählung, kein Roman, auch kein Drama über die Shoah hat sich neben ihr behaupten können. In Deutschland – aber nicht nur hier – ist sie zum Inbegriff der Holocaust-Literatur geworden. Bezeichnenderweise ist sie allein fünfzehnmal ins Englische übersetzt worden. Ihr Erfolg ist aber nicht nur, wie oft geargwöhnt wird, in ihrer Suggestivität und problematischen Musikalität,[47] sondern auch in ihrer poetischen Radikalität begründet.

In der deutschen Literatur ist Celan der erste gewesen, der versucht hat, die Vernichtung der Juden in der Sprache der modernen Lyrik darzustellen. Die »Todesfuge« nimmt traditionelle Motive der deutschen wie der jüdischen Literatur auf und verwandelt sie in einer dezidiert modernen Sprache. Das Gedicht ist wegen seiner Zitier-Technik gelegentlich als »Absage an die gesamte literarische Tradition«[48] gedeutet worden. Das mag eine starke Behauptung sein; doch hat Celan die traditionellen Motive ebenso wie »die tradierten Formen«, an die er anknüpfte, ›umfunktioniert‹.[49] Eben die entschiedene Modernität, im Stil und mehr noch in der Metaphorik, unterscheidet sein Gedicht deutlich von verwandten Texten wie Alfred Margul-Sperbers »Auf den Namen eines Vernichtungslagers« und Immanuel Weissglas' »Er«, mit denen es oft verglichen worden ist. Von den zumeist jungen deutsch-rumänischen Lyrikern, die sich am Surrealismus orientierten, war Celan poetisch der konsequenteste.

Das macht seinen besonderen Rang sowohl innerhalb der deutschen wie der deutsch-jüdischen Literatur aus. Nicht nur in der an Benn und Brecht orientierten deutschen Nachkriegslyrik kommt ihm eine Sonderstellung zu. Auch in der jüdischen Literatur deutscher Sprache nach 1945 ist er singulär: seine Dichtung unterscheidet sich von der jüdischen Lyrik des Exils nicht weniger deutlich als von jener der Weimarer Republik. Die Nähe zu Yvan Goll, als Wahlverwandtschaft, nicht als Abhängigkeit, bezeichnet bereits seine besondere literarische Position.

Nicht erst mit »Engführung«, schon mit der »Todesfuge« hat Celan den ›jüdischen Avantgardismus‹ unter veränderten historischen und literarhistorischen Bedingungen fortgesetzt.

Wie kein anderer jüdischer Dichter des 20. Jahrhunderts nach Kafka ist es Celan gelungen, die jüdische Literatur zur Avantgarde der deutschen Literatur zu machen. Im Unterschied zu Kafka aber hat er dies mit einem dezidiert jüdischen Werk erreicht. Der jüdische Diskurs, bei Kafka noch in Tagebüchern und Briefen geführt, konstituiert Celans Lyrik: er ist Dichtung geworden. Dieser Wandel des jüdischen Diskurses verweist auf die Bedeutung, die der Erfahrung des Holocaust in der jüdischen Literatur zukommt.

Als erstes Gedicht von Rang hat die »Todesfuge« dem Leiden der verfolgten und vernichteten Juden eine Stimme verliehen. Der jüdische Glaube ist oft eine »Gedächtnisreligion«[50] genannt worden; und die Bedeutung der Erinnerung für die jüdische Kultur ist inzwischen fast ein Gemeinplatz.[51] Als Gedicht über die Vernichtung der Juden setzt die »Todesfuge« die jüdische Tradition der »Erinnerung an ein historisches Trauma«[52] fort. Indem sie der Ermordeten gedenkt, gestaltet sie jedoch die »Identität der sich erinnernden Personen«[53] neu – als eine säkulare jüdische Identität, die von der Erkenntnis geprägt ist, daß die Shoah »die absolute und radikale Referenz für jede jüdische Existenz« (Robert Misrahi)[54] nach 1945 darstellt.

In dieser Erkenntnis ist eine grundsätzliche Differenz zu deutscher Kultur impliziert – und in der Rede von dem »Meister aus Deutschland« und in den Oppositionen von Sulamith und Margarete, von ›aschenem‹ und ›goldenem Haar‹, von dem »Mann« und »seine[n] Juden« ist sie in Celans Gedicht auch explizit. Diese Differenz ist radikal. Sie zeigt eine scharfe Wendung des jüdischen Diskurses in der deutschen Literatur an, der 30 Jahre zuvor in den Tagebüchern Kafkas begann. Was bei Kafka als Suche eines deutschsprachigen Schriftstellers nach einer jüdischen Identität anfing, endet bei Celan als eine Definition jüdischer Identität in Opposition zu der Kultur der deutschen Mörder. War für den jüdischen Diskurs Kafkas der Gegensatz zwischen Ost- und Westjuden konstitutiv, so ist es bei Celan der zwischen Juden und Deutschen. Celans Biograph John Felstiner hat gelegentlich festgestellt, daß dem Dichter »die deutsch-jüdische Symbiose nicht am Herzen lag«. Dessen Gedicht spricht eine noch deutlichere Sprache.

VII. Literatur »auf Grund von Auschwitz«

Das Beispiel Grete Weils

1. Literatur über Auschwitz und »auf Grund von Auschwitz«

In seiner Analyse von Celans »Engführung« hat Peter Szondi Adornos Satz über Lyrik nach Auschwitz mit der Formulierung korrigiert: »Nach Auschwitz ist kein Gedicht mehr möglich, es sei denn auf Grund von Auschwitz.«[1] Diese Formel gilt nicht nur für Celan. Das Werk der Nelly Sachs ließe sich mit ihr ebenso beschreiben wie das vorderhand ganz andere Oeuvre Grete Weils: Auch deren Erzählungen und Romane sind in einem eigenen Sinn Literatur »auf Grund von Auschwitz«. Sie versuchen nicht nur, die jüdische Erfahrung des Holocaust darzustellen; sie erörtern auch die Möglichkeiten ihrer Darstellbarkeit und die Schwierigkeiten einer jüdischen Identität nach der Shoah.

Innerhalb der deutschen Nachkriegsliteratur ist Grete Weil eine Außenseiterin. Bezeichnend ist die auffällige Verspätung ihrer literarischen Karriere. 1906 geboren, gehört sie einer Generation von Schriftstellern an, die zumeist bereits in den 30er, wenn nicht sogar in den 20er Jahren debütiert haben. Grete Weils erstes Buch erschien jedoch erst 1949 – im selben Jahr, in dem ihr Jugendfreund, der gleichaltrige Klaus Mann, seinem Leben ein Ende setzte. Als das Buch veröffentlicht wurde, war sie jenseits der 40 – und als sie, spät, zu öffentlichen Ehren kam, schon jenseits der 80.

Diese doppelte Verspätung ist wesentlich in ihrer Lebensgeschichte begründet. Als Jüdin in den 30er Jahren nach Holland emigriert, dort als Verfolgte untergetaucht, hatte sie keine

Möglichkeit, vor Kriegsende literarisch hervorzutreten. In ihrem Roman »Meine Schwester Antigone« (1980) hat Grete Weil, fast beiläufig, ihre Entwicklung als Schriftstellerin selbst charakterisiert:

> Zwölf Jahre nicht geschrieben, in der Zeit, die entscheidet, in der man die besten Einfälle hat und die meiste Kraft.
> Nach dem Krieg schreibe ich schließlich ein paar Bücher. Sie handeln von Krieg und Deportation. Ich kann von nichts anderem erzählen. Der Angelpunkt meines Lebens.[2]

Die Bücher Grete Weils sind erklärtermaßen »im Wissen um Auschwitz«[3] entstanden. Der Völkermord an den europäischen Juden ist das zentrale Datum auch ihrer literarischen Existenz. Durch ihn ist sie zu einer jüdischen Schriftstellerin geworden. Er hat ihre literarische Entwicklung zuerst verzögert – und ihr Schreiben dann geprägt: als Verarbeitung, Erinnerung und Mahnung. Grete Weil als eine jüdische Erzählerin zu bezeichnen, ist deshalb mehr als eine Anspielung auf ihre Herkunft. Umstände ihrer Biographie sind damit ebenso angesprochen wie der jüdische Diskurs, der ihr Werk prägt.

Grete Weil ist jedoch nicht in demselben Sinn eine jüdische Erzählerin, wie etwa Scholem Alejchem oder Samuel Agnon jüdische Erzähler waren. Die Zugehörigkeit zum Judentum ist für Grete Weil problematisch. Wie viele deutsche Juden des 20. Jahrhunderts hat sie ein jüdisches Selbstbewußtsein nicht freiwillig, aus eigenem Antrieb ausgebildet; es ist ihr durch Verfolgung und Ausgrenzung aufgezwungen worden. Ihre Beschäftigung mit dem Judentum ist darum immer auch eine Auseinandersetzung, in der es wesentlich um die Frage nach der eigenen, durchaus problematischen jüdischen Identität geht.

Eine jüdische Erzählerin ist Grete Weil aber nicht nur insofern, als jüdische Erfahrungen im Zentrum ihrer Werke stehen, sondern auch in dem Sinn, daß sie sich aus einer weiblichen Perspektive mit ihrer Herkunft auseinandersetzt. Eine vergleichbar intensive Beschäftigung mit dem Judentum findet sich bei kaum einer anderen Schriftstellerin der deutschen Nachkriegs-Literatur und unter den Autorinnen ihrer Generation nur bei Nelly Sachs. Doch anders als bei Nelly Sachs gibt es bei Grete Weil keine Versenkung in die jüdische Religion. Ihr

Verhältnis zum Judentum ist von Säkularisierung und Assimilation geprägt; es ist entsprechend distanziert, ja kritisch.

Grete Weils literarhistorische Stellung als jüdische Autorin nach dem Holocaust ist insgesamt zwiespältig. Zwischen der Exil- und der Nachkriegsliteratur, zwischen der jüdischen Literatur der Weimarer Republik und der neuen jüdischen Literatur der nach dem Holocaust Geborenen nimmt sie eine eigentümliche Zwischenstellung ein. Sie ist Opfer, Zeugin und Überlebende der Shoah, und vor allem um diese Erfahrungen dreht sich ihr Werk. Vom Holocaust geprägt, gehört es dennoch nicht der Holocaust-Literatur im engeren Sinn[4] an. Grete Weil hat die Verfolgung, kaum jedoch die Vernichtung der europäischen Juden geschildert. Dabei mag es einen Zusammenhang zwischen dieser – keineswegs willkürlichen – thematischen Begrenzung und ihrem meist eher traditionellen Erzählen geben. Der Traditionalismus vor allem ihrer frühen Romane und Erzählungen erklärt sich nicht nur aus der Ablehnung aller bloß formalen Experimente, die der Ernst ihrer Geschichten gebietet. Weil sie die Vernichtung der Juden, das »Unvorstellbare«,[5] nicht darstellen konnte, war sie vom Gegenstand her auch nicht zu dem – schon von Adorno am Beispiel Celans beschriebenen[6] – poetischen Radikalismus gezwungen, der viele Texte der Holocaust-Literatur auszeichnet.

2. Erzählen als Zeugnisablegen

Eine wesentliche Absicht Grete Weils, vor allem in ihren ersten Büchern, ist es, Zeugnis abzulegen über die Verfolgung der europäischen, zumal der holländischen Juden, die sie selbst als deutsche Emigrantin miterlebt hat. Ihre beiden ersten Buchveröffentlichungen: »Ans Ende der Welt« (1949) und »Tramhalte Beethovenstraat« (1963), in einem Abstand von vierzehn Jahren erschienen, sind durch dieses Sujet miteinander verbunden. Sie schildern, am Beispiel Amsterdams, der niederländischen Stadt mit der größten jüdischen Bevölkerung, nah an den historischen Fakten[7] die Deportation der holländischen Juden. Doch trotz des gleichen Sujets gibt es zwischen diesen beiden Büchern bezeichnende Unterschiede, die vor allem die Auffassung der Zeugenschaft betreffen.

»Ans Ende der Welt« erzählt von zwei miteinander verwandten jüdischen Familien, die am selben Tag in die ›Schouwburg‹, das Sammellager der Amsterdamer Juden, gebracht und dann »nach Osten«[8] in ein Vernichtungslager abtransportiert werden. Diese Konstellation benutzt die Autorin dazu, das Verhalten verschiedener Menschen in derselben Extrem-Situation zu schildern. Sie beschreibt nicht nur das Sammellager mit realistischer Präzision. Sie versucht auch die Psyche der Opfer wie der Täter zu analysieren. So ist in die Erzählung eine Reihe von Charakterstudien eingegangen – angefangen bei dem jüdischen Jura-Professor, der seine Verhaftung erst für einen Irrtum hält und dann sogar bereit ist, seinen Neffen zu denunzieren, um sich zu retten, bis hin zu dem SS-Offizier, der betrunken eine Selektion vornimmt und alle Frauen mit sauberen Füßen wieder nach Hause schickt. Die Sympathien der Erzählerin gehören offensichtlich nicht dem ebenso hilflosen wie hochmütigen Professor Salomon Waterdrager und seiner ihm ergebenen Frau Henny, sondern seinem Neffen Ben, einem verhafteten Widerstandskämpfer, und seiner Tochter Annabeth, die sich in ihren Cousin Ben verliebt und sich mit ihm abtransportieren läßt.

Obwohl chronologisch erzählt, ist »Ans Ende der Welt« eine komplexe Geschichte. Vor allem durch den Wechsel der Perspektiven zeigt sich, daß die Deportationsgeschichte zugleich eine Familiengeschichte und nicht zuletzt eine Liebesgeschichte ist. Diese Gattungsmischung verdankt sich dem Versuch, die Juden in ihrer »Menschlichkeit« darzustellen. Die Opfer der Massenvernichtung werden von Grete Weil konsequent individualisiert: als Menschen nicht nur mit einem Namen und einer Lebensgeschichte, sondern auch mit Ängsten und Schwächen – und der Fähigkeit, noch in größter Gefahr zu lieben. Der Praxis der SS-Offiziere, die Juden nur als »Zahlen« zu sehen, setzt Grete Weil in einem auktorialen Kommentar ihre Sicht der Opfer entgegen:

Es waren Menschen, die haßten, und Menschen, die liebten. Ja, Menschen, die liebten, waren es vor allem, denn wenn sie überhaupt einen gemeinsamen Zug hatten, diese aus vielen Völkern Stammenden, Herumgestoßenen und von alters her Verfolgten, so war es eine gewisse Menschlichkeit, eine Humanität, die, oft nur den Allernächsten gegenüber angewandt, leicht etwas von einer rührenden Karikatur bekam, die aber selbst noch in der verzerrtesten Form den Hoheitsglanz der Liebe trug.[9]

Gegen den militanten Judenhaß argumentiert Grete Weil an dieser – aber nicht nur an dieser – Stelle humanistisch. Es ist jedoch ein eigener Humanismus, auf den sie sich beruft. Bezeichnenderweise verzichtet sie darauf, sozusagen topische Argumente zu wiederholen und etwa die literarische Kultur oder auch die Religion der Juden anzuführen. Humanität wird für sie vielmehr durch die Fähigkeit zur Liebe verbürgt, die in der Erzählung vor allem das junge Liebespaar, Annabeth und Ben, besitzt. Es gehört allerdings zu der nicht unbedenklichen Metaphysik der Erzählung, daß diese Liebe als dem Tod nahe, ja verwandt beschrieben wird: »Dort, wo er erkannt und mit einbezogen wird in den heißen Rausch der Umarmung«, heißt es, »löschen Not und Qual und das Schlechte aus«.[10]

Auch »Tramhalte Beethovenstraat« handelt vorderhand von der Deportation der Amsterdamer Juden. Anders aber als »Ans Ende der Welt« wird dieser Roman nicht aus der Perspektive betroffener Juden, sondern aus der eines zunächst Unbeteiligten, des deutschen Schriftstellers Andreas, erzählt. Der Roman verknüpft zwei Handlungsstränge miteinander: eine Gegenwarts- und eine Vergangenheits-Handlung. Auf der Suche nach seiner Vergangenheit kehrt Andreas Jahre nach dem Krieg, privat und beruflich an der Verarbeitung seiner Erlebnisse gescheitert, nach Amsterdam zurück. Durch Zufall war er zum Zeugen der nächtlichen Deportationen geworden, die in der Straße stattfanden, in der er damals wohnte. Er versteckte Juden bei sich, eine deutsche Fotografin und einen holländischen Jungen, Daniel, mit dem er sich spontan identifizierte. Doch vermochte er den Jungen nicht zu retten: bei einer Widerstandsaktion wurde er verhaftet. Danach verlor sich seine Spur.

Die Ereignisse dieser Zeit werden, mit Unterbrechungen, aber überwiegend in ihrer chronologischen Folge, in Rückblicken rekonstruiert. Die – gegenüber dem ersten Buch veränderte – Erzähl-Weise deutet dabei auf eine andere Problematik hin. Liest sich »Ans Ende der Welt« noch wie ein mehr oder weniger objektiver Zeugenbericht, dessen ganzes Interesse dem erzählten Geschehen gilt, so ist in »Tramhalte Beethovenstraat« die Darstellung durch das personale Erzählen stärker subjektiviert. Dadurch rückt der Zeuge nicht weniger als das Bezeugte in den Vordergrund – und mit ihm das Problem der Zeugenschaft.

Problematisch erscheint zunächst der Zeuge selbst. Andreas scheitert doppelt: nicht nur als Helfer, sondern auch als Schriftsteller. Als er die nächtlichen Deportationen der Juden in der Beethovenstraat bemerkt, beschließt er, sie zu protokollieren, und er beginnt auch gleich mit dieser Arbeit:

In seinem Notizbuch entstand in Geheimschrift das Protokoll der Nächte. Der Gedanke, Zeuge zu sein, wurde zur fixen Idee. Nie stellte er sich die Frage, ob nicht auch andere aussagen könnten. Es war seine Aufgabe, hinter der alles, was er bis jetzt gewollt hatte, zurücktrat.[11]

Dieser Aufgabe ist Andreas jedoch nicht gewachsen. Daß er seine Protokolle »in Geheimschrift« verfaßt, erweist sich als symbolisch. Nicht einmal seine Eltern kann er über die Juden-Verfolgung aufklären, und als Schriftsteller verstummt er schließlich. Nur ein Mal, noch im Krieg, glückt ihm ein Gedicht – weil er darauf verzichtet, »Zeuge zu sein [...] zugunsten einer Wahrheit, die er darstellen konnte, nicht weil er dabeigewesen, doch weil er Zeitgenosse war«.[12]

Als es ihm nicht gelingt, in Amsterdam der Vergangenheit näherzukommen, beschließt er, das KZ Mauthausen zu besuchen, in dem Daniels Familie ermordet worden ist:

Es mußte möglich sein, noch näher an das Vergangene heranzukommen. Die Zeit aufzuheben. Die Leere wieder mit Schmerz zu füllen. Noch einmal und immer wieder aufs neue zu sterben und dabei die Worte zu finden.[13]

Am Ende aber hat er die Worte nicht gefunden, sondern endgültig verloren:

Niemand würde eine Antwort auf die Frage bekommen, wie es möglich gewesen war. Die Gemordeten hatten ihr Geheimnis und das ihrer Mörder mit sich genommen.
Man sollte auch nicht darüber reden. Es kam nichts dabei heraus. Worte machten nichts klar, sie deckten nur zu.[14]

»Tramhalte Beethovenstraat« ist auch ein Roman über das Scheitern eines Schriftstellers. Der in den 60er und 70er Jahren oft bemühte Topos vom Verstummen der Dichter[15] erhält bei Grete Weil jedoch eine zeitgeschichtliche Erklärung. Das Schweigen, in das Andreas fällt, ist nicht das Ergebnis eines ästhetischen Experiments. Im Roman wird sein Sprachverlust von dem satirisch dargestellten Avantgardismus seines Kollegen Jeremy Schluck abgegrenzt, der ein Buch mit leeren Seiten ›schreibt‹. Das literarische Scheitern, das Andreas an sich erfährt, ist das Schicksal eines Augenzeugen.

In einem auktorialen Kommentar, der die personale Erzählperspektive durchbricht, wird die Problematik seiner, ja jeder Zeugenschaft der Juden-Verfolgung reflektiert:

Der Zug fährt nach Osten. Osten, das ist das Nichts.
Schreckliche Stunde der Entmannung; unblutig, mit schleichendem Gift, das die Zeugungskraft lähmt. Noch weiß Andreas es nicht, weiß es ebensowenig wie die der Bombe entronnenen Opfer von Hiroshima, daß sie, die mit dem Leben Davongekommenen, der Vernichtung bestimmt sind.
Was weiß man schon? Der Osten – das ist das Nichts, eine pessimistische Hypothese. Man hat noch nichts von Gaskammern gehört, von Massenexekutionen, Vernichtungslagern, Selektionen, Verbrennungsöfen, ausgebrochenen Goldplomben, sorgfältig sortierten Kleider- und wahllos gestapelten Leichenhaufen, man weiß nichts von Appellen, Todesmärschen, Steinbrüchen, medizinischen Experimenten, Luftspritzen in die Venen, Einfrierenlassen, Zu-Tode-Prügeln unter den Klängen von Marschmusik.[16]

Vor dieser Wirklichkeit der Juden-Vernichtung verstummt Andreas. Nicht nur ihre Schrecken, auch ihr Ausmaß sind für ihn nicht faßbar.

»Man weiß nichts«: das ist in zugespitzter Formulierung die Problematik eines solchen Augenzeugen. Weil er Zeuge und nicht Opfer ist, weiß er von den Leiden der Ermordeten, ja von der Ermordung selber nichts als das bloße Faktum. Daß er die Vernichtungs-Lager nicht kennengelernt hat, ist die Grenze seiner Zeugenschaft. Was ihm aber das Überleben ermöglicht hat, macht ihm das Schreiben unmöglich. Die Bedingung seines Überlebens entzieht seiner literarischen Arbeit die Grundlage.

Als literarisches Werk ist »Tramhalte Beethovenstraat« doppelt paradox. Paradox ist der Roman schon als Darstellung eines Verstummens, das er nur in Worten schildern kann. Paradox ist er aber auch in seinem eigenen Gelingen (oder Gelungensein): er legt Zeugnis ab von einem Zeugen, der daran scheiterte, Zeugnis abzulegen. Diese Paradoxien, die sich wesentlich mit seinem Charakter als Literatur über Literatur ergeben, widerlegen ihn jedoch nicht.

Die Beschreibung von Schreib-Problemen in »Tramhalte Beethovenstraat« weist auf die Struktur der späteren Romane Grete Weils voraus, in denen das Erzählte nicht nur reflektiert, sondern das Erzählen auch selber thematisiert wird. »Meine Schwester Antigone«, »Generationen« und »Der Brautpreis« sind Romane, die auch ihre eigene Entstehung erzählen. Man kann, gerade vor dem Hintergrund der Problematik des Zeugen in »Tramhalte Beethovenstraat«, darin einen Zweifel an den Möglichkeiten literarischer Darstellung sehen, der die Autorin zu einer ständigen Selbstvergewisserung zwingt. Der Strukturwandel der Romane Grete Weils drückt sich deshalb auch in einem Wechsel von der Er- zur Ich-Form aus, und er führt dazu, daß jede Ich-Erzählerin zugleich ihre eigene Kommentatorin und kritische Interpretin wird.

3. Die Grenze der Zeugenschaft

Grete Weils Überlegungen über den Zeugen in »Tramhalte Beethovenstraat« sind tatsächlich eine verschobene, einer fiktiven Figur zugeschriebene und zugespitzte Selbstkritik. Ähnlich wie Andreas hat sie sich – erkennbar schon an ihrem ersten Buch – lange Zeit als überlebende Zeugin des Holocaust verstanden. Anders aber als Andreas konnte sie sich auch als ein Opfer betrachten, das den Ermordeten ungleich näher stand. Dieses Selbstverständnis hat Grete Weil im Schlußkapitel ihres Erzählungsbandes »Spätfolgen« (1992) »Und ich? Zeugin des Schmerzes« kritisch reflektiert:

Über vierzig Jahre lang habe ich mir eingebildet, ein Zeuge zu sein, und das hat mich befähigt, so zu leben wie ich es getan habe. Ich bin kein Zeuge mehr. Ich habe nichts gewußt. Wenn ich Primo Levi lese, weiß ich, daß ich mir ein KZ nicht wirklich vorstellen konnte. Meine Phantasie war nicht krank genug.[17]

Der Vergleich mit Primo Levi, dem wichtigsten literarischen Zeugen der Juden-Vernichtung,[18] zwingt Grete Weil dazu, ihren Anspruch auf Zeugenschaft einzuschränken: »Zeuge bin ich für die Verfolgung, nicht einmal für die Deportation, ganz sicher nicht für die KZ-Greuel.«[19] Darin unterscheidet sie sich von Primo Levi wie von Paul Celan und Jean Améry, die über die Vernichtungs-Lager geschrieben haben. »Der Unterschied: Sie waren in Lagern – ich nicht.«[20] Für Grete Weil sind die Vernichtungs- und Konzentrationslager eine geschlossene Welt geblieben. Weil sie ihnen entronnen ist, sah sie sich nicht in der Lage, sie aus eigener Erfahrung literarisch zu schildern.

Nur ein Mal hat sie den Versuch unternommen, die Vernichtung der Juden »im Osten« darzustellen – bezeichnenderweise aber mit ganz anderen als ihren üblichen literarischen Mitteln. In ihren Roman »Meine Schwester Antigone« hat sie den Augenzeugenbericht Friedrich Hellmunds über die Ermordung der Juden von Petrikau fast unkommentiert aufgenommen – als ein Dokument, mit dem die Autorin ihren Anspruch auf Zeugenschaft gewissermaßen abtritt. In die (autobiographische) Fiktion durch eine Montage integriert, repräsentiert er das, was jenseits der Erfahrung der Erzählerin liegt.

Hinter der Wahl dieses Verfahrens verbirgt sich auch ein radikaler Selbstzweifel. Noch über die Verwunderung hinaus, wie es möglich war, »weiterzuleben mit allem Wissen«,[21] hat sich der Autorin die Erkenntnis aufgedrängt, daß der gute Glaube, »alle Schrecken, jede Qual, jeden durch Mißhandlung zugefügten Schmerz und die ohnmächtige Verzweiflung beim gewaltsamen Tod der Kameraden miterlebt zu haben«,[22] eine Selbsttäuschung war. Zwischen dem Zeugen und dem Opfer, dem Ermordeten und dem Überlebenden sieht sie eine objektiv unaufhebbare Differenz.

Grete Weil hat die Erkenntnis dieser Differenz als die eigentliche Trennung von ihrem ersten Mann Edgar erfahren, der in Mauthausen getötet wurde: »Edgar war tot, und ich hatte es nicht gewußt, ich bin nicht mit ihm in Mauthausen gewesen.«[23] Die Identifikation mit dem ermordeten Geliebten erlebt sie – ähnlich schmerzlich wie Andreas – als Schein, als Irrtum. Ähnlich wie ihn hat auch sie die Differenz zwischen Opfer und Überlebendem daran gehindert, den Völkermord an den Juden darzustellen.

Die psychologische Problematik, die mit einer solchen Selbsteinschätzung entsteht, ist oft beschrieben worden.[24] Der (Augen-)Zeuge ist ein Davongekommener, der sein Überleben nicht nur als Trennung von dem geliebten Partner, sondern auch als Untreue ihm gegenüber, ja als Verrat begreift. So entsteht ein Gefühl der Schuld, die Grete Weil vor allem in einer Unterlassung gesehen hat. »Warum habt ihr euch nicht gewehrt?«[25] Diese Frage stellt in »Meine Schwester Antigone« die Nichte ihrer Tante. Die Ich-Erzählerin nimmt sie zum Anlaß, die Jahre der Verfolgung in Holland, die »Untertauchzeit«[26] zu rekapitulieren: die Verhaftung ihres Ehemanns; den gescheiterten Versuch, ihn freizubekommen; die Nachricht von seiner Ermordung in Mauthausen; ihr Weiterleben; schließlich ihre Arbeit für den Jüdischen Rat, durch die sie hofft, ihre Mutter retten zu können. Im nachhinein muß sie sich jedoch eingestehen, ihre »Integrität«[27] verloren zu haben – als Überlebende und als Helferin. Durch ihr Überleben fühlt sie sich ihrem ermordeten Ehemann, durch ihre Tätigkeit für den Jüdischen Rat den deportierten Juden gegenüber schuldig.

Nüchtern konstatiert sie, daß ihre Arbeit darin bestand, den Deutschen zu »helfen, andere Juden zu deportieren«.[28] Allerdings bot die Tätigkeit für den Jüdischen Rat auch eine Möglichkeit, zwar nicht Widerstand, aber doch wenigstens Sabotage zu leisten: »Ihnen helfen und dadurch die Möglichkeit haben, das Tempo der Deportation zu verlangsamen. Ihnen zum Schein helfen und sabotieren. Alles dies ist möglich, alles dieses ist der Jüdische Rat.«[29] Der Zweideutigkeit der Situation entspricht die Ambivalenz der Ich-Erzählerin. In der Erinnerung wird ihr wieder klar, »durch welchen Dreck ich gegangen bin, durch welche Eiseskälte, gestellt vor Entscheidungen, die, wie immer sie ausfielen, mich schuldig machten«.[30]

Ihre Schuld erkennt sie letztlich darin, Kompromisse gemacht zu haben, für ihr eigenes und das Überleben ihrer Mutter. Dadurch sieht sie sich nicht nur ihrer moralischen Integrität, sondern auch einer existenziellen Freiheit und damit ihrer Identität beraubt.

Ich sagte nicht nein – Neinsagen, die einzige unzerstörbare Freiheit, Antigone hat sie souverän genutzt –, ich sagte ja. Ja, ich verlasse Deutschland, ja, ich bin keine Deutsche mehr, ja, ich höre auf zu schreiben, ja, ich nähe mir auf die Kleider den gelben Stern, ja, ich tippe in der verdammten Schouwburg Briefe, ja, ich nehme einen fremden Namen an, ja, ich mache keinen Versuch, Waiki aus dem KZ mit Gewalt zu befreien, ja, ich schieße den Hauptsturmführer nicht nieder. So rette ich mein Leben, so schaffe ich mich selber ab. Was abgeschafft ist, kann durch keine Hexerei und keine Gnade neu entstehen.[31]

Antigone, zuerst Identifikationsfigur der Erzählerin, auf die sie die Wunschbilder des eigenen Ich projiziert, wird in solchen Selbstanklagen zur Gegenfigur. Noch entschiedener als etwa in Anouilhs Drama, in dem Antigone sich als Nein-Sagerin selbst definiert, wird sie von Grete Weil als »kompromißlose Widerstandskämpferin«[32] charakterisiert, ja zu »der großen Gestalt des Widerstandes«[33] stilisiert. Das verleiht ihr die Autorität einer moralisch integren Heldin, die frei ist, weil sie Nein sagen und sich verweigern kann.

Die Frage: »Wie hätte sie an meiner Stelle gehandelt?«[34] wird so zu einem Leitmotiv der Selbstbefragung. Die Antwort am Ende ist eindeutig. Da imaginiert die Erzählerin Antigone auf die »Rampe des Güterbahnhofs«: »Tische mit Schreibmaschinen und Papier. Dahinter sitzen wir vom Jüdischen Rat.«[35] Antigone tritt dem Hauptsturmführer entgegen: »Sehr ernst, sehr feierlich sagt sie: ›Nicht mitzulieben, mitzuhassen bin ich da‹. Dann zieht sie aus ihrem Kleid einen Revolver, zielt auf den starr dastehenden Hauptsturmführer und drückt ab.«[36]

Die Versetzung der Antigone-Gestalt in eine Deportations-Szene ist im Roman allein psychologisch von dem Wunsch der Ich-Erzählerin her motiviert, sie als moralisch integre Gegenfigur zu sich selber zu entwerfen. Die Ermordung des SS-Offiziers wird dabei, über die Widerstands-Handlung hinaus, zu einem geradezu existenzialistischen Akt der Identitäts-Setzung – das Gegenteil der Kompromisse, durch die die Erzählerin ihre Identität verloren zu haben glaubt. Mit dieser Tat konstruiert sie eine Alternative zum eigenen Verhalten, die jedoch eine radikale Umdeutung der Antigone-Gestalt verlangt. Signalisiert deren Versetzung in eine Deportations-Szene schon eine beträchtliche, nicht bloß zeitliche Entfernung vom antiken Mythos, so markiert ihre Tat einen tiefen Bruch mit allen traditionell-humanistischen Auslegungen der Figur.[37] Die Freiheit der Antigone hat aber nur scheinbar einen historischen Ort: sie existiert allein in der Imagination der Erzählerin.

4. Jüdische Identität als Problem

Identitätsverlust und Identitätssuche sind zentrale Motive der Romane und Erzählungen Grete Weils. Sie sind die psychischen »Spätfolgen« der Verfolgung, von denen die Überlebenden, jenseits aller körperlichen Schäden, gezeichnet sind. Grete Weil hat sich ihnen ähnlich nüchtern und unbestechlich gestellt wie etwa Primo Levi oder Jean Améry.

»Ist Identitätsverlust wirklich ein Unglück?« fragt sich die Ich-Erzählerin von »Meine Schwester Antigone«:

Wäre es besser gewesen, das ganze Leben lang eine deutsche Jüdin in München zu bleiben? In der Emigration erfahre ich von Dingen, die es in meiner alten Identität nicht gab, bin rechtlos, ausgestoßen, Jud unter Juden.[38]

Durch die Emigration, von ihr als »Fallen ins Bodenlose«[39] beschrieben, ist ihr »fast alles [...] abhanden« gekommen: »Land, Sprache, Sicherheit und schließlich die eigene Identität«.[40] Zugleich zwang das Exil ihr aber nicht nur neue Erfahrungen, sondern auch eine neue Identität auf: die der verfolgten Jüdin. Was es heißt: Jüdin zu sein, und was es für sie heißt, ist fortan für sie eine drängende Frage.

Vor allem in ihren späten Romanen hat Grete Weil die Suche nach einer jüdischen Identität zum Thema gemacht. Schon für die Ich-Erzählerin von »Meine Schwester Antigone« bleibt diese Identität jedoch problematisch. Als Kind liberaler assimilierter Eltern aufgewachsen, ist sie immer nur durch ihre Umwelt auf ihre Zugehörigkeit zum Judentum hingewiesen worden:

Meine Beziehung zum Judentum, lau und lasch, ohne Konturen. In meinem Elternhaus wird nicht danach gefragt, woher einer kommt, was einer ist. Man gehört zur jüdischen Gemeinde, aber geht nicht in die Synagoge. Den Religionsunterricht lasse ich über mich ergehen als notwendiges Übel. Lerne hebräische Gebete stumpfsinnig auswendig, ohne irgendetwas von dem zu erfahren, was ich wissen will. Die Feste sind Weihnachten und Ostern, nicht Chanukkah und Pesach. In den frühen zwanziger Jahren macht mir der wachsende Antisemitismus zu schaffen. Aus Kränkung, aus Verlangen, irgendwo dazuzugehören, werde ich Zionistin, bleibe es ein paar Monate lang in dem Alter, in dem man einen Platz in der Welt sucht und nicht findet. Sehr bald sehe ich ein, daß das nichts für mich ist. Von da an empfinde ich es als Bereicherung, aus zwei Wurzeln zu stammen.[41]

Was Grete Weil hier für ihre Ich-Erzählerin beschrieben hat, ist typisch für assimilierte deutsche Juden und ähnlich auch von anderen beschrieben worden. In dem Maß, in dem sie Deutsche sein wollten, hörten sie auf, sich als jüdisch zu begreifen, wurden an ihren Minderheiten-Status aber immer wieder durch Diskriminierung erinnert. Gershon Shaked hat in seinem Buch »Die Macht der Identität« diese – oft eher aufgenötigte – doppelte Identität deutscher Juden dargestellt, die von den meisten allerdings eher als Spannung, wenn nicht Zerrissenheit denn als Bereicherung empfunden wurde.

Der »Gegensatz zwischen sprachlicher und sozialer Identität«,[42] in dem sie vor dem Krieg lebten, ist durch den Holocaust aber nicht aufgehoben, sondern verschärft worden, indem er von dem Gegensatz zwischen der alten selbst gewählten und der neuen aufgezwungenen Identität überlagert wurde. Die überlebenden Juden sahen sich deshalb einer noch komplizierteren Situation gegenüber. Von den Deutschen als Juden verfolgt, ja zur Vernichtung bestimmt, war der selbstverständlich gewordene deutsche Teil ihrer »bi-nationalen«[43] Identität beschädigt. Zugleich waren sie gezwungen, den jüdischen Teil, der ihnen fremd geworden war, neu anzunehmen.

Die problematische Identität einer deutschen Jüdin nach dem Holocaust hat Grete Weil zum Thema ihres bislang letzten Romans gemacht. »Der Brautpreis« (1988) ist, vom Stoff her, ein David-Roman. Was ihn von anderen Bearbeitungen des Sujets wie vor allem Joseph Hellers »God Knows«, aber auch Stefan Heyms »König David Bericht« unterscheidet, ist die zweifache Vermittlung der biblischen Geschichte. Sie wird, in Ich-Form, zunächst erzählt von Michal, Davids erster Frau, der Tochter Sauls und Schwester Jonathans. Deren Erzählung wird, wiederum in Ich-Form, interpretiert und kommentiert von Grete, einer Überlebenden des Holocaust. Vor dem Hintergrund ihrer Lebensgeschichte reflektiert sie nicht nur Michals schwieriges Verhältnis zu David, sondern auch ihr eigenes Verhältnis zu Michal wie zu David, dem Sänger, Dichter und König. Der Wechsel der Perspektive, der mit ständigen Unterbrechungen der David-Geschichte einhergeht, ist Zeichen einer gegenläufigen Bewegung der Annäherung und der Entfernung – zwischen Michal und David und zwischen Grete und Michal.

Für Michal geht es dabei vor allem um ihre Identität als Frau: David, »den ich lieben, nach dem ich mich sehnen, den ich verfluchen sollte«, hindert sie daran,

> die zu werden, die ich war, eine Rebellin, die sich auflehnt gegen die Religion, gegen den Zwang, alles, was einer an Untaten vollbringt, mit den Worten zu erklären: Jahwe hat es gewollt. Keiner hat es öfter gesagt als David.[44]

Michal wendet sich von David ab, als er den von ihrem Vater geforderten Brautpreis, die hundert Vorhäute der Philister, beibringt. Sie distanziert sich von ihm als gewälttätigem theokratischem Machthaber und wählt sich – in einer historisch gewagten Konstruktion – Antigone zum unerreichten Vorbild: »Dieses Griechenmädchen bewunderte ich sehr, wollte sein wie sie und wußte doch, daß ich zu schwach war.«[45]

Für Grete geht es vor allem um ihre Identität als Jüdin. Aufgewachsen in einer Familie, die mehr deutsch als jüdisch sein wollte: »Wir waren Deutsche. Deutsche und Juden«,[46] wird sie durch die Verfolgung gezwungen, Jüdin zu sein: »Nur Jüdin.«[47] Die aufgenötigte Identität zwingt sie zu einer Auseinandersetzung: »Ich konnte das Judesein nicht ablegen wie ein altmodisch gewordenes Kleid.«[48] Eine im traditionellen Sinn religiöse oder nationale jüdische Identität auszubilden, gelingt ihr jedoch nicht:

> zur jüdischen Identität wäre der Glaube nötig, der Glaube an Jahwe, den von den Juden erfundenen und an zwei Weltreligionen weitergegebenen Gott. Sodann die Verbundenheit mit dem Land Israel, ein Heimatgefühl für Erez Israel, dem Land der Väter. Weder das eine noch das andere ist bei mir vorhanden, war nie vorhanden, so meine ich, daß ich auch niemals eine jüdische Identität hatte. Übrig bleibt, daß ich als Jüdin erfahren habe, was Leiden bedeutet.[49]

Judesein, wie Grete es für sich selber als »Rudiment einer Identität« annehmen kann, ist also zunächst nicht mehr als die Zugehörigkeit zu einer »Leidens-« und »Schicksalsgemeinschaft«,[50] ohne religiöse oder nationale Bindung. Das mag an die These Sartres erinnern, der Jude sei der, den die Nationen nicht assimilieren wollten: »Der Jude ist der Mensch, den die anderen als solchen betrachten.«[51] Doch ist Grete Weil einen Schritt weitergegangen, wie schon die Rede von der jüdischen

»Humanität« in »Ans Ende der Welt« andeutete. In »Der Brautpreis« sagt Grete von sich:

Vielleicht war mein Nichthassen jüdisch (wenn es so etwas überhaupt gibt).
Juden bewahren Leben, vernichten keines. So dachte ich im letzten Winter des Krieges.[52]

Die Liebe scheint – bei aller Vorsicht der Formulierung – im Zentrum von Grete Weils jüdischer Identität zu stehen. Ob dies ›spezifisch jüdisch‹ ist, erscheint fraglich – denkt man an das christliche Gebot der Nächstenliebe oder die Maxime der Antigone: »Nicht mitzuhassen, mitzulieben bin ich da«. Doch wäre dies zumindest für die Autorin auch nicht entscheidend. Denn etwas substantiell Jüdisches existiert für sie nicht. Judesein ist für sie eine Erfahrung. Mag ihr Humanismus der Liebe auch für eine allgemeine Bestimmung der jüdischen Identität kaum hinreichen,[53] so ist er doch für ihre Romane von zentraler Bedeutung. Er erklärt, warum sie alle immer auch Liebesgeschichten sind: zwischen Mann und Frau, Bruder und Schwester, Vater und Tochter, Tante und Nichte usw.

5. Fiktion und Autobiographie

Die Romane und Erzählungen Grete Weils scheinen sich für eine autobiographische Lesart anzubieten.[54] Die häufige Verwendung der Ich-Form, die Wiederkehr bestimmter Motive, nicht selten mit dem ausdrücklichen Bezug auf die Biographie der Autorin, schließlich die Verwendung des eigenen Vornamens: all das scheint den Schluß nahezulegen, die Werke Grete Weils seien nichts als Verarbeitungen ihrer Lebensgeschichte. Vor allem ihre beiden Romane »Meine Schwester Antigone« und »Der Brautpreis«, aber auch schon »Tramhalte Beethovenstraat«, besitzen jedoch eine komplexere Struktur. Kennzeichnend für sie ist die Verschränkung zumindest zweier Handlungsstränge und Erzähl-Perspektiven. Die damit einhergehende Aufhebung von Linearität und Kontinuität der Erzählung ist Ausdruck einer Versetzung von Autobiographie und Fiktion. Die Gegenüberstellung von Erlebtem und Erfundenem ist zunächst ein Versuch, die subjektive Erfahrung zu objektivieren und sie in einem größeren historischen Kontext zu plazieren. Durch ihn erweisen sich die persönlichen Erfahrungen der Grete Weil als jüdische Erfahrungen.

Die späten Romane erschöpfen sich aber weder in der Fiktionalisierung der eigenen Autobiographie noch in der historischen Beglaubigung der Fiktion. Mit der Fiktion ist vielmehr ein Moment von Spiel verbunden. Die Geschichten Antigones oder Michals sind für die Erzählerinnen jeweils auch Fiktions-Spiele: Gegenentwürfe zur eigenen Biographie. In ihnen imaginiert die Autorin mit Hilfe anderer – mythischer – Figuren alternative Lebensgeschichten. Damit macht sie sich die spezifisch poetische Freiheit zunutze, von den Fakten abzuweichen und damit der Determination durch die Geschichte zu entgehen. Grete Weil hat, indem sie diesen Spielraum genutzt hat, der Freiheit, die in ihrem Leben fehlte, einen Ort gegeben – in der Literatur. »Freiheit. Was ist das?« heißt es in »Meine Schwester Antigone«: »Kein Zustand für Lebende. Leben, das unaufhörliche Bemühen, sie zunichte zu machen.«[55] Diese Spannung zwischen erfahrener Verfolgung und vorgestellter Freiheit zeichnet das Werk Grete Weils als Literatur »auf Grund von Auschwitz« aus. Es ist Verarbeitung eines kollektiven wie individuellen Traumas – aber nicht nur als einfache Darstellung dieser Erfahrung, sondern auch als ihre Befragung.

VIII. »Die Trennung«

Jüdischer Diskurs und deutsche Nachkriegsliteratur

1. Differenzen: Deutsche und deutsch-jüdische Literatur nach dem Krieg

Der jüdische Diskurs steht nicht im Zentrum der deutschen Nachkriegs-Literatur. Die literarischen Werke der 40er und 50er Jahre, die jüdisches Schicksal zum Thema haben, Paul Celans »Todesfuge«, Nelly Sachs' großer Zyklus »In den Wohnungen des Todes«, Grete Weils Novelle »Ans Ende der Welt«, blieben zunächst ohne Resonanz. Ihre Wirkungslosigkeit verweist auf die veränderte Stellung der jüdischen innerhalb der deutschen Literatur nach dem Holocaust. Wurde die deutsche Literatur im ersten Drittel des 20. Jahrhunderts noch wesentlich von jüdischen Autoren und Autorinnen geprägt, so ist sie nach 1945 von nicht-jüdischen Schriftstellern dominiert worden. Bezeichnend ist die Zusammensetzung der Gruppe 47, die bis in die 60er Jahre hinein die deutsche Literatur bestimmt hat. Unter ihren Mitgliedern befand sich zunächst kaum ein jüdischer Autor und mit Ilse Aichinger nur eine ›halbjüdische‹ Autorin.[1] Solche Äußerlichkeiten mögen leicht zu erklären sein; dennoch sind sie Symptome für die Differenz von deutscher Literatur und jüdischer Literatur deutscher Sprache in der Nachkriegszeit.

2. »Stimmen von draußen«:
Die Fortdauer des jüdischen Exils nach 1945

Marcel Reich-Ranicki hat 1966, 20 Jahre nach Kriegsende, in seinem Buch »Deutsche Literatur in Ost und West« jüdische Schriftsteller wie Robert Neumann, Manès Sperber, Hermann Kesten und Ludwig Marcuse als »Stimmen von draußen« charakterisiert.[2] Tatsächlich blieben viele deutsch-jüdische Autoren auch nach 1945 im Exil. Die gelegentlich noch heute beschworene Rückkehr der jüdischen Intellektuellen nach Deutschland[3] hatte ihre Grenzen. Eine große Zahl jüdischer Emigranten wagte die Remigration nicht; viele, die sie wagten, scheiterten.[4]

Unter den 15 Schriftstellern, die in dem von Wolfgang Weyrauch herausgegebenen Buch »Ich lebe in der Bundesrepublik« über ihr Verhältnis zu Deutschland schrieben, war kein jüdischer Autor.[5] In dem 1964 erschienenen Band »Ich lebe nicht in der Bundesrepublik«, einer kleinen Bestandsaufnahme der literarischen Emigration nach dem Ende des Nationalsozialismus, waren dagegen mehr als die Hälfte der 34 befragten Schriftsteller Juden. In seinem Vorwort »Das ewige Exil« konstatierte Hermann Kesten nicht nur die selbstgewählte Verlängerung der Emigration, sondern auch ein »neues freiwilliges Exil«[6] – trotz veränderter politischer Verhältnisse. Für diese Fortdauer des jüdischen Exils gibt es im Großen, unbeschadet mancher Differenzen im einzelnen, vor allem zwei Gründe: einen eher politischen und einen mehr literarischen.

Vielen Emigranten war es als Juden unmöglich, nach Deutschland zurückzukehren – selbst wenn ihre jüdische Identität oft in kaum mehr als einem Gefühl der Solidarität mit den ermordeten Juden bestand. Nicht nur Nelly Sachs und Paul Celan etwa fiel es schwer, überhaupt nur deutschen Boden zu betreten. Der Konflikt zwischen der deutschen und der jüdischen Identität ist gerade bei den emigrierten Schriftstellern deutlich, die sich vor 1933, selbst vor 1945 kaum als Juden verstanden hatten.

In seinem lakonisch kurzen Beitrag für das von Kesten herausgegebene Buch »Ich lebe nicht in der Bundesrepublik« hat Manès Sperber seine Gründe für die Verlängerung des Exils dargelegt:

Im Frühjahr 1943 erfuhr ich aus dem Munde eines Augenzeugen, was in Polen geschah. Der junge Mann, der mir an diesem verregneten Nachmittag in einem unaufhaltsamen, tragischen Wortschwall mit quälender Genauigkeit berichtete, was er in einigen jüdischen Städten und in Treblinka erlebt hatte, war dem Tode durch gute und üble Wunder entkommen. Er glaubte, daß er gerettet wäre. Doch war's offenbar, daß er fortab nur noch ein Überlebender sein würde.
Und mir war's gewiß, daß Deutschland mir niemals mehr sein konnte, was es für mich bis dahin – bis zu meinem 37sten Lebensjahr – stets gewesen war.[7]

Diese Nachricht hat Sperbers Verhältnis zu Deutschland tatsächlich grundlegend verändert:

Der Bruch ist unheilbar geblieben. Es gibt keine Rückkehr, weil es kein Vergessen und keine Tröstung geben darf.
[...]
Ja, ich gebe es zu, in meinem tiefsten Innern glaube ich, daß es noch während zweier oder dreier Generationen für Juden meiner Art unwürdig sein wird, in Deutschland zu leben und sich mit den Deutschen zu identifizieren.[8]

Daß die Vernichtung der europäischen Juden jüdische Exilanten daran hinderte, nach Deutschland zurückzukehren, hat nicht nur Manès Sperber betont.

In seinem Beitrag für den Band »Deutsche Juden heute« hat z.B. auch Ludwig Marcuse noch 1965 seine lange Zeit äußere, bis zuletzt jedoch innere Distanz zu Deutschland damit begründet, daß es »ein *deutsches Auschwitz* im zwanzigsten Jahrhundert«[9] gegeben habe. Nüchtern hat er »neue Wunschträume von einem deutsch-jüdischen Zusammenleben« kritisiert. »Ein deutsch-jüdischer Ausgleich reifte nicht«, stellte er fest und fügte hinzu: »Die Trennung ist da.«[10] Auf die Frage, ob er sich »mehr als Deutscher oder als Jude« fühle, hat er die Antwort gegeben:

Ich weiß nicht, was mit dem Fühlen-Sie-sich? gemeint ist. Aber ich weiß genau, daß ich vor allem Jude, Jude, Jude bin – solange Juden verfolgt werden [...].
Wäre dies nicht – ich bin in Berlin geboren, habe nur an deutschen Sätzen mein Vergnügen und verstehe nur deutsche Humorlosigkeit. Ich wäre so gern ein Deutscher geblieben und wurde ein jüdischer Amerikaner.[11]

3. Jüdische Exilliteratur und deutsche Nachkriegsliteratur

Die Erinnerung an den Holocaust ist allerdings nicht der einzige Grund für die Fortdauer des jüdischen Exils nach Kriegsende. Die Vertreibung jüdischer Autoren hat in der deutschen Literatur eine Teilung bewirkt, die auch nach 1945 nicht aufgehoben worden ist. Noch lange standen die Schriftsteller, die in Deutschland geblieben waren und während des Dritten Reichs reüssieren konnten, und die, die emigrieren mußten, einander unversöhnlich gegenüber. In seinem Essay »Andere Völker – andere Sitten« führte Hermann Kesten die Autoren an, die trotz ihrer nationalsozialistischen Vergangenheit nach 1945 weiterhin bedeutende Literaturpreise in Deutschland und Österreich erhalten hatten: Paul Alverdes, Gottfried Benn, Richard Billinger, Bruno Brehm, Georg Britting, Hermann Burte, Hans Carossa, Hermann Claudius, Heimito von Doderer, Gerd Gaiser, Bernt von Heiseler, Hans Egon Holthusen, Ernst und Friedrich Georg Jünger, Erwin Guido Kolbenheyer, Max Mell, Franz Nabl, Wilhelm von Scholz, Ina Seidel, Emil Strauß und Karl Heinrich Waggerl. Voll Zorn, auf sie wie auf den Literaturbetrieb, nannte Kesten diese Autoren die »preisgekrönten Nazis, Supernazis, SS-Männer, Hitler-Hymniker und Quisling-Präsidenten zur Förderung des Faschismus«.[12] Für Kesten repräsentierten sie eine schlechte Kontinuität der deutschen Literatur, die Exilanten wie ihn nur mit Mißtrauen erfüllen konnte.

Auch solcher Verhältnisse wegen sind viele vertriebene jüdische Autoren nicht nach Deutschland zurückgekehrt. Manche, die zurückkehrten, fanden keine Resonanz mehr und verließen Deutschland erneut. Der bekannteste Fall einer gescheiterten Remigration ist der Alfred Döblins.[13] Noch 1945 war er als Offizier der französischen Armee zurückgekehrt, engagiert für die Reedukation der Deutschen. Als er 1953 Deutschland wieder verließ, schrieb er an Bundespräsident Theodor Heuss: »Es war ein lehrreicher Besuch, aber ich bin in diesem Lande, in dem ich und meine Eltern geboren sind, überflüssig.«[14]

Döblin fühlte sich nicht nur politisch gescheitert in einer Umgebung, die er als »rein nationalistisch und unfrei, reaktionär«[15] empfand, sondern auch literarisch. Seine Zeitschrift

»Das Goldene Tor« mußte er 1951 einstellen; seine alten Bücher wie »November 1918« sah er »ziemlich allgemein boykottiert«;[16] für seinen neuen Roman »Hamlet oder Die lange Nacht nimmt ein Ende« fand er in West-Deutschland keinen Verleger mehr. Gleichzeitig mußte er erleben, daß die Bücher Benns erfolgreich waren – dieses »Burschen, der damals von dem Ende des Nihilismus schrieb, und uns Emigranten wütend beschimpfte«.[17]

Auch wenn die Ära der konservativen Schriftsteller der Vorkriegszeit bald zu Ende ging, wurden doch die Bedingungen für die jüdischen Exilanten nicht unbedingt besser. Walter Mehring etwa kehrte 1953 aus dem amerikanischen Exil in die Bundesrepublik zurück, verließ sie aber schon nach fünf Jahren wieder und lebte danach bis zu seinem Tod zumeist in der Schweiz – enttäuscht und verbittert »aufgrund des gänzlichen Mißerfolgs seiner Bücher in Deutschland«.[18] Zu Mehrings 60. Geburtstag, den er schon in Zürich feierte, hat Friedrich Dürrenmatt das Schicksal jüdischer Emigranten, deren Leben er »eine moderne Odyssee« nennt, nüchtern und knapp beschrieben:

Odysseus hat entweder heimzukommen oder umzukommen, beides ist für den Ruhm gleich dankbar, Mehring ist nur davongekommen. Damit läßt er es bewenden. Sein Ithaka ist untergegangen. Es gibt keine Heimkehr mehr, auch wenn er nun in Europa haust.[19]

Mehring selbst hat für das Scheitern seiner Remigration vor allem die Verhältnisse im westdeutschen Literaturbetrieb verantwortlich gemacht. In dem ihm eigenen polemischen Ton hat er 1964 erklärt, er lebe nicht in der Bundesrepublik, »weil die, zur Zeit, zeitgemäße, neudeutsche Literatur kein Resonanz-(Blut- und)-Boden für mich ist«.[20]

Ludwig Marcuse, der nach 30 Jahren aus dem Exil zurückkehrte, weil er seine letzten Jahre »deutsch-literarisch verbringen« wollte, »nicht amerikanisch-akademisch«,[21] hat eine ähnliche Erfahrung gemacht: »Der deutsche Literatur-Betrieb ist die letzte geschlossene Gesellschaft in unserer Welt«,[22] schrieb er in dem von Hermann Kesten herausgegebenen, ihm gewidmeten Band »Ich lebe nicht in der Bundesrepublik«. Ausgeschlossen vom Literatur-Betrieb der 60er Jahre, lebte er, »ein alter, jüdischer Rausgeworfener und Wiedergekommener«, nach eigenem Bekunden »in jenem Exil, das ich, in leichter Variation eines denkwürdigen Worts, innerste Remigration nennen möchte«.[23] Anders als Döblin und Mehring hat Marcuse zwar die Bundesrepublik nicht wieder verlassen; seine Rückkehr aber hat auch er als gescheitert angesehen.[24]

Eine wesentliche Ursache für die Verbitterung mancher Exilanten ist das schwierige, ja gespannte Verhältnis zwischen ihnen und der Gruppe 47 gewesen.[25] Nicht wenige von ihnen fühlten sich durch die Gruppe bedrängt und verdrängt. Sie sahen in ihr einen Zirkel junger Autoren, die beanspruchten, die deutsche Nachkriegsliteratur zu repräsentieren, von der deutsch-jüdischen Literatur des 20. Jahrhunderts und der Exilliteratur aber wenig wissen wollten.[26] Die Schriftsteller der Nachkriegsgeneration wiederum betrachteten die jüdischen Exilanten oft als Relikte einer literarischen Kultur der 20er Jahre, die mit der Weimarer Republik untergegangen war. In seinem Essay »Deutsche Literatur in der Entscheidung« nannte Alfred Andersch 1948 die Vorbilder der jungen Autoren-Generation – vor allem Sartre, Camus und Faulkner. Auch wenn er mit Thomas Mann einen Emigranten besonders würdigte – ein deutsch-jüdischer Schriftsteller war bezeichnenderweise nicht unter seinen Vorbildern.[27]

Typisch erscheint eine Anekdote, die Robert Neumann in seiner Autobiographie »Ein leichtes Leben« unter dem Titel »Mein Feind Andersch« erzählt. Sie handelt von einer »kleine[n] literarische[n] Auseinandersetzung mit meinem Freund Alfred Andersch«,[28] deren Gegenstand Ionesco und Beckett waren. Die Meinungsverschiedenheiten, von Neumann ironisch und selbstironisch beschrieben, führten dazu, daß der »Freund« zum »Feind«[29] wurde. »Zwischen uns«, schreibt Neumann, mit Humor, aber nicht ohne Ernst, »liegt – nein, nicht eine Generation, zwischen uns liegt eine ganze Welt.«[30] Trotz mancher »Übereinstimmung in den politischen Positionen«[31] waren die »Verständigungsschwierigkeiten«[32] zwischen den Exilanten und den Autoren der Gruppe 47 nicht zu beheben.

4. Identitätsprobleme deutsch-jüdischer Schriftsteller: Hilde Domin, Wolfgang Hildesheimer, Jean Améry

Die Fortdauer der Emigration ist die Bedingung, unter der die jüdische Nachkriegsliteratur stand. »Daß für manche Schreibende die Zugehörigkeit zur Exil-Literatur überhaupt erst nach 1945 begann, für andere die Nachkriegstätigkeit nichts als eine Fortsetzung des Exils bedeuten konnte«, hat Michael Hamburger noch 1981 betont. An der Fortsetzung der Exilliteratur waren, so Hamburger,

Schriftsteller mehrerer Generationen beteiligt: nicht nur solche, die wie Paul Celan, Erich Fried, Wolfgang Hildesheimer oder Jakov Lind erst nach 1945 zur Reife gelangten, sondern auch alle schon vor dem Krieg bekannten, die nicht aus der Emigration zurückkehrten, dazu noch solche, die [...] erst nach 1945 emigrierten, mit einem ethischen Anspruch auf Exil, der mindestens so gültig ist, wie jener von manchen früher emigrierten Autoren, deren Werk durch den Umstand der Emigration nicht wesentlich beeinträchtigt wurde.[33]

Zu diesen Autoren hat Hamburger etwa H.G. Adler oder Jean Améry gerechnet, die beide »aus dem Konzentrationslager befreit«[34] werden mußten, bevor sie emigrieren konnten.

Die Fortdauer des jüdischen Exils geht mit einer Zerstreuung der deutsch-jüdischen Literatur nach Kriegsende einher. Bezeichnenderweise haben die jüdischen Autoren, die nach 1945 in deutscher Sprache veröffentlichten, selbst keine *Gruppe* gebildet – zumindest keine, die der Gruppe 47 auch nur annähernd vergleichbar gewesen wäre. Sie waren dazu durch ihr Exil auch kaum in der Lage. Auf die eine oder andere Weise waren sie alle Überlebende des Holocaust, und sie hielten sich deshalb oftmals von Deutschland fern. Viele von ihnen wie Nelly Sachs, Paul Celan, Erich Fried, Peter Weiss oder Wolfgang Hildesheimer veröffentlichten zwar in deutschen Verlagen, lebten aber im Ausland. So kehrten zwar ihre Werke, nicht aber sie selber nach Deutschland zurück.

In dieser Situation konnte es den jüdischen Autoren nach 1945 kaum gelingen, eine eigene Gruppe zu bilden. Was Moritz Goldstein schon 1912 beklagt hatte: daß es »das Organ, das alle schaffenden Juden, eben als Juden, vereinigt«, noch nicht gebe, galt in der deutschen Literatur nach 1945 weiterhin. Allerdings ist es fraglich, ob die jüdischen Schriftsteller überhaupt eine Gruppe hätten bilden können. Die Tatsache, daß sie außerhalb Deutschlands lebten, in einem selbstgewählten Exil, begründete noch keinen literarischen Zusammenhalt. Die Exilliteratur war schon in sich verschiedenartig bis zum Gegensatz; mit der jüdischen Nachkriegsliteratur aber verband sie kaum noch etwas. Zwischen Paul Celan und Walter Mehring, zwischen Grete Weil und Alfred Döblin, selbst zwischen Nelly Sachs und Else Lasker-Schüler gibt es nicht viele literarische Gemeinsamkeiten.

Es waren aber nicht nur unterschiedliche poetische Traditionen, die die jüdischen Autoren der Nachkriegszeit trennten. Die Differenz zwischen einer deutsch-jüdischen und einer jüdischen Literatur deutscher Sprache, wie sie im Exil deutlich geworden war, bestand auch nach 1945 fort. Viele jüdische Schriftsteller und Schriftstellerinnen der deutschen Nachkriegsliteratur hatten keine jüdische Identität – und wollten auch keine haben. Das bekannteste Beispiel dafür ist Hilde Domin. In ihrem »Offene[n] Brief an Nelly Sachs« hat sie sich 1960 mit dem Wort auseinandergesetzt, Nelly Sachs sei »ein jüdischer Dichter«. »Thematisch gesehen«, schreibt sie, »bist Du's.«[35] Gegen diese Einschätzung bringt sie jedoch ihre Überzeugung vor, daß ein »Dichter von Rang [...] für alle« schreibe: »Daher also schreibst Du für alle. Ganz wie die Droste, ganz wie die Lasker. Oder wie Mombert oder wie Trakl oder wer immer.«[36] Zwar gesteht sie Nelly Sachs – und ähnlich wohl auch sich selber – zu, »Jude« zu sein, auch »Dichter jüdischen Schicksals«, doch schließt sie daran die Warnung: »Mögen die Gutmeinenden uns kein falsches und sentimentales Etikett umhängen. Die Stimme wird gehört, weil sie eine *deutsche* Stimme ist.«[37]

Hilde Domins Argumentation verrät ihr Selbstverständnis, zwar Jüdin, aber keine jüdische Dichterin zu sein. Dieser Haltung ist sie treu geblieben. Noch 1991 etwa haben sie und Günter Kunert die Teilnahme an einem Symposion zur deutsch-jüdischen Literatur nach 1945 abgelehnt, weil sie sich nicht als deutsch-jüdische Autoren begreifen: »sie verstehen sich als Schriftsteller deutscher Sprache und in diesem Sinne unzweideutig als deutsche Schriftsteller.«[38] Diese Distanz zum Judentum ist durchaus typisch. Es verdankt sich einem universalistischen Denken in der Tradition der Aufklärung, das charakteristisch nicht nur für das assimilierte jüdische Bürgertum vor 1933 war, das auch die deutsche Literatur nach 1945 geprägt hat.[39] Hilde Domin ist nicht die einzige deutsch-jüdische Autorin, die diesem Denken nach dem Holocaust verbunden blieb.

Ähnlich wie sie hat Wolfgang Hildesheimer sein Judesein bestimmt. »Am ehesten noch«, schrieb er 1978, »würde ich es als Zugehörigkeit zu einer Schicksalsgemeinschaft definieren«. Doch fügte er hinzu: »mein Judesein wirft keine brennenden Fragen auf und stellt mich nicht vor Entscheide«.[40] Zu Juden fühle er keine tiefere Verbindung als zu Nicht-Juden; Paul Celan sei »vielleicht der einzige Mensch, der unser gemeinsames Judesein als etwas Verbindendes empfand«.[41]

In seinen Bemerkungen »Über Zwang und Unmöglichkeit, Jude zu sein«, hat Jean Améry die Problematik einer solchen jüdischen Identität in aller Klarheit beschrieben. Ähnlich wie Hildesheimer, ähnlich auch wie Grete Weil und Hilde Domin hat er sein Judesein als Zugehörigkeit zu einer »Schicksalsgemeinschaft« bestimmt: als »Solidarität mit allen bedrohten Juden der Welt«.[42] Für andere Juden sei das »wenig oder gar nichts«.[43] Denn er sei ein »Jude ohne positive Bestimmbarkeit«:[44] »Ich teile mit den Juden als Juden so gut wie nichts: keine Sprache, keine kulturelle Tradition, keine Kindheitserinnerungen.«[45] Seine jüdische Identität ist negativ definiert – durch die Erfahrung der Verfolgung:

Jude sein, das war Annahme des Todesurteils durch die Welt als eben eines Welturteils, vor dem Flucht in die Innerlichkeit nur Schmach gewesen wäre, zugleich aber der physische Aufruhr dagegen. Ich wurde Mensch, nicht indem ich mich innerlich auf mein abstraktes Menschentum berief, sondern indem ich mich in der gegebenen gesellschaftlichen Wirklichkeit als revoltierender Jude auffand und ganz realisierte.[46]

In diesem Sinn bezeichnet sich Améry auch, abkürzend, als »Katastrophenjude«.[47] Verfolgt und mit der Vernichtung bedroht, hat er sich zu seinem Judesein bekannt – »in der Erkenntnis und Anerkenntnis des Welturteils über die Juden«.[48] Ein solches Bekenntnis zum Judesein ist ein Versuch, die Würde wieder zu gewinnen, die den Juden in einem politischen Prozeß genommen wurde, »der mit der Verkündung der Nürnberger Gesetze anhub und in direkter Konsequenz bis nach Treblinka führte«.[49]

Jude zu sein bedeutet für Améry: in der »Revolte«[50] zu leben; sich in der Welt »ohne Weltvertrauen«[51] einrichten zu müssen; zur Gesellschaft ein Verhältnis der »Polemik«[52] zu haben; um den »Wiedergewinn der Würde« und für »Freiheit«[53] zu kämpfen. Mit solchen Formulierungen hat sich Améry zu einer radikal aufklärerischen Tradition bekannt. Auch wenn sie wesentlich von jüdischen Intellektuellen getragen wurde, ist sie doch nicht eigentlich jüdisch zu nennen. Sein Judesein, erklärte Améry daher, könne »keine positive Kommunität schaffen zwischen mir und meinen jüdischen Mitmenschen«:[54] »Das Bestehen oder Verschwinden des jüdischen Volkes als einer ethnisch-religiösen Kommunität bringt mein Gemüt nicht in Aufruhr.«[55] Schriftsteller wie Jean Améry oder Wolfgang Hildesheimer konnten und wollten daher einen jüdischen Diskurs in der deutschen Literatur nicht etablieren. Begriffen sie sich auch als Juden, wenngleich in einem eingeschränkten Sinn jenseits jeder nationalen oder religiösen Identität, so verstanden sie sich doch kaum als jüdische Schriftsteller. Ihre moralische Autorität, ihr Engagement führten sie der deutschen Literatur zu.

5. Die Marginalität jüdischer Diskurse: Manès Sperber und Paul Celan

Die Differenzen zwischen der deutschen und der deutsch-jüdischen Literatur und die Differenzen innerhalb der deutsch-jüdischen Literatur haben den jüdischen Diskurs in der deutschen Nachkriegsliteratur zu einer minoritären Angelegenheit gemacht. Seine Tradition, von Kafka bis Döblin, war im Gedächtnis der literarischen Öffentlichkeit nicht gegenwärtig. Der jüdische Diskurs der 20er und 30er Jahre blieb lange Zeit vergessen und hat keine Wirkung auf die deutsche Literatur der 50er und 60er Jahre gehabt. Seine wichtigsten Zeugnisse fanden auch nach dem Krieg kaum den Weg zum deutschen

Publikum. Robert Neumanns Roman »An den Wassern von Babylon« etwa erschien 1954, 15 Jahre nach seiner Erstveröffentlichung, in einer deutschen Ausgabe, ohne allerdings auf große Resonanz zu stoßen. Döblins »Jüdische Erneuerung« (1933) wurde erst 1970 wieder nachgedruckt, »Flucht und Sammlung des Judenvolks« (1935) gar nicht.

Kaum mehr Beachtung fand der jüdische Diskurs in der Literatur von Exilanten nach 1945, wie das Beispiel Manès Sperbers belegt. Der letzte Teil seiner großen Roman-Trilogie »Wie eine Träne im Ozean« enthält die Erzählung von der Zerstörung eines jüdischen Städtchens in Polen. Auf André Malrauxs Drängen hin publizierte Sperber diese Erzählung als Novelle schon 1952, ein Jahr nach ihrer Fertigstellung, in einer französischen Übersetzung.[56] Auf Deutsch lag seine Trilogie dagegen erst fast ein Jahrzehnt später vor: 1961. Daß sie in ihrem letzten Teil »die Ausrottung einer jüdischen Stadt in Polen durch die Nazis«[57] schildert, ist zwar von anderen jüdischen Exilanten wie Hermann Kesten gewürdigt, von einem bundesdeutschen Rezensenten wie Marcel Reich-Ranicki aber mit keinem Wort erwähnt worden.[58]

Nicht nur die jüdische Exilliteratur stieß auf solche Rezeptionsschwierigkeiten. Selbst Paul Celans Stellung in der deutschen Literatur war während der 50er und sogar noch in den frühen 60er Jahren keineswegs so unangefochten, wie sie es inzwischen ist. Zwar hat er seit 1957 eine Reihe von bedeutenden deutschen Literaturpreisen erhalten, vor allem den Bremer Literaturpreis und den Büchner-Preis. Doch bis zum Ende seines Lebens sah er sich immer wieder Mißverständnissen und Vorwürfen ausgesetzt, die er als neuerliche Versuche antisemitischer Ausgrenzung auffaßte.

Für ungefähr ein Jahrzehnt haben die zuerst 1953 von Claire Goll gegen ihn erhobenen, dann 1960 wiederholten Plagiatsvorwürfe seine Rezeption in der Bundesrepublik überschattet.[59] Auch wenn die Vorwürfe schließlich von Autoren wie Ingeborg Bachmann und Hans Magnus Enzensberger zurückgewiesen und von einem Literaturwissenschaftler wie Peter Szondi widerlegt wurden, haben ihre Nachwirkungen Celan doch bis 1967 beschäftigt. Der psychische Schaden war dauerhaft. Celan, hat sein Biograph John Felstiner festgestellt, »kam über die Sache niemals hinweg«.[60]

Auch die Rezeption seines berühmtesten Gedichts, der »Todesfuge«, erwies sich bald als problematisch. Nach John Felstiner gäbe sie »fast ein Moralitätenspiel zum Thema Kunst gegen Geschichte«[61] ab. Tatsächlich war das Gedicht manchen heute unverständlichen Fehldeutungen ausgesetzt, auch bald »auf dem Weg [...], vereinnahmt zu werden«[62] als vermeintlicher Ausdruck deutsch-jüdischer Versöhnung. Celan selbst fand es Mitte der 60er Jahre »nachgerade schon lesebuchreif gedroschen«.[63] Er mußte sogar feststellen, daß Adornos bekanntes Diktum über Gedichte nach Auschwitz (»Nach Auschwitz ein Gedicht zu schreiben ist barbarisch«) »allgemein auf [die, D.L.] *Todesfuge* bezogen wurde«.[64] Als etwa Reinhard Baumgart im »Merkur« fragte, ob das Gedicht »nicht schon zuviel Genuß an Kunst, an der durch sie wieder ›schön‹ gewordenen Verzweiflung« beweise, bemerkte Celan grimmig, das Gedicht sei »ein einziger Dank an die Mörder von Auschwitz«: »jetzt, beim streng nach Adorno [...] denkenden Merkur, weiß man endlich, wo die Barbaren zu suchen sind«.[65]

Auf Lesereisen bekam Celan den Eindruck, »die Antisemiten« hätten ihn »ausfindig gemacht«;[66] so berichtete er etwa von der »Wiederbegegnung mit dem Nazitum [...] in einem der Hörsäle der Universität Bonn«.[67] Auch einigen seiner Kritiker, wie etwa Günter Blöcker, unterstellte er »Antisemitismus«.[68] Celan war zweifellos »hypersensibel gegen alles, was auch nur entfernt geeignet schien, ihn zu diskreditieren«.[69] Dennoch empfand nicht nur er selbst sich als einen »Außenseiter«[70] innerhalb der deutschen Nachkriegsliteratur.

An die Gruppe 47 fand auch er bezeichnenderweise keinen Anschluß. Nur ein Mal, 1952 in Niendorf an der Ostsee, hat Celan auf einer ihrer Tagungen gelesen und dies später seinem Lektor Klaus Wagenbach gegenüber als »Katastrophe«[71] bezeichnet. Auf jeden Fall scheint er auf einiges Unverständnis gestoßen zu sein. Von Hans Werner Richter wird das abfällige Urteil überliefert, Celan habe »in einem Singsang vorgelesen wie in einer Synagoge«.[72]

Bis zu seinem Tod 1970 blieb Celan in der deutschen Nachkriegsliteratur ein Einzelgänger, eine singuläre Figur. Die Autoren und Autorinnen, denen er sich verbunden fühlte, führten – mit Ausnahme von Ingeborg Bachmann – eine ähnlich randständige Existenz wie er. Weder Alfred Margul-Sperber, sein

Bukarester Mentor, noch Franz Wurm, sein Schweizer Schriftsteller-Freund, nicht einmal Nelly Sachs spielten in der deutschen Literatur nach 1945 eine wichtige Rolle.

Das ist sicher auch in der Zugehörigkeit zu anderen als den während der 50er und 60er Jahre wirksamen literarischen Traditionen begründet. Auffällig ist der Abstand der Gedichte Celans zur deutschen Lyrik der Nachkriegsliteratur. Sie lassen sich weder der anfangs in der Gruppe 47 propagierten Kahlschlag-Literatur zuordnen, ja im Sinn der Gruppe konnten sie nicht einmal als engagiert gelten, noch ähneln sie der sich als monologisch verstehenden nihilistischen Lyrik der Zeit. Der Poetik und lyrischen Praxis des ›absoluten Gedichts‹, die sich vor allem mit dem Namen Benn verband, stand Celan kritisch gegenüber. Seine eigene Poetik, wie er sie etwa 1958 auf eine Umfrage der Pariser Librairie Flinker hin skizzierte, zielte auf eine andere Poesie:

> Düsterstes im Gedächtnis, Fragwürdigstes um sich herum, kann sie [d.i. die deutsche Lyrik, D.L.], bei aller Vergegenwärtigung der Tradition, in der sie steht, nicht mehr die Sprache sprechen, die manches geneigte Ohr immer noch von ihr zu erwarten scheint.[73]

Seltsam fremd nimmt sich Celans knapper poetologischer Brief in der von Hans Bender herausgegebenen Anthologie »Mein Gedicht ist mein Messer« von 1961 aus – in der er im übrigen der einzige deutsch-jüdische Dichter ist. Sein Brief ist auch weniger ein eigener poetologischer Entwurf als der Versuch einer Abgrenzung von der deutschen Lyrik um 1960. Das »Herumexperimentieren mit dem sogenannten Wortmaterial«[74] verwirft Celan ebenso wie die modische Vorstellung vom poietischen »›Machen‹«, das »über die Mache allmählich zur Machenschaft wird«.[75]

Die Position eines Außenseiters erklärt sich im Fall Celans aber nicht allein aus seiner Zugehörigkeit zu einer anderen literarischen Tradition. Es ist nicht zuletzt der jüdische Diskurs seiner Lyrik, der ihn für einige Zeit zu einer Randfigur der deutschen Nachkriegsliteratur gemacht hat. Jüdische Erfahrung, die Grundlage seiner Dichtung, ist kein zentrales Thema der deutschen Literatur nach 1945. Selbst in der Nachkriegsliteratur im engeren Sinn, also der noch in den späten 40er und frühen 50er Jahren entstandenen Literatur über den 2. Weltkrieg und seine Folgen, steht sie nicht im Vordergrund. Nur in vergleichsweise wenigen Werken kommt sie überhaupt zur Sprache. Die westdeutsche Literatur der 40er und 50er Jahre ist zwar – ähnlich wie die ostdeutsche – wesentlich Kriegs- und Nachkriegsliteratur, kaum aber Holocaust-Literatur. Der Genozid an den europäischen Juden war in der Auseinandersetzung mit dem Nationalsozialismus nicht von zentraler Bedeutung. »Die Shoa«, hat Gert Mattenklott festgestellt, »hat die deutschsprachigen Autoren in den ersten Jahren der Bundesrepublik wenig beschäftigt«.[76] Tatsächlich ist die Holocaust-Literatur gerade in Deutschland lange Zeit fast ausschließlich eine Sache jüdischer Autoren und Autorinnen geblieben. Als ›Literatur über Auschwitz‹ wie als ›Literatur auf Grund von Auschwitz‹ aber konnte der jüdischen Literatur im Deutschland der Nachkriegszeit nur eine marginale Bedeutung zufallen.

6. Die Verdrängung des Holocaust in der deutschen Nachkriegsliteratur

»Daß Juden in der deutschen Literatur nach 1945 ›eigentlich nicht‹ vorkommen«,[77] mag es nahelegen, von einer Verdrängung des Holocaust in der deutschen Nachkriegsliteratur zu sprechen. Die harmonistische (Natur-)Lyrik der 40er Jahre, schon von Adorno ihres Heile-Welt-Pathos wegen scharf kritisiert,[78] mag diesen Verdacht auch bestätigen. Dennoch gibt es für die Tatsache, daß die deutsche Nachkriegsliteratur sich nur wenig mit jüdischem Schicksal beschäftigt hat, noch andere Gründe. Das Schweigen vieler deutscher Nachkriegs-Autoren zu den Greueln der nationalsozialistischen Judenverfolgung ist nicht immer nur als ein Zeichen für ein moralisches und intellektuelles Versagen auszulegen.

Gerade die jüngeren deutschen Autoren, die erst nach 1945 die Gelegenheit erhielten, zu veröffentlichen, waren zumeist ganz mit der Verarbeitung ihrer eigenen Erlebnisse im Krieg beschäftigt. Nicht allen war die besondere Schwere gerade des jüdischen Leidens bewußt. Heinrich Bölls frühe Romane und Erzählungen etwa sind bestimmt von einem universalistischhumanen Pathos der Solidarität, die allen Opfern des Nationalsozialismus gleichermaßen gilt, und sie stellen deshalb die Juden in die Reihe dieser Opfer, zusammen etwa mit katholischen Widerstands-Kämpfern oder zum Kriegsdienst verpflichteten Kindern.

Weiter wird man bedenken müssen, daß Betroffen*sein* und Betroffenheit *zeigen* nicht unbedingt dasselbe ist. Unter deutschen Autoren hat es eine große Scheu gegeben, den Holocaust zum Thema der Literatur zu machen. Peter Rühmkorf z.B. hat diese Hemmung noch 1989 bekannt – aus Anlaß seines dem Verhältnis der Deutschen zu den Juden gewidmeten Gedichts »So müde, matt, kapude«.[79] Eine solche Zurückhaltung hat letztlich moralische Gründe. Nachhaltig hat in der deutschen Literatur der von Adorno formulierte Argwohn gewirkt, die Dichtung könne aufgrund ihrer ästhetischen Verfaßtheit gar nicht anders, als das Grauen zu beschönigen.

Schon deshalb muß man zugestehen, daß Schweigen nicht gleich Schweigen ist. Nicht jedem Autor, der darauf verzichtet hat, in seinen Werken jüdisches Schicksal literarisch darzustellen, kann man unterstellen, er sei moralisch gleichgültig oder gar blind gewesen. Das beste Beispiel dafür dürfte Wolfdietrich Schnurre sein. Erst 1982, fast vier Jahrzehnte nach Kriegsende, hat er mit »Ein Unglücksfall« einen Roman über das deutsch-jüdische Verhältnis veröffentlicht, dessen Thema die deutsche Schuld an den Juden ist. Wer das Werk Schnurres kennt, weiß jedoch, wie lange ihn dieses Problem zuvor beschäftigt hat. Sein großes Aufzeichnungswerk »Der Schattenfotograf« (1978) ist auch das Dokument einer Beschäftigung mit jüdischer Kultur, die Schnurre zu einem Kenner nicht nur jüdischer Literatur und Philosophie, sondern ebenso jüdischer Religion gemacht hat. Gerade diese intensive Beschäftigung aber hat ihn besonders vorsichtig, ja skrupulös im Hinblick auf jede literarische Darstellung jüdischen Leidens gemacht.[80]

7. Der Diskurs über Juden in der deutschen Nachkriegsliteratur: Heinrich Böll und Günter Grass

Die Differenz zwischen der deutschen Literatur und der jüdischen Literatur deutscher Sprache der Nachkriegszeit wird in dem nicht-jüdischen Diskurs über Juden vollends deutlich. Die jüdischen Figuren, die in Romanen der 50er und 60er Jahre dargestellt werden, sind Stereotypen ähnlich, zudem durchweg Juden ohne jüdische Identität. Typisch ist die zum Katholizismus konvertierte Jüdin Ilona Kartök in Heinrich Bölls erstem Roman »Wo warst du, Adam?« (1951). Bei ihrer Einlieferung in ein Konzentrationslager wird sie von dem sadistischen Lager-Kommandanten erschossen, während sie die Allerheiligenlitanei singt. Für den SS-Offizier, der ein nur an Musik und Rassekunde interessierter Ästhetizist ist, repräsentiert die katholisch getaufte Jüdin all das, was er bei den Ariern bislang »vergebens« gesucht hat: »Schönheit und Größe und rassische Vollendung«.[81] »Diese Ilona Kartök«, schreibt Michael Serrer, »ist kein differenziert beschriebenes Individuum, sondern ein Konstrukt aus verschiedenen Stereotypen: der schönen jungen Jüdin, dem zum Christentum bekehrten Juden und einem Bild, das entsteht, wenn man alle antisemitischen Vorurteile in ihr Gegenteil verkehrt.«[82]

Ähnlich schemenhaft bleibt in Günter Grass' Roman »Die Blechtrommel« (1959) der jüdische Spielzeugwaren-Händler Sigismund Markus, von dem Oskar seine Blechtrommeln bezieht. Markus, der auf Oskar achtgibt, während seine Mutter sich mit ihrem Geliebten Jan Bronski trifft, ist ein weiterer, allerdings chancenloser Verehrer von Agnes, der hofft, nach seiner Taufe mit ihr und Oskar in England ein neues Leben beginnen zu können. Agnes weist ihn jedoch ab, »wegen Bronski«.[83] Später erfährt man, daß er sich das Leben genommen hat. Auch Markus ist nur eine Nebenfigur, die kaum mehr als eine größere Szene hat, und an seiner Darstellung ist ebenfalls »eine ganze Reihe von stereotypen Zügen«[84] kritisiert worden: er ist ein häßlicher Trödeljude, eine etwas komische Figur, erfüllt von der Sehnsucht nach einer arischen Frau.

Diese beiden Beispiele sind durchaus typisch für die Darstellung von Juden in der deutschen Nachkriegsliteratur. Bei Böll erscheint die Jüdin so assimiliert, daß sie als Jüdin kaum noch kenntlich ist. Ihr Schicksal ist gleichermaßen das einer Jüdin wie einer Christin. Bei Grass wird dem Juden auch privat die Aufnahme in die nicht-jüdische Gesellschaft versagt, so daß er ein Außenseiter bleiben muß. Beide Figuren sind Juden, die keine Juden sein wollen. Eine positive jüdische Identität haben sie nicht. Ihr Wunsch ist es, gerade nicht als Juden zu gelten, und sie scheitern schließlich daran, daß man ihnen eben dies verweigert.

Auch spätere Darstellungen von Juden in Romanen von Grass und Böll zeigen ein kaum verändertes Bild. Eduard Amsel, einer der Protagonisten von »Hundejahre« (1963), ist ein begeisterter Leser von Otto Weiningers »Geschlecht und Charakter«, der überzeugt davon ist, daß Juden aufhören sollten, Juden zu sein. Rahel Ginsburg in Bölls Roman »Gruppenbild mit Dame« (1971) schließlich ist eine weitere zum Katholizismus konvertierte Jüdin.

8. Die Wiederentdeckung des deutsch-jüdischen Intellektuellen: Alfred Anderschs »Efraim«

Die Problematik solcher Darstellung jüdischer Figuren ist nicht nur in ihrem sterotypen Charakter begründet, in der bloßen Umkehrung negativer in positive Stereotype. Sie sind Fremdbilder, die jüdischem Selbstverständnis kaum entsprechen können.[85] Die Jüdischkeit der Figuren wird nicht thematisiert; sie bleibt ein blinder Fleck. Ein anderes Bild jüdischer Gestalten findet sich in der deutschen Nachkriegsliteratur erst Mitte der 60er Jahre. Nicht zufällig verraten sie eine intensive Beschäftigung mit deutsch-jüdischer Literatur. Das bedeutendste Beispiel dafür ist Alfred Anderschs Roman »Efraim« (1967): der erste Roman eines nicht-jüdischen Autors der deutschen Nachkriegsliteratur, der eine jüdische Hauptfigur hat. Dies ist Georg, jetzt: George Efraim, ein deutsch-jüdischer Emigrant, naturalisierter Engländer und Korrespondent einer britischen Wochenzeitung, der von seinem Chefredakteur Keir Horne im Herbst 1962 nach Berlin geschickt wird. Offiziell soll er die

Auswirkungen der Kuba-Krise auf die geteilte Stadt beschreiben; zugleich erhält er inoffiziell von Keir Horne den Auftrag, nach dem Schicksal von Esther Bloch zu forschen, der unehelichen Tochter Hornes und Marion Blochs, einer Bekannten der Eltern von Efraim.

Die Reise nach Berlin wird für Efraim zur Begegnung mit seiner Vergangenheit. Er sucht sein Elternhaus auf, erinnert sich an das Schicksal seines Vaters, der in Theresienstadt, und seiner Mutter, die in Auschwitz ermordet wurde, und findet den letzten Aufenthaltsort von Esther Bloch heraus, ein Internat der Karmeliterinnen, das sie 1938 verlassen hat. Danach verliert sich ihre Spur im Dunkeln.

In Berlin beginnt Efraim, der im Begriff ist, sich von seinem Beruf zu lösen, wieder Deutsch zu schreiben: der Journalist wird zum Schriftsteller. Der Roman besteht aus den Aufzeichnungen, die Efraim zwischen November 1962 und Sommer 1965 in Berlin, Rom und London führt und die er zu einem Roman verarbeiten will. Das Buch endet mit der Erzählung seiner eigenen Drucklegung.

Der Roman lebt von Anderschs Interesse für den Typus des deutsch-jüdischen *Intellektuellen* – und schon das unterscheidet sein Buch von den Darstellungen jüdischer Figuren bei Böll oder Grass. Der Jude, wie ihn Andersch schildert, ist eine Figur des literarischen Lebens: ein Emigrant und ein Autor. Tatsächlich erinnert Efraim an einige exilierte deutsch-jüdische Schriftsteller, die während der 60er Jahre wieder Aufmerksamkeit fanden, allen voran Jean Améry, der, wie Efraim, im Ausland lebte, aber auf Deutsch schrieb. 1971 veröffentlichte Andersch einen Essay über Améry, »Anzeige einer Rückkehr des Geistes als Person«, der wie sein Roman der Hoffnung Ausdruck verlieh, daß jüdische Emigranten, wenn nicht nach Deutschland, so doch zumindest in die deutsche Sprache zurückkehren mögen.

In diesem Essay hat Andersch die Formulierung Amérys von dem »Zwang« und der »Unmöglichkeit, ein Jude zu sein« aufgegriffen, um das Thema seines Romans zu bezeichnen.[86] Tatsächlich zeigt sich Andersch in seinem Buch daran interessiert, was es heißt, nach 1945 ein jüdischer Intellektueller zu sein – als jemand der seine Heimat, seine Familie und seinen Glauben verloren hat. Efraim ist daher auch kein gläubiger

Jude. Er begreift sich als Jude vor dem Hintergrund des Holocaust: das ist seine jüdische Identität.

Soweit ich Jude bin, bin ich es durch das Ende meiner Eltern und durch die Erziehung geworden, die mein Onkel Basil mir angedeihen ließ, einerseits also in der grellen Helligkeit eines Schreckens, für den es keine Erklärung gibt, andererseits in einem Halblicht von mystischer Toleranz, in dem transparenten Schatten Spinozas.[87]

Weil er keine andere, insbesondere religiöse oder nationale jüdische Identität besitzt, verwirft Efraim auch schnell den Gedanken, nach Israel zu emigrieren: für ihn bleibt es undenkbar, »plötzlich aus einem Juden in einen Israeli verwandelt und womöglich zu nationalem Denken und Fühlen verpflichtet«[88] zu sein.

Nach dem Holocaust fühlt sich Efraim überall im Exil. Schon Améry hat ihn in seiner Rezension des Romans vor allem als einen »Heimatlosen«[89] charakterisiert. In der Tat fühlt Efraim sich weder in London noch in Berlin zu Hause. Als er für einen kurzen Besuch nach London zu seiner Frau zurückkehrt, sagt sie zu ihm: »Ach George, ich begreife auf einmal, daß du ein Fremder bist«, und sie verbessert sich, »indem sie das Wort *stranger* durch das Wort *foreigner* ablöst«.[90] Doch auch Efraims Rückkehr nach Deutschland wird nicht zu einer Heimkehr; am Ende entscheidet er sich, in Rom zu leben.

Obwohl Andersch in seinem Roman gelegentlich auf die Figur des Ahasver anspielt,[91] hat er Efraims Heimatlosigkeit dennoch nicht als ein letztlich mythisches Schicksal, sondern ausdrücklich als »Exil«[92] beschrieben. Efraims eigene Formel für dieses jüdische Exil lautet: »ein Jude allein unter den Gojim«,[93] und sie bezeichnet offensichtlich die neue Galut-Situation eines europäischen und zumal eines deutschen Juden nach dem Holocaust.

Efraims Heimatlosigkeit ist schließlich auch eine Fremdheit in der Sprache. Zwar spricht er, wie seine Frau Meg sagt, »ein vollkommenes Englisch mit nur ganz, ganz wenig Akzent«.[94] Dennoch wechselt er in Berlin schon bald die Sprache. Und obwohl er beginnt, wieder Deutsch zu schreiben, bleibt ihm die Sprache fremd: das Buch ist durchzogen von Efraims Verwunderung, ja Befremden über die deutsche Sprache der 60er Jahre, die er ständig mit der englischen vergleicht. Dieses kritische

Nachdenken über deutsche und englische Wörter beginnt bereits auf den ersten Seiten.

Bezeichnenderweise ist es ein neudeutscher Ausdruck, der die heftigste Reaktion des ansonsten eher gehemmten Efraim hervorruft: Auf einer Party schlägt er einen Deutschen nieder, der gedankenlos die Floskel »Bis zur Vergasung« benutzt.[95] In dieser Episode erweist sich Efraims Sprachkritik als letztlich politisch motiviert: Sie richtet sich gegen die Spuren des Antisemitismus in der deutschen Sprache. Efraim sieht nämlich einen Zusammenhang zwischen der Vernichtung der Juden und der Beschädigung der deutschen Sprache, die er allenthalben wahrnimmt:

wenn man anfängt, Menschen zu vernichten wie Ungeziefer, wenn man nicht Feinde töten, sondern einen Samen ausrotten will, dann vernichtet man nicht nur sechs Millionen Seelen, sondern, ganz nebenbei, auch die Sprache der Überlebenden.[96]

Durch den Holocaust, sagt Efraim wenig später, habe die Sprache »den bösen Blick bekommen«.[97] So wird Sprachkritik zu einem wichtigen Motiv seiner Aufzeichnungen.

Efraims Weltsicht wird bestimmt durch eine Theorie, nach der die Welt »ein aus Zufällen zusammengesetztes Chaos«[98] ist. Diese Zufalls-These ist vor allem eine Anti-These. Mit ihr widerspricht Efraim der Ansicht, die Geschichte hätte einen metaphysischen Sinn. Daß er diese Auffassung gerade als verfolgter Jude ablehnen muß, ist nicht schwer einzusehen. Hätte die Geschichte einen Sinn, so hätte es auch der Holocaust. Für Efraim entzieht die Vernichtung der europäischen Juden sich aber jeder Sinn-Deutung, damit allerdings auch jeder rationalen Erklärung. Lapidar stellt er fest: »Jedoch gibt es keine Erklärung für Auschwitz«.[99] Ja, Erklärungen des Holocaust wecken seinen Argwohn, weil er sie verdächtigt, ideologisch zu sein: »Wer mir Auschwitz erklären möchte, ist mir verdächtig.«[100]

Nicht nur für Efraims Weltanschauung, auch für sein Schreiben ist die Zufalls-Theorie von Bedeutung. Seine Überzeugung, daß die Welt ein »aus Zufällen zusammengewürfeltes Chaos« sei, prägt die Form seiner Aufzeichnungen. Die verwirrenden, die Struktur des Romans bestimmenden »Zeit-Spiele«,[101] bei denen erzählte Zeit und Erzähl-Zeit sich immer wieder ineinander zu schieben scheinen, schaffen ein kunstvoll organisiertes Chaos. Diese »Spiele« sind aber weit mehr als nur Form-Experimente: sie sind literarische Mimesis einer durch den Holocaust zerstörten Ordnung der Welt.

9. Eine Schnittstelle: Die jüdische Rezeption von Anderschs Roman bei Marcel Reich-Ranicki, Jean Améry und Robert Neumann

»Efraim« ist ein Roman der Alterität, und zwar in dem doppelten Sinn, in dem Paul Ricœur Alterität als den Versuch definiert hat, das Andere dialektisch als Teil des Eigenen zu verstehen.[102] Andersch hat in seinem Roman die Unterschiede zwischen dem Jüdischen und dem Nicht-Jüdischen nicht verwischt – und insofern bleibt Efraim aus der Sicht des Autors ein Anderer, eben der deutsche, aber aus Deutschland vertriebene, ins Exil gedrängte Jude. Zugleich hat Andersch es aber auch vermieden, dieses Andere als etwas Fremdes auszugrenzen. Gerade als deutscher Intellektueller steht Efraim aus der Sicht des Autors auch für Eigenes.

»Efraim« ist nicht nur Anderschs größte Annäherung an eine jüdische (Lebens-)Geschichte, sondern auch der erste Roman eines nicht-jüdischen deutschen Autors der Nachkriegszeit, der eine jüdische Perspektive zu übernehmen versucht. Mit diesem Versuch stellt er gewissermaßen die Schnittstelle zwischen jüdischem und nicht-jüdischem Diskurs in der deutschen Nachkriegsliteratur dar. Dabei ist es offensichtlich, wieviel der Roman Anderschs den Essays Amérys verdankt. In vieler Hinsicht liest er sich so, als hätte Andersch literarisch gestaltet, was Améry diskursiv entwickelt hat. Auf jeden Fall ist die intellektuelle Nähe zwischen ihnen nicht schwer zu erklären: Als radikaler links-liberaler Humanist gehörte Améry in eine aufklärerische Tradition, der sich auch Andersch zeitlebens verpflichtet fühlte.[103]

Im nachhinein scheint die Zeit für eine andere Sicht auf jüdische Figuren in der Mitte der 60er Jahre reif gewesen zu sein. Der Frankfurter Auschwitz-Prozeß vor allem hat zu einer neuen Beschäftigung mit der Vernichtung der europäischen Juden geführt, die auch Spuren in der deutschen Literatur hinterlassen hat, wie nicht nur an Jean Amérys autobiographischen Essays, sondern etwa auch an Peter Weiss' Dokumentardrama »Die Ermittlung« zu sehen ist. Gleichwohl stieß »Efraim« seinerzeit auf Vorbehalte bei der Kritik und wurde sogar von einem Grossisten boykottiert.[104]

Nicht das geringste Verdienst des Romans ist es, daß er durch seinen Versuch, den nicht-jüdischen Diskurs über Juden zu ändern, auch einen jüdischen Diskurs innerhalb der deutschen Literatur und Literaturkritik angeregt hat: er hat eine Diskussion unter jüdischen Kritikern über die Darstellung von Juden in der deutschen Literatur provoziert. Der schärfste Kritiker des Buchs war Marcel Reich-Ranicki, der in seinem Verriß – offensichtlich gegen Karl Korns Lob gerichtet – den Roman »belanglos«, »armselig« und »geradezu peinlich« nannte.[105] Reich-Ranicki hatte tatsächlich viel an dem Buch auszusetzen – von der »Ähnlichkeit [...] mit früheren Büchern Anderschs«[106] bis hin zu der angeblichen Vorliebe des Autors für schlechtes Wetter (»bei Andersch regnet es meist«[107]). Nicht alles ist stichhaltig oder auch nur ernstzunehmen. Dennoch brachte Reich-Ranicki ein wichtiges Problem zur Sprache. Andersch, so behauptete er, habe »seinen traditionellen Helden diesmal judaisiert [...] oder, richtiger gesagt, judaisieren« wollen:[108] »Durfte er das?« Reich-Ranickis Antwort auf diese damals wie heute naheliegende Frage: »Das hängt immer nur vom Ergebnis ab: Der Romancier darf alles, was er kann. Aber Andersch hat hier etwas versucht, was seine schriftstellerischen Möglichkeiten weit übersteigt.«[109]

Die Kategorien, mit denen Reich-Ranicki den Roman beurteilt, sind dabei vorderhand ästhetisch: er entdeckt »puren Mumpitz«,[110] »baren Kitsch«[111] oder »Geschmacklosigkeit«.[112] Zumindest an zwei Stellen wechselt er jedoch die Argumentationsweise. So behauptet er zum einen, »der von Andersch unermüdlich stilisierte und in einer fatalen, süßlich-philosemitischen Aura gezeigte Held« habe »mit der Realität nichts gemein«;[113] zum andern behauptet er, »daß Kitsch auch eine moralische Kategorie sein kann«.[114] Für beide Urteile vermag er aber jeweils nur einen einzigen Satz des Erzählers über Juden anzuführen – alles in allem eher schwache Belege für starke Thesen.

Bezeichnenderweise ist »Efraim« jedoch gerade von drei bekannten deutsch-jüdischen Exilanten gelobt worden: außer von Jean Améry und Ludwig Marcuse[115] vor allem von Robert Neumann. Im Gegensatz zu Reich-Ranicki hat Neumann es Andersch gerade als ein Verdienst angerechnet, daß er einen Juden zum Ich-Erzähler seines Werks gemacht hat: »Was«, fragt Neumann,

> hat er [d.i. Reich-Ranicki, D.L.] dagegen, daß Andersch von jüdischen Emigranten spricht? Wer sonst spricht von jüdischen Emigranten? Man hat hierzulande Anderschs Efraim wie Reich-Ranicki wie mir selbst das Exil, das Leben im Galut, im Elend der Fremde vergeben und vergessen und will taktvollerweise gar nicht erst noch einmal daran erinnert sein.[116]

Neumann hat dabei auf die Versäumnisse nicht zuletzt der Gruppe 47 hingewiesen, der Andersch angehört hat. Reich-Ranicki, auch er als Kritiker ein Mitglied der Gruppe, hat mit seiner Kritik noch einmal einer Abwehr jüdischer Themen in der deutschen Nachkriegsliteratur das Wort geredet. Gerade in der Wahl eines jüdischen Emigranten als Hauptfigur dürfte jedoch bis heute ein unübersehbares Verdienst von Anderschs Roman liegen.

Tatsächlich markiert er einen Wendepunkt in dem nicht-jüdischen Diskurs über Juden innerhalb der deutschen Nachkriegsliteratur. Ohne ihn sind spätere differenzierte Darstellungen von Juden, wie sie etwa in Uwe Johnsons »Jahrestage« oder in Wolfdietrich Schnurres »Ein Unglücksfall« vorliegen, kaum zu denken. »Efraim« versucht, die Figur des deutsch-jüdischen Intellektuellen wieder in Erinnerung zu rufen, ohne allerdings die sogenannte deutsch-jüdische Symbiose zu beschwören. Deren Scheitern ist vielmehr im Roman vorausgesetzt. Anderschs Buch ist von der Hoffnung getragen, daß die ins Exil getriebenen jüdischen Autoren zumindest zur deutschen Sprache und Literatur zurückkehren und die Tradition deutsch-jüdischer Literatur fortsetzen mögen.

Dieser Wunsch hat sich nur zum Teil erfüllt. Einige deutsch-jüdische Emigranten wie Jean Améry oder Robert Neumann haben zwar, nachdem sie auch in einer anderen Sprache publiziert hatten, wieder auf Deutsch geschrieben. Eine neue jüdische Literatur aber hat sich erst ungefähr 20 Jahre nach der Veröffentlichung von »Efraim« wieder in Deutschland entwickelt.

IX. Die »beschränkte Hoffnung«

Jüdischer Diskurs in der deutschen Gegenwartsliteratur

1. Die Fortsetzung des jüdischen Diskurses in der deutschen Gegenwartsliteratur

Als 1970 innerhalb kurzer Zeit erst Paul Celan, dann Nelly Sachs starben, schien das Ende der jüdischen Nachkriegsliteratur in deutscher Sprache gekommen zu sein. Zwar veröffentlichten während der 70er und 80er Jahre weiterhin einige Schriftsteller und Schriftstellerinnen jüdischer Herkunft wie Hilde Domin, Jean Améry, Wolfgang Hildesheimer oder Erich Fried. Weil sie sich jedoch nicht als jüdische Autoren verstanden, konnten und wollten sie nicht die Tradition jüdischer Literatur in deutscher Sprache fortsetzen. Als nach und nach auch die meisten von ihnen starben, zuerst 1978 Améry, schienen allmählich die Juden in der deutschen Literatur zu verstummen.

In seinem Buch »Über Ruhestörer« hat Marcel Reich-Ranikki, noch zuletzt 1993, die deutsch-jüdische Literatur für beendet erklärt, für »abgeschlossen, endgültig und unwiderruflich«.[1] Ähnlich hat auch Hans J. Schütz behauptet:

das letzte Kapitel der deutsch-jüdischen Literaturgeschichte haben die Nationalsozialisten geschrieben. Sie verbrannten die Bücher, ermordeten und vertrieben die Schriftsteller. 1945 waren alle Hoffnungen, die einmal in die Zukunft wiesen, zunichte gemacht.[2]

Die deutsch-jüdische Literatur, heißt es bei Schütz weiter, sei »abrupt beendet, unwiederholbar und nicht fortzusetzen«.[3]

Das mag auf den ersten Blick ganz einleuchtend erscheinen. Dennoch ist es mehr als eine Banalität, wenn man einwendet, daß die Literaturgeschichte weitergegangen ist. Dabei hat allerdings weniger die deutsch-jüdische Literatur als die jüdische Literatur deutscher Sprache eine Fortsetzung gefunden. Tatsächlich haben seit den 70er Jahren zunächst vor allem zwei Autoren an die Tradition einer jüdischen Literatur in deutscher Sprache angeknüpft: Jurek Becker mit seinen Romanen »Jakob der Lügner« (1969), »Der Boxer« (1976) und »Bronsteins Kinder« (1986); und Edgar Hilsenrath mit »Der Nazi und der Frisör« (1977) und »Bronskys Geständnis« (1980).[4]

Bei Autoren wie Becker oder Hilsenrath kann von deutschjüdischer Literatur im herkömmlichen Sinn nicht die Rede sein. Der Idee einer deutsch-jüdischen Symbiose sind sie nicht mehr verpflichtet. Ihre Romane verweisen vielmehr, manchmal geradezu demonstrativ, auf das Scheitern, ja die Katastrophe des deutsch-jüdischen Verhältnisses. In der Darstellung der jüdischen Erfahrung der Vernichtung, Verfolgung und Ausgrenzung erweisen sie sich als jüdische Literatur deutscher Sprache.

Becker und Hilsenrath, beide zunächst Einzelgänger, der eine in der ost-, der andere in der westdeutschen Literatur, sind die Wegbereiter eines jüdischen Diskurses geworden, den seit den 80er Jahren eine junge Generation zumeist nach 1945 geborener jüdischer Schriftsteller und Schriftstellerinnen in der deutschen Literatur etabliert hat. Zu ihr gehören etwa Maxim Biller, Esther Dischereit, Lea Fleischmann, Matthias Hermann, Barbara Honigmann, Robert Menasse, Chaim (Hans) Noll, Robert Schindel und Rafael Seligmann. Zu dieser Gruppe ließen sich schließlich auch noch die 1942 geborene Katja Behrens zählen, die 1993 mit einem Band ›Jüdische Geschichten‹: »Salomo und die anderen« auf sich aufmerksam gemacht hat, und Irene Dische, die mit ihren ins Deutsche übersetzten Geschichten sich an dem neuen jüdischen Diskurs in der deutschen Literatur beteiligt hat. Mit Ausnahme des Lyrikers Hermann haben sie sich alle als Geschichtenerzähler einen Namen gemacht – und oft mit autobiographischen Erzählungen, in denen sie, nahe an der eigenen Lebensgeschichte,[5] die Erfahrungen junger deutscher Juden nach 1945 dargestellt haben. So heterogen diese neue jüdische Literatur in deutscher Sprache auch erscheinen mag, lassen sich doch einige Gemeinsamkeiten erkennen.

2. »Nachauschwitz-Deutschland«: Kritik der deutschen Gesellschaft

Die jüdische Literatur der 80er und 90er Jahre ist weniger Literatur *über* den Holocaust als *nach* dem Holocaust. Anders als in der jüdischen Nachkriegsliteratur steht der Völkermord an den europäischen Juden in ihr nicht mehr im Vordergrund. Von den jungen jüdischen Schriftstellern haben nur einige über die Shoah selber geschrieben – etwa Matthias Hermann im ersten Teil seines Gedichtbands »72 Buchstaben«[6] oder Robert Schindel in seinem Gedicht »Erinnerungen an Prometheus«.[7] Gleichwohl ist die neue jüdische Literatur in einem nicht nur zeitlichen Sinn ›Post-Holocaust-‹ oder ›Post-Shoah-Literatur‹: auch sie ist Literatur »auf Grund von Auschwitz«. Die Verfolgung und Vernichtung der europäischen Juden stellt, offen oder geheim, die Referenz dieser Literatur dar, selbst wenn sie nicht Thema ist.

In Lea Fleischmanns Buch »Dies ist nicht mein Land« ist das besonders anschaulich. Ihre »Erinnerungen« läßt sie mit der Beschwörung jüdischen Lebens in »einem polnischen Städtchen, an einem Fluß«[8] beginnen, das abrupt mit der Deportation in ein Vernichtungslager endet. Diese Geschichte, die zehn Jahre vor ihrer Geburt spielt, erzählt sie aus der Perspektive eines kleinen Mädchens – bis zu dem Moment, in dem die Tür der Gaskammer »luftdicht abgeschlossen«[9] wird. Die Ich-Form signalisiert dabei die Identifikation mit den Opfern des Holocaust. Die Vernichtung der Juden erscheint als die Vor-Geschichte der eigenen Lebens-Geschichte, auf die sie notwendig bezogen bleibt.

Das Selbstverständnis junger Juden in Deutschland nach dem Holocaust ist das zentrale Thema der jüdischen Gegenwarts-Literatur. Auch für sie ist das »Identitätsproblem«[10] konstitutiv, das nach Gershon Shaked eine Konstante der deutsch-jüdischen Literatur – ebenso wie der amerikanisch-jüdischen – während ihrer ganzen Geschichte darstellt. Allerdings hat es eine bezeichnende Veränderung erfahren. Charakteristisch für deutsch-jüdische Autoren in der ersten Hälfte des 20. Jahrhunderts wie Jakob Wassermann, Joseph Roth und Franz Kafka ist nach Shaked eine »doppelte Identität« als »Deutscher und

Jude«[11] gewesen. Die Eigenart der »jüdischen Literatur in Deutschland« hat er in dem Versuch gesehen, »mit der Spannung fertig zu werden, die zwischen einer Minderheit mit einer doppelten Identität und einer Mehrheit mit einer einzigen bestand«.[12] Durch den »Konflikt« zwischen der deutschen und der jüdischen Identität, der durch den deutschen Antisemitismus heraufbeschworen wurde, sei die Erfahrung der doppelten Identität jedoch zumeist »negativ und zerstörerisch«[13] gewesen. Neben dem »Versuch, zur jüdischen Identität zurückzukehren«,[14] habe es in der deutsch-jüdischen Literatur deshalb immer auch eine ausgeprägte »Identitätsflucht«[15] gegeben – die Flucht vor einer jüdischen Identität, die »als Stigma von außen auferlegt« wurde.[16]

Für die jüdische Gegenwarts-Literatur stellt sich das Problem der doppelten Identität grundlegend neu – als Konflikt nicht nur *zwischen* der deutschen und der jüdischen, sondern auch als Konflikt *mit* der deutschen wie der jüdischen Identität. Kennzeichnend für sie ist die Suche junger Juden nach einer neuen Identität. In der Auseinandersetzung mit dem Deutschland nach dem Holocaust und in der Auseinandersetzung mit dem Judentum und zumal dem offiziellen Judentum in Deutschland hat sie ihre beiden Schwerpunkte.

Samy Goldmann, die Hauptfigur von Rafael Seligmanns Roman »Die jiddische Mamme«, ist ein Beispiel dafür. Nach Jack Zipes ist er »a dangling Jew, whose quest for certitude and affirmation as a Jew will never be resolved«.[17] Die Labilität seiner Identität, erkennbar an seinen wechselnden sexuellen Beziehungen und seinen Reisen von Deutschland nach Israel und zurück, ergibt sich allerdings aus einem kritischen Verhältnis nicht nur zum Jüdischen, sondern auch zum Deutschen. Die Schwierigkeit junger Juden, nach 1945 in Deutschland zu leben, im »Nachauschwitz-Deutschland«, wie Goldmann sagt,[18] zieht sich als ein Leitmotiv nicht nur durch diesen Roman.

Das Mißtrauen gegenüber den Deutschen drückt sich am stärksten in der Darstellung ihres neuen Philosemitismus aus, der sich allerdings nicht selten als die andere Seite des alten Antisemitismus herausstellt. Man kann das besonders deutlich an dem Motiv des ›falschen Juden‹ sehen, der immer ein echter Deutscher ist, nur als Jude verkleidet. Das gilt schon für Edgar Hilsenraths Roman »Der Nazi und der Frisör«, dessen Ich-Erzähler ein SS-Mann und Massenmörder namens Max Schulz ist, der nach dem Krieg die Identität seines von ihm ermordeten jüdischen Freunds Chaim Finkelstein angenommen hat und nun Deutsche wie Israelis gleichermaßen täuscht.[19] Auch die vermeintlich jüdische Schwarzhändlerin Esther Becker in Irene Disches Erzählung »Eine Jüdin für Charles Allen« entpuppt sich am Ende als die Tochter eines alten Nazis, die, so die Mutter, mit fünfzehn ihren jüdischen »Tick« bekommen hat.[20] Diese Geschichten von falschen Juden sind Parabeln auf eine Art deutscher Vergangenheitsbewältigung: auf die Identifikation mit den Opfern als Flucht aus der Schuld.

In den Büchern der jungen jüdischen Autoren gibt es zahlreiche Anzeichen für eine oft schon äußere Distanz zu Deutschen und Deutschem. Am deutlichsten hat sich Lea Fleischmann in ihrem ersten Buch »Dies ist nicht mein Land« ausgesprochen, in dem sie ihre jüdische Identität in Opposition zu ihrer deutschen Umgebung bestimmt – bis hin zu dem Entschluß, Deutschland zu verlassen. »War ich eine Deutsche jüdischen Glaubens?« fragt sie sich im Rückblick und antwortet: »Nein, das bestimmt nicht. Zwischen dem Hitler zujubelnden deutschen Volk und mir gab es keine Verbindung.«[21] Barbara Honigmann hat in ihrer kurzen Geschichte »Doppeltes Grab« sogar berichtet, wie ihr Gershom Scholem dazu riet, Deutschland zu verlassen: »Deutschland ist nicht mehr gut für Juden. Hier kann man nichts mehr lernen, also hat es keinen Sinn zu bleiben, es ist viel zu schwer.«[22] Insofern ist es nicht verwunderlich, daß sich einige der jungen jüdischen Autoren und Autorinnen zur Emigration entschieden haben – wie Lea Fleischmann und Chaim Noll, die nach Israel, oder wie Barbara Honigmann, die nach Frankreich ausgewandert ist.

Die jungen jüdischen Schriftsteller und Schriftstellerinnen, die in Deutschland und Österreich leben, verstehen sich selber – einem alten jüdischen Topos folgend – häufig als Fremde im eigenen Land.[23] Im strengen Sinn sind sie zwar nicht mehr Exilierte, allenfalls Kinder von Exilanten oder selbst Emigranten. Dennoch leben sie oft im Bewußtsein, zur zweiten Generation des Exils zu gehören – auch wenn schon die Eltern zurückgekehrt sind.[24] Bezeichnend ist das Wort der jüdischen Studentin Judith in Robert Menasses Roman »Selige Zeiten, brüchige Welt«: »Das Exil der Eltern bedeutet auch Exil für die nächste

Generation, und die ist im Exil, egal wo sie ist.«[25] Robert Schindel hat für dieses Fremdheits-Gefühl dem eigenen Land gegenüber die Formel »Du bist im Ohneland«[26] gefunden. Das Eigene als Fremdes oder Fremdgewordenes zu behandeln, gelegentlich wie etwa bei Lea Fleischmann oder Barbara Honigmann auch aus dem räumlichen Abstand der Emigration, ist kennzeichnend für den jüdischen Diskurs in der deutschen Gegenwartsliteratur.

3. Der »Zelot«: Kritik an Juden

Problematisch für die jungen jüdischen Autoren und Autorinnen ist allerdings nicht nur ihre Zugehörigkeit zu den Deutschen. Oftmals besitzen sie auch eine jüdische Identität weniger, als daß sie auf der Suche nach ihr sind. »Ist an mir nichts Jüdisches?« fragt Lea Fleischmann in »Dies ist nicht mein Land« und gibt darauf die Antwort: »Doch, die Suche«.[27] In Barbara Honigmanns Erzählungsband »Roman von einem Kinde« lassen sich die einzelnen Geschichten auch als Stationen einer solchen Suche nach einer jüdischen Identität lesen. In der letzten, »Bonsoir, Madame Benhamou«, rekapituliert die Erzählerin, inzwischen in Frankreich, ihren Weg von (Ost-)Berlin nach Strasbourg: »Hier bin ich gelandet vom dreifachen Todessprung ohne Netz: vom Osten in den Westen, von Deutschland nach Frankreich und aus der Assimilation mitten in das Thora-Judentum hinein.«[28] Doch noch die Rückkehr zur jüdischen Religion ist für sie eine Heimkehr in die Fremde: Die Thora auf Hebräisch zu lesen, muß sie erst lernen.

Hat Barbara Honigmann sich immerhin noch auf eine Begegnung mit Gershom Scholem in Berlin berufen können, so haben andere Autoren aus der ehemaligen DDR wie Chaim Noll oder Irene Runge den fast vollständigen Verlust jüdischer Tradition auch in der eigenen Familie feststellen müssen. Noll hat sich gezwungen gesehen, diese Tradition selbst zu rekonstruieren – »mit Hilfe der Bücher«.[29] In seinen »Nachtgedanken über Deutschland« hat er erzählt, wie vor allem die Briefe Heines ihm einen Zugang zum Judentum eröffnet haben: Bücher als Ersatz für eine lebendige Tradition.

Die Suche nach einer jüdischen Identität hat in der jüdischen Literatur deutscher Sprache eine lange Tradition, die bis zum Anfang des 20. Jahrhunderts zurück reicht. Die Identitätssuche junger jüdischer Autoren und Autorinnen mag in ihrer Eindringlichkeit auch gelegentlich an Kafka erinnern. Die Unterschiede sind jedoch deutlich, und sie sind begründet in der Differenz zwischen einer Generation, die unter den Bedingungen der Assimilation lebte, und einer Generation, die dem Holocaust entkommen ist. Kafkas Suche galt einer anderen als einer westjüdischen Identität, und im Ostjudentum sah er die lebendige Alternative zu ihr. Die jungen jüdischen Autorinnen und Autoren hingegen sind auf der Suche nach einer jüdischen Identität überhaupt, für die es nach der Shoah in Deutschland kaum noch lebende Zeugen gibt.

Bei Barbara Honigmann wie bei Chaim Noll liegt der Hinwendung zur schon durch die Assimilation und dann radikal durch die Shoah unterbrochenen jüdischen Tradition eine bewußte Entscheidung zugrunde. Das gilt gleichfalls für Esther Dischereit, die in ihrer ›jüdischen Geschichte‹ »Joëmis Tisch« geschrieben hat: »Nach zwanzig Jahren Unjude will ich wieder Jude werden. Ich habe es mir zehn Jahre überlegt.«[30] Mag Esther Dischereits Erzählung auch vor allem von der jüdischen Selbstfindung einer Angehörigen der 68er Generation handeln, so ist sie doch durchaus typisch für junge Juden in Deutschland, die eine jüdische Identität bewußt gewählt haben.

Deren Verhältnis zur jüdischen Tradition läßt sich am besten als eine Annäherung beschreiben. Thomas Nolden hat dafür den Ausdruck des »konzentrischen Schreibens« geprägt, der weniger als »Anspielung auf die nationalsozialistischen Konzentrationslager« gemeint ist, als vielmehr auf das »Spannungsverhältnis zwischen den Positionen der jungen Generationen und den von der Tradition verbürgten kulturellen, religiösen und geschichtlichen Mittelpunkten des Judentums«[31] abzielt.

Tatsächlich verstehen sich viele der jüdischen Autoren als ›kritische Juden‹, und sie sind kritisch in ihrem Verhältnis nicht nur zum jüdischen Staat, sondern auch zur jüdischen Religion und zur jüdischen Familie. Das bekannteste Beispiel dafür dürfte Rafael Seligmann sein, der sich in seinen beiden Romanen »Rubinsteins Versteigerung« und »Die jiddische Mamme« alle Mühe gegeben hat, ›jüdische Tabus‹ zu brechen – sexuelle ebenso wie politische oder religiöse.[32]

Für die neue jüdische Literatur ist scharfe Kritik an Juden und am Judentum durchaus typisch. Juden trifft Ironie, Spott, gelegentlich sogar Verachtung, wie etwa in Matthias Hermanns Gedicht »Der Chassid im Ghetto«, das von einem glaubensstrengen Juden handelt, der Gott und die Welt nicht verstand – und kaum den Abtransport seiner Frau wahrnahm.[33] Solche Kritik an *toten* Juden[34] ist gerade vor dem Hintergrund der Holocaust-Literatur ungewöhnlich, deren stillschweigenden Konsens Hermann auf die sarkastische Formel gebracht hat: »Seit 1945 sind/Wenigstens/Vergaste Juden/Gute Juden.«[35]

Kritik gilt aber auch überlebenden und lebenden Juden. Der Generationen-Konflikt ist in der neuen jüdischen Literatur ein zentrales Thema – als Konflikt zwischen der Überlebenden-Generation der Eltern und der Generation der nachgeborenen Kinder. Beispielhaft deutlich ist das, außer in Rafael Seligmanns Romanen, in den Erzählungen Maxim Billers. »Roboter« z.B. handelt wesentlich von der Auseinandersetzung zwischen dem jungen, ›kritischen‹ Juden Henry Aszkowicz und dem jüdischen Baulöwen Salomon Pucher. Am Ende feilschen die beiden um Puchers Tochter, die Aszkowicz heiraten will. Pucher, der von Henry öffentlich angegriffen wurde, ist strikt gegen diese Verbindung und bietet 400 000 DM für ihr Nicht-Zustande-Kommen. Aszkowicz gelingt es dann, den Preis auf eine Million hochzutreiben. »Doch nicht der Zelot wohnte in ihrer Brust«, kommentiert der Erzähler, was die beiden taten, »es war ein kleiner und mieser Minderwertigkeitskomplex«.[36]

Solche satirischen Geschichten, von denen Billers Buch voll ist, setzen die Tradition jüdischer Kritik an Juden fort, zu der innerhalb der deutschen Literatur etwa Heines Börne-Buch oder Tucholskys Wendriner-Geschichten gehören. Juden zu kritisieren und nicht nur ihre Feinde, dürfte bei Autoren wie Biller und Hermann auch ein Zeichen für ein neues jüdisches Selbstbewußtsein und, nebenher, vielleicht sogar ein Versuch sein, das nach dem Holocaust allfällige Mitleid von der falschen Seite abzuwehren.

4. Der Traditionsbruch: Jüdische Gegenwartsliteratur und deutsch-jüdische Literatur

Die Bücher etwa Rafael Seligmanns, Barbara Honigmanns und Maxim Billers lassen sich am ehesten als eine neue jüdische Literatur in deutscher Sprache bezeichnen. Nicht zu übersehen ist allerdings, daß sie kaum an die deutsch-jüdische Literatur des 19. und 20. Jahrhunderts anschließen. Robert Schindel hat zwar z.B. Paul Celan und Manès Sperber Gedichte gewidmet;[37] und in seinem Roman »Gebürtig« besucht der emigrierte Jude Herrmann Gebirtig sogar das Grab Jakob Wassermanns. Dennoch sind die Vorbilder der jungen jüdischen Autoren nicht Alfred Döblin oder Robert Neumann, Lion Feuchtwanger oder Arnold Zweig – ja nicht einmal Franz Kafka.

Sander Gilman hat zwar behauptet, »that the visible invisibility of Jews in contemporary German society replicates in many ways the situation of the Jewish, tubercular, male, German language writer, Franz Kafka, in the Prague of his time«.[38] Doch ist damit mehr eine strukturelle Ähnlichkeit als eine Referenz gemeint. Bei aller Sympathie, die ihm auch junge jüdische Autoren entgegenbringen, sind Kafkas Romane und Erzählungen doch kein Modell für ihre Werke.

Oft sind es gar keine deutschsprachigen Autoren, an denen sich die jungen jüdischen Schriftsteller orientieren. Lea Fleischmanns ›Jüdische Geschichten‹ »Nichts ist so wie es uns scheint« beispielsweise versuchen, eine teils osteuropäische, teils orientalische jüdische Erzähltradition fortzuführen. Herrmann Gebirtig, der Emigrant in Robert Schindels Roman, ist der Nachkomme des jiddischen Liedermachers Mordechaj Gebirtig. Rafael Seligmanns Romane lassen sich vielleicht am ehesten als eine Mischung aus Philip Roth und Woody Allen bezeichnen – mit der Einschränkung allerdings, daß Seligmann weder ein Philip Roth noch ein Woody Allen ist. Und Maxim Biller ist in seinem Erzählungsband »Wenn ich einmal reich und tot bin« offensichtlich vor allem vom jüdisch-amerikanischen Gegenwartsroman beeinflußt. In seiner Geschichte »Rosen, Astern und Chinin« läßt er Joseph Heller höchstpersönlich auftreten; »Harlem Holocaust« erinnert an die Romane Philip

Roths, zumal an »Portnoys Beschwerden« und »Mein Leben als Mann«; und das Motto zu Billers Band stammt von Saul Bellow.

In diesen Orientierungen drückt sich nicht nur eine Internationalisierung der deutschen Gegenwarts-Literatur aus. Der Versuch, an literarische Traditionen außerhalb der deutschen Literatur anzuknüpfen, ist auch ein Zeichen dafür, daß die neue jüdische Literatur nicht in der Nachfolge der deutsch-jüdischen Literatur steht – weder *ideologisch* noch *literarisch*. Ob sie allerdings in der jüdisch-amerikanischen Literatur wirklich ein Vorbild finden kann, ist fraglich: Die Jewish-American Literature ist Ausdruck einer jüdischen Kultur, die unter vollkommen anderen gesellschaftlichen Bedingungen entstanden ist.

5. Jüdische Gegenwartsliteratur als Literatur einer Minderheit

Die jüdische Gegenwarts-Literatur in Deutschland ist gelegentlich als Bestandteil einer neuen deutsch-jüdischen Minderheiten-Kultur, einer »Jewish minor culture«[39] charakterisiert worden. Im Anschluß an das Konzept der »kleinen Literatur« (»littérature mineur«), wie es Deleuze und Guattari entwickelt haben, hat etwa Jack Zipes sie als eine Minderheiten-Literatur bezeichnet, die von dem Versuch bestimmt sei, eine neue deutsch-jüdische Identität zu definieren. Zipes hat sich dabei vor allem auf Rafael Seligmann berufen, der in seinem Buch »Mit beschränkter Hoffnung« den Wunsch ausgesprochen hat, daß

Deutschlands Juden wieder das Selbstvertrauen und den Mut finden können, um nach einem halben Jahrhundert inneren Exils sich wieder als Teil der uralten Geschichte ihres Volkes in Deutschland zu begreifen und damit allmählich aus Juden *in* Deutschland wieder zu *deutschen* Juden zu werden.[40]

Dieser Versuch, eine neue deutsch-jüdische Identität zu definieren, macht nach Zipes die Sonderstellung der neuen jüdischen Literatur sowohl innerhalb der deutschen wie der jüdischen Literatur und Kultur[41] aus – ja sogar ihre Differenz gegenüber der deutsch-jüdischen Literatur der Nachkriegszeit.[42]

Gegen diese Einschätzung ließe sich einwenden, daß Seligmann nicht unbedingt repräsentativ für die jüdische Gegenwarts-Literatur ist: zumindest Emigranten wie Lea Fleischmann, Barbara Honigmann und Chaim Noll scheinen nicht unbedingt am Projekt einer neuen deutsch-jüdischen Identität mitzuarbeiten. Thomas Nolden hat außerdem zu bedenken gegeben, daß sich der »theoretische Ansatz von Deleuze und Guattari [...] nur mit Vorbehalten und Modifikationen« auf die neue jüdische Literatur deutscher Sprache anwenden lasse. Insbesondere lasse er es nicht ohne weiteres zu, nötige »Differenzierungen in der Entwicklungsgeschichte des œuvre eines Schriftstellers vorzunehmen«,[43] zumal dann, wenn es »Überlappungen zwischen Mehrheits- und Minderheitsdiskurs«[44] gebe, wie etwa bei Robert Schindel.

Jack Zipes', auch Sander Gilmans Überlegungen[45] lassen erkennen, wie sich Kafkas Begriff der »kleinen Literatur« auf dem Weg durch zwei andere Sprachen verändert hat. Aus dem ursprünglich ästhetischen ist erst bei Deleuze und Guattari ein sozio-psychologisches, dann bei Zipes ein sozio-kulturelles Konzept geworden. Doch auch wenn die neue jüdische Literatur deutscher Sprache keine »littérature mineur« im Sinn Deleuzes und Guattaris[46] sein mag, ist sie gleichwohl zumindest in einer Hinsicht eine Minderheiten-Literatur: Sie versucht immer wieder, den Erfahrungen junger Juden als einer *Minderheit* in Deutschland nach dem Holocaust Ausdruck zu verleihen.

Ein solches Minderheiten-Bewußtsein wurde seit den 20er, spätestens seit den 30er Jahren gelegentlich in der jüdischen Literatur deutscher Sprache manifest, vor allem in Alfred Döblins Plädoyer im Exil für eine jüdische ›Minoritäten‹-Kultur. Doch sind solche Bemühungen literarisch und politisch nicht durchgedrungen – und bezeichnenderweise haben sich auch die jungen jüdischen Autoren und Autorinnen auf das Programm Döblins nicht bezogen. Döblin hat eine kollektive jüdische Identität propagiert, die zu übernehmen selbst die jüdischen Exilanten in den 30er Jahren noch nicht bereit waren. Ähnlich wie lange Zeit in der deutschen Gesellschaft blieben die Juden auch in der deutschen Literatur oftmals weiter eine ›unsichtbare Minderheit‹.[47]

Die neue jüdisch-deutsche Literatur der Gegenwart markiert

demgegenüber ein verändertes Selbstverständnis: sie bezeugt die Verwandlung der deutschen Juden in eine kenntliche, eine ›sichtbare Minderheit‹. Dabei steht sie nicht nur für das Ende der traditionellen deutsch-jüdischen Symbiose. Die ›Trennung‹ zwischen deutschen Juden und nicht-jüdischen Deutschen, von der Ludwig Marcuse gesprochen hat und die etwa Paul Celans Werk eingeschrieben ist, wird durch sie zwar nicht aufgehoben. Bei aller kritischen Distanz scheint die neue jüdische Literatur jedoch eine Annäherung auch an deutsche Kultur darzustellen – nicht zuletzt dadurch, daß sie sich der deutschen Sprache bedient. Das ist, ungefähr ein halbes Jahrhundert nach der Vertreibung der Juden und ihrer Literatur aus Deutschland, mehr als bloß eine Äußerlichkeit. Es ist ein Zeichen – auch für den Beginn einer neuen jüdischen Literatur in Deutschland nach dem Holocaust.

Anmerkungen

I. Das »heimliche Korrektiv«. Einleitung

1 Margarete Susman: Vom geistigen Anteil der Juden in der deutschen Geistesgeschichte. In: Christoph Schulte (Hg.): Deutschtum und Judentum. Ein Disput unter Juden aus Deutschland. Stuttgart 1993, S. 138–149, hier S. 138.
2 Ebd., S. 140.
3 Ebd.
4 Ludwig Geiger: Die Deutsche Literatur und die Juden. Berlin 1910, S. 12.
5 Gustav Krojanker: Vorwort. In: ders. (Hg.): Juden in der deutschen Literatur. Essays über zeitgenössische Schriftsteller. Berlin 1922, S. 7–16, hier S. 7.
6 Vgl. dazu Hans Otto Horch: ›Was heißt und zu welchem Ende studiert man deutsch-jüdische Literaturgeschichte?‹ Prolegomena zu einem Forschungsprojekt. In: German Life and Letters 49 (1996), 2, S. 124–135.
7 Vgl. Hans J. Schütz: Juden in der deutschen Literatur. Eine deutsch-jüdische Literaturgeschichte im Überblick. München, Zürich 1992.
8 Vgl. dazu vor allem Gershom Scholem: Juden und Deutsche. In: ders.: Judaica 2. Frankfurt a.M. 1970, S. 20–46.
9 Die Bedenken gegen eine solche Methode hat schon Gustav Krojanker erörtert. Vgl. ders.: Vorwort, S. 7ff.
10 Vgl. dazu etwa Martin Buber: Von jüdischer Kunst. In: ders.: Die jüdische Bewegung. Gesammelte Aufsätze und Ansprachen. Erste Folge: 1900–1914. Berlin 2. Aufl. 1920, S. 58–67. Vgl. dazu generell etwa Gavriel D. Rosenfeld: Defining »Jewish Art« in Ost und West, 1901–1908. A Study in the Nationalisation of Jewish Culture. In: Leo Baeck Institute Yearbook 39 (1994), S. 83–110.
11 John Felstiner: Paul Celan. Eine Biographie. Übers. von Holger Fliessbach. München 1997, S. 328.
12 Vgl. dazu etwa Hans Otto Horch: Heimat und Fremde. Jüdische Schriftsteller und deutsche Literatur oder Probleme einer deutsch-jüdischen Literaturgeschichte. In: Julius H. Schoeps (Hg.): Juden als Träger bürgerlicher Kultur in Deutschland. Stuttgart, Bonn 1989, S. 41–66, hier S. 50, 46, 51.
13 Vgl. Stéphane Mosès: Spuren der Schrift. Von Goethe bis Celan. Z.T. übers. von Eva Moldenhauer. Frankfurt a.M. 1987.
14 Daß es eine Geschichte deutsch-jüdischer Literatur nicht gebe, hat schon 1989 Hans Otto Horch bemerkt. Vgl. ders.: Heimat und Fremde, S. 45ff. Diese Feststellung gilt auch noch für Sander L. Gilman und Jack Zipes (Hgg.): Yale Companion to Jewish Writing and Thought in German Culture, 1096–1996, das Buch, das bislang einer Geschichte der deutsch-jüdischen Literatur am nächsten kommt. Doch ist es nicht nur in seinen Proportionen problematisch (nur 250 von mehr als 800 Seiten sind dem Zeitraum von ca.

1100 bis 1900 gewidmet), sondern auch in der Auswahl der kommentierten Ereignisse und Werke – was gerade bei Kafka und Celan deutlich ist.
15 Vgl. Ludwig Börne: Sämtliche Schriften. Neu bearbeitet und herausgegeben von Inge und Peter Rippmann. Band 2. Dreieich 1977, S. 216f.
16 Hans Mayer: Außenseiter. Frankfurt a.M. 1981, S. 9.
17 Ebd.
18 Walter Benjamin: Juden in der deutschen Kultur. In: ders.: Gesammelte Schriften. Unter Mitwirkung von Theodor W. Adorno und Gershom Scholem hg. von Rolf Tiedemann und Hermann Schweppenhäuser. Band II, 2: Aufsätze, Essays, Vorträge. Frankfurt a.M. 1980, S. 807–813, hier S. 808.
19 Vgl. dazu Bernd Martin und Ernst Schulin (Hgg.): Die Juden als Minderheit in der Geschichte. München 1981.
20 Thomas Mann: Zum Problem des Antisemitismus. In: ders.: Gesammelte Werke in 13 Bänden. Band 13: Nachträge. Frankfurt a.M. 1974, S. 479–490, hier S. 485.
21 Vgl. dazu etwa Jack Zipes: The Contemporary German Fascination for Things Jewish: Toward a Minor Jewish Culture. In: Sander L. Gilman (Hg.): Reemerging Jewish Culture in German Life and Literature since 1989. New York, London 1994, S. 15–45. Außerdem Verf.: Today's Germany and the Jews. The Representation of Jews in Postwar German Literature. The 1998 Paul Lecture. Bloomington, Indiana 1998.

II. »Jüdische Literatur in deutscher Sprache«. Begriffsbestimmung

1 Vgl. Franz Kafka: Tagebücher 1910–1923. Hg. von Max Brod. Frankfurt a.M. 2. Aufl. 1983, S. 113. Die Werke Kafkas werden im folgenden nach der Ausgabe Max Brods zitiert, die für ihre Rezeption, auch in der jüdischen Literatur, grundlegend ist.
2 Giuliano Baioni: Kafka – Literatur und Judentum. Übers. von Gertrud und Josef Billen. Stuttgart, Weimar 1994, S. 3.
3 Vgl. etwa Karl Erich Grözinger, Stéphane Mosès und Hans Dieter Zimmermann (Hgg.): Kafka und das Judentum. Frankfurt a.M. 1987.
4 Beda Allemann: Fragen an die judaistische Kafka-Deutung am Beispiel Benjamins. In: Karl Erich Grözinger, Stéphane Mosès und Hans Dieter Zimmermann (Hgg.): Kafka und das Judentum, S. 35–70, hier S. 67.
5 Kurt Tucholsky: Gesammelte Werke in 10 Bänden. Hg. von Mary Gerold-Tucholsky und Fritz J. Raddatz. Band 9: 1929. Reinbek bei Hamburg 1993, S. 44.
6 Ebd., S. 45.
7 Max Brod: Über Franz Kafka. Franz Kafka – Eine Biographie. Franz Kafkas Glauben und Lehre. Verzweiflung und Erlösung im Werk Franz Kafkas. Frankfurt a.M. 1976, S. 164. Zu Brods Kafka-Bild vgl. auch Jürgen Born: Max Brod's Kafka. In: ders.: »Dass zwei in mir kämpfen ...« und andere Aufsätze zu Kafka. Wuppertal 2. Aufl. 1993, S. 19–36.
8 Ebd.

9   Ebd., S. 44.
10 Vgl. dazu etwa Beda Allemann: Fragen an die judaistische Kafka-Deutung am Beispiel Benjamins.
11 Gershom Scholem: Walter Benjamin – die Geschichte einer Freundschaft. Frankfurt a.M. 1975, S. 212.
12 Vgl. Kurt Tucholsky: In der Strafkolonie. In: ders.: Gesammelte Werke in 10 Bänden, Band 2: 1919–1920, S. 344–346, insbes. S. 344.
13 Vgl. etwa Franz Kafka: Tagebücher, S. 30, 244 (zu Kleist), 176f., 182f, 203, 474–478 (zu Goethe), 201, 233, 430 (zu Grillparzer).
14 Hans Dieter Zimmermann: Der babylonische Dolmetscher. Zu Franz Kafka und Robert Walser. Frankfurt a.M. 1985, S. 188.
15 Ebd.
16 Ebd.
17 Ebd., S. 185.
18 Hans Dieter Zimmermann: Die endlose Suche nach dem Sinn. *Kafka und die jiddische Moderne*. In: ders. (Hg.): Nach erneuter Lektüre: Franz Kafkas *Der Proceß*. Würzburg 1992, S. 211–222, hier S. 222.
19 Beda Allemann: Fragen an die judaistische Kafka-Deutung am Beispiel Benjamins, S. 66.
20 Vgl. dazu Gerhard Sauder (Hg.): Die Bücherverbrennung. Zum 10. Mai 1933. München 1983, S. 171f.
21 Vgl. dazu etwa Konrad Kwiet, Gunter E. Grimm und Hans-Peter Bayerdörfer: Einleitung. In: dies. (Hgg.): Im Zeichen Hiobs. Jüdische Schriftsteller und deutsche Literatur im 20. Jahrhundert. Frankfurt a.M. 2., durchges. Aufl. 1986, S. 7–66, insbes. S. 41–48.
22 Adolf Bartels: Die deutsche Dichtung von Hebbel bis zur Gegenwart (Die Alten und die Jungen). Ein Grundriß. Dritter Teil: Die Jüngsten. Leipzig 10.–12. Auflage 1922, S. 64. Zu Bartels vgl. vor allem Karl Otto Conrady: Vor Adolf Bartels wird gewarnt. Aus einem Kapitel mißverstandener Heimatliebe. In: ders.: Literatur und Germanistik als Herausforderung. Skizzen und Stellungnahmen. Frankfurt a.M. 1974, S. 227–233. Ferner Rainer Brändle: Antisemitische Literarhistorik: Adolf Bartels. In: Renate Heuer und Ralph-Rainer Wuthenow (Hgg.): Antisemitismus, Zionismus, Antizionismus 1850–1940. Frankfurt a.M., New York 1997, S. 35–53. Außerdem Ludwig Geiger: Die Deutsche Literatur und die Juden, S. 4ff.
23 Ebd., S. 62.
24 Ebd., S. 63.
25 Vgl. dazu etwa Elisabeth Frenzel: Judengestalten auf der deutschen Bühne. Ein notwendiger Querschnitt durch 700 Jahre Rollengeschichte. München 2. Aufl. 1942. Außerdem z.B. Renate von Heydebrand: Zur Analyse von Wertsprachen in der Zeitschrift *Euphorion/Dichtung und Volkstum* vor und nach 1945. Am Beispiel von Hans Pyritz und Wilhelm Emrich. In: Wilfried Barner und Christoph König (Hgg.): Zeitenwechsel. Germanistische Literaturwissenschaft vor und nach 1945. Frankfurt a.M. 1996, S. 205–230, insbes. S. 220, wo Emrichs »militanter Antisemitismus« zur Sprache kommt.
26 Hans J. Schütz: Juden in der deutschen Literatur. Eine deutsch-jüdische Literaturgeschichte im Überblick. München, Zürich 1992, S. 11. Vgl. außerdem Egon Schwarz: Der Beitrag der Juden zur deutschen Literatur. In: Hans

Otto Horch und Horst Denkler (Hgg.): Conditio Judaica. Judentum, Antisemitismus und deutschsprachige Literatur vom 18. Jahrhundert bis zum Ersten Weltkrieg. Interdisziplinäres Symposion der Werner-Reimers-Stiftung Bad Homburg v.d.H. Erster Teil. Tübingen 1988, S. 309–328, sowie Hans Otto Horch und Itta Shedletzky: Die deutsch-jüdische Literatur und ihre Geschichte. In: Julius H. Schoeps (Hg.): Neues Lexikon des Judentums. Gütersloh, München 1992, S. 291–294.

27 Vgl. etwa Hans Otto Horch: ›Was heißt und zu welchem Ende studiert man deutsch-jüdische Literaturgeschichte?‹

28 Vgl. dazu Moritz Goldstein: Deutsch-jüdischer Parnaß. In: Der Kunstwart 25 (1912), 11, S. 281–294.

29 Zit. nach Max Brod: Über Franz Kafka, S. 275.

30 Konrad Kwiet, Gunter E. Grimm und Hans-Peter Bayerdörfer: Einleitung, S. 41.

31 Vgl. dazu etwa Julius Carlebach (Hg.): Wissenschaft des Judentums. Anfänge der Judaistik in Europa. Darmstadt 1992.

32 Vgl. Meyer Kayserling: Die Jüdische Literatur von Moses Mendelssohn bis auf die Gegenwart. Trier 1896.

33 Vgl. Moritz Lazarus: Was heisst und zu welchem Ende studirt man jüdische Geschichte und Litteratur? Ein Vortrag. Leipzig 1900.

34 Vgl. dazu Leopold Zunz: Etwas über rabbinische Literatur (1818). In ders.: Gesammelte Schriften. Hg. vom Curatorium der »Zunzstiftung«. 3 Bände in einem Band. Band 1. Hildesheim, New York 1976 (Nachdr. der Ausgabe Berlin 1875–1876), S. 1–31, hier S. 1.

35 Vgl. Leopold Zunz: Juden und jüdische Literatur (1845). In: ders.: Gesammelte Schriften, Band 1, S. 86–114, hier S. 101.

36 Ebd., S. 110.

37 Sander Gilman: Jüdische Literaten und deutsche Literatur. Antisemitismus und die verborgene Sprache der Juden am Beispiel von Jurek Becker und Edgar Hilsenrath. In: Zeitschrift für deutsche Philologie 107 (1988), 2, S. 269–294, hier S. 293.

38 Vgl. dazu etwa Max Brod: Der jüdische Dichter deutscher Zunge. In: Vom Judentum. Ein Sammelbuch. Hg. vom Verein jüdischer Hochschüler Bar Kochba in Prag. Leipzig 1913, S. 261–263.

39 Gustav Karpeles: Geschichte der jüdischen Literatur, Band 1, S. 1.

40 Ebd.

41 Vgl. Klaus Weimar: Literatur, Literaturgeschichte, Literaturwissenschaft. Zur Geschichte der Bezeichnungen für eine Wissenschaft und ihren Gegenstand. In: Christian Wagenknecht (Hg.): Zur Terminologie der Literaturwissenschaft. Akten des IX. Germanistischen Symposions der Deutschen Forschungsgemeinschaft Würzburg 1986. Stuttgart 1988, S. 9–23, hier S. 12ff.

42 Günter Stemberger: Geschichte der jüdischen Literatur. Eine Einführung. München 1977, S. 9.

43 Hans Otto Horch: Heimat und Fremde, S. 45.

44 Vgl. dazu Hana Wirth-Nesher (Hg.): What is Jewish Literature? Philadelphia, Jerusalem 1994.

45 Ismar Elbogen: Art. »Literatur der Juden«. In: Jüdisches Lexikon. Ein enzyklopädisches Handbuch des jüdischen Wissens in vier Bänden. Begründet

von Georg Herlitz und Bruno Kirschner. Band 3: Ib-Ma. Frankfurt a.M. 1987 (Nachdr. der Ausgabe Berlin 1927), Sp. 1126–1147, hier Sp. 1126f.
46 Willy Haas: Der Fall Rudolf Borchardt. In: Gustav Krojanker (Hg.): Juden in der deutschen Literatur, S. 231–240, hier S. 232.
47 Vgl. etwa Abraham Chapman (Hg.): Jewish-American Literature. An Anthology of Fiction, Poetry, Autobiography, and Criticism. New York u.a.O. 1974.
48 Vgl. Cynthia Ozick: Toward a New Yiddish. In: dies.: Art and Ardor. New York 1983, S. 155–181.
49 Vgl. dazu Oskar Baum: Otto Weininger. In: Gustav Krojanker (Hg.): Juden in der deutschen Literatur, S. 121–138.
50 Vgl. dazu Sigurd Paul Scheichl: Juden, die keine Juden sind. Die Figuren in Schnitzlers ›Fink und Fliederbusch‹. In: Mark H. Gelber, Hans Otto Horch und Sigurd Paul Scheichl (Hgg.): Von Franzos zu Canetti. Jüdische Autoren aus Österreich. Neue Studien. Tübingen 1996, S. 225–238.
51 Ludwig Geiger: Die Deutsche Literatur und die Juden, S. 23.
52 Vgl. Vilèm Flusser: Jude sein. Essays, Briefe, Fiktionen. Hg. von Stefan Bollmann und Edith Flusser. Mit einem Nachwort von David Flusser. Düsseldorf 1995.
53 Mira Zussman: Jüdische Identität heute. Notizen aus Amerika. In: Andreas Nachama, Julius H. Schoeps und Edward van Voolen (Hgg.): Jüdische Lebenswelten. Essays. Frankfurt a.M. 1991, S. 108–122, hier S. 108.
54 Vgl. Gershom Scholem: Juden und Deutsche, S. 36f. Dazu Margarita Pazi: Das ›ungelebte Leben‹ Kurt Tucholskys. In: Stéphane Mosès und Albrecht Schöne (Hgg.): Juden in der deutschen Literatur. Ein deutsch-israelisches Symposion. Frankfurt a.M. 1986, S. 293–315.
55 Kurt Tucholsky: Juden und Deutsche. In: Ernst Loewy u.a. (Hgg.): Exil. Literarische und politische Texte aus dem deutschen Exil 1933–1945. Stuttgart 1979, S. 266–272, hier S. 266. Zu Tucholskys ›jüdischer Identität‹ vgl. Beate Schmeichel-Falkenberg: »Ich bin aus dem Judentum ausgetreten und ich weiß, daß man das gar nicht kann.« Kurt Tucholsky und das Judentum. In: Wolfgang Benz (Hg.): Deutsch-jüdisches Exil: das Ende der Assimilation? Identitätsprobleme deutscher Juden im Exil. Berlin 1994, S. 79–94.
56 Moritz Goldstein: Deutsch-jüdischer Parnaß, S. 293.
57 Zit. nach John Felstiner: Paul Celan, S. 355.
58 Vgl. etwa Moritz Heimann: Jüdische Form. In: ders.: Was ist das: ein Gedanke? Essays. Hg. und mit einem Nachwort von Gert Mattenklott. Frankfurt a.M. 1986, S. 199–205.
59 Vgl. dazu etwa Klaus Manger: Psalm. In: Jürgen Lehmann unter Mitarbeit von Christine Ivanovič (Hg.): Kommentar zu Paul Celans »Die Niemandsrose«. Heidelberg 1997, S. 112–118, insbes. S. 112f.
60 Gustav Karpeles: Geschichte der jüdischen Literatur, Band 1, S. 2.
61 Ebd.
62 Elisabeth Langgässer: ... soviel berauschende Vergänglichkeit. Briefe 1926–1950. Frankfurt a.M., Berlin, Wien 1981, S. 174.
63 Vgl. dazu Axel Dunker: »Den Pessimismus organisieren«. Eschatologische Kategorien in der Literatur zum Dritten Reich. Bielefeld 1994, S. 97–108.
64 Christian Wagenknecht: Isachar Falkensohn Behrs Gedichte von einem

pohlnischen Juden. Ein Kapitel aus der Literaturgeschichte der Emanzipation. In: Stéphane Mosès und Albrecht Schöne (Hgg.): Juden in der deutschen Literatur, S. 77–86, hier S. 81.
65 Ebd., S. 86f.
66 Vgl. dazu vor allem Hans Otto Horch: Auf der Suche nach der jüdischen Erzählliteratur. Die Literaturkritik der »Allgemeinen Zeitung des Judentums« (1837–1922). Frankfurt a.M. u.a.O. 1985.
67 Giuliano Baioni: Kafka – Literatur und Judentum, S. 3.
68 Vgl. Jakob Wassermann: Mein Weg als Deutscher und Jude. Hg. und mit einem Nachwort von Rudolf Wolff. Berlin 1987, S. 87.
69 Vgl. dazu Margarita Pazi: Franz Kafka, Max Brod und der ›Prager Kreis‹. In: Karl Erich Grözinger, Stéphane Mosès und Hans Dieter Zimmermann (Hgg.): Kafka und das Judentum, S. 71–92.
70 Franz Kafka: Tagebücher, S. 306.
71 Zu Brod vgl. etwa Claus-Ekkehard Bärsch: Max Brod im *Kampf um das Judentum*. Zum Leben und Werk eines deutsch-jüdischen Dichters aus Prag. Wien 1992.
72 Max Brod: Streitbares Leben. Autobiographie. München o.J. (1960), S. 44.
73 Ebd.
74 Ebd., S. 50.
75 Zu dem Begriff vgl. etwa Wolfgang Benz: Die jüdische Erfahrung. In: Argonautenschiff 6 (1997), S. 149–158.
76 Es sei nur am Rande vermerkt, daß der Begriff des Diskurses hier nicht im Sinn der Diskurstheorie benutzt wird, vielmehr verschiedene Elemente seiner historischen Verwendung aufgreift. Vgl. dazu etwa Jürgen Fohrmann: Diskurs. In: Klaus Weimar u.a. (Hgg.): Reallexikon der deutschen Literaturwissenschaft. Neubearbeitung des Reallexikons der deutschen Literaturgeschichte. Band 1: A-G. Berlin, New York 1997, S. 369–372.

III. »In dunkeln Zeiten«. Heine-Rezeption als Tradition der jüdischen Literatur deutscher Sprache

1 Jürgen Habermas: Heinrich Heine und die Rolle des Intellektuellen in Deutschland. In: Merkur 40 (1986), S. 453–468, hier S. 455.
2 Hans Mayer: Von Lessing bis Thomas Mann. Wandlungen der bürgerlichen Literatur in Deutschland. Pfullingen 1959, S. 273.
3 Karl Kraus: Heine und die Folgen. In: ders.: Magie der Sprache. Ein Lesebuch. Hg. und mit einem Nachwort von Heinrich Fischer. Frankfurt a.M. 1974, S. 169–192, hier S. 171.
4 Vgl. dazu etwa Paul Peters: Die Wunde Heine. Zur Geschichte des Heine-Bildes in Deutschland. Bodenheim 1997.
5 Vgl. dazu Adolf Bartels: Einführung in das deutsche Schrifttum für deutsche Leser. In 52 Briefen. Leipzig 1933.
6 Golo Mann: Heine, wem gehört er? In: ders.: Wir alle sind, was wir gelesen haben. Aufsätze und Reden zur Literatur. Frankfurt a.M. 1989, S. 167–182, hier S. 168.

7   Hans Robert Jauß: Literaturgeschichte als Provokation. Frankfurt 5. Aufl. 1974, S. 110.
8   Vgl. dazu Wolfgang Preisendanz: Heinrich Heine. Werkstrukturen und Epochenbezüge. München 1973, S. 21ff.
9   Vgl. dazu im folgenden vor allem Sol Liptzin: Heine and the Yiddish Poets. In: Mark H. Gelber (Hg.): The Jewish Reception of Heinrich Heine. Tübingen 1992, S. 67–76.
10 Hans Mayer: Von Lessing bis Thomas Mann, S. 275. Ähnlich urteilt auch Max Brod: Heinrich Heine. Amsterdam 1934, S. 269: »Heine steht allein, ohne Hintergrund.«
11 Vgl. Theodor W. Adorno: Die Wunde Heine. In: ders.: Noten zur Literatur. Hg. von Rolf Tiedemann. Frankfurt a.M. 1981, S. 95–100, hier S. 98.
12 Vgl. dazu Hannah Arendt: Rahel Varnhagen. Lebensgeschichte einer deutschen Jüdin aus der Romantik. Neuausgabe München, Zürich 1981.
13 Vgl. dazu Heinrich Heine: Prinzessin Sabbat. Über Juden und Judentum. Hg. und eingeleitet von Paul Peters. Bodenheim 1997, insbes. S. 8f.
14 Theodor W. Adorno: Die Wunde Heine, S. 100.
15 Vgl. dazu vor allem Lothar Kahn und Donald D. Hook: The Impact of Heine on Nineteenth-Century German-Jewish Writers. In: Mark H. Gelber (Hg.): The Jewish Reception of Heine, S. 53–66.
16 Vgl. ebd., S. 56ff.
17 Vgl. dazu Itta Shedletzky: Im Spannungsfeld Heine-Kafka. Deutsch-jüdische Belletristik und Literaturdiskussion zwischen Emanzipation, Assimilation und Zionismus. In: Albrecht Schöne (Hg.): Kontroversen, alte und neue. Akten des VII. Internationalen IVG-Kongresses Göttingen 1985. Band 5: Auseinandersetzungen um jiddische Sprache und Literatur – Jüdische Komponenten in der deutschen Literatur – Die Assimilationskontroverse. Hg. von Walter Röll und Hans-Peter Bayerdörfer. Tübingen 1986, S. 113–121, insbes. S. 116.
18 Vgl. dazu Gustav Karpeles: Geschichte der jüdischen Literatur, Band 2, S. 425f.
19 Vgl. dazu Itta Shedletzky: Zwischen Stolz und Abneigung. Zur Heine-Rezeption in der deutsch-jüdischen Literaturkritik. In: Hans Otto Horch und Horst Denkler (Hgg.): Conditio Judaica, Erster Teil, S. 200–213, insbes. S. 200. Außerdem Hans Otto Horch: Auf der Suche nach der jüdischen Erzählliteratur, S. 107–115.
20 Moritz Goldstein: Deutsch-jüdischer Parnaß, S. 289.
21 Ebd.
22 Ebd.
23 Ebd., S. 290.
24 Vgl. Volker Dahm: Das jüdische Buch im Dritten Reich. Erster Teil: Die Ausschaltung der jüdischen Autoren, Verleger und Buchhändler. Frankfurt a.M. 1979, Sp. 179.
25 Vgl. ebd., Sp. 179–185. Außerdem Joseph Wulf: Literatur und Dichtung im Dritten Reich. Eine Dokumentation. Frankfurt a.M., Berlin 1989, S. 466–472.
26 Vgl. dazu etwa die Beiträge Ludwig Marcuses in ders.: Wie alt kann Aktuelles sein? Literarische Essays und Porträts. Hg., mit einem Nachwort und einer Auswahlbibliographie von Dieter Lamping. Zürich 1989.

Anmerkungen 171

27 Zu den Differenzen zwischen Max Brod und Ludwig Marcuse vgl. Ludwig Marcuse: Mein zwanzigstes Jahrhundert. Auf dem Weg zu einer Autobiographie. Zürich 1975, S. 375.
28 Arnold Zweig: Bilanz der deutschen Judenheit. Ein Versuch. Hg. und mit einem Nachwort von Kurt Pätzold. Leipzig 1990, S. 202.
29 Vgl. Max Brod: Heinrich Heine, S. 331.
30 Ebd., S. 317.
31 Ebd., S. 316.
32 Ebd., S. 324.
33 Ebd., S. 269.
34 Ebd., S. 270.
35 Ebd.
36 Ebd., S. 173.
37 Ebd., S. 269.
38 Vgl. ebd., S. 267.
39 Ebd., S. 269f.
40 Yvan Goll: Die Lyrik in 4 Bänden. Hg. und kommentiert von Barbara Glauert-Hesse im Auftrag der Fondation Yvan et Claire Goll Saint-Dié-des-Vosges. Band 3: Jean sans Terre/ Johann Ohneland. Berlin 1996, S. 8.
41 Ebd., S. 362.
42 Heinrich Heine: Sämtliche Schriften in 12 Bänden. Hg. von Klaus Briegleb. Band 11: Schriften 1851–1855. ›Gedichte‹ hg. von Walter Klaar. Frankfurt a.M., Berlin, Wien 1981, S. 180.
43 Yvan Goll: Die Lyrik in 4 Bänden, Band 3, S. 41.
44 Paul Celan: Gesammelte Werke in 5 Bänden. Hg. von Beda Allemann und Stefan Reichert unter Mitwirkung von Rolf Bücher. Band 1: Gedichte 1. Frankfurt 1986, S. 229f.
45 Vgl. dazu etwa Amir Eshel und Thomas Sparr: Zur Topographie der Herkunft in der Lyrik von Dan Pagis und Paul Celan. In: Mark Gelber, Hans Otto Horch und Sigurd Paul Scheichl (Hgg.): Von Franzos zu Canetti, S. 115–128, hier S. 122ff.
46 François Villon: Des Meisters Werke. Ins Deutsche übertragen von K.L. Ammer. Berlin o.J., S. 21.
47 Peter Horst Neumann: Zur Lyrik Paul Celans. Eine Einführung. Göttingen 2., erw. Aufl. 1990, S. 34.
48 Georg-Michael Schulz: Eine Gauner- und Ganovenweise. In: Jürgen Lehmann unter Mitarbeit von Christine Ivanovič (Hg.): Kommentar zu Paul Celans »Die Niemandsrose«, S. 131–136, hier S. 134.
49 Heinrich Heine: Sämtliche Schriften, Band 1: Schriften 1817–1840, S. 271.
50 Ebd., S. 485.
51 Vgl. Paul Celan: Ein Brief. In: Hans Bender (Hg.): Mein Gedicht ist mein Messer. Lyriker über ihre Gedichte. München 1961, S. 86–87, hier S. 87.
52 (Paul Celan:) Briefe an Alfred Margul-Sperber. In: Neue Literatur 26 (1975), 7, S. 50–63, hier S. 54.
53 Ebd., S. 56.
54 James K. Lyon hat diese Reaktion Celans als »paranoid« bezeichnet. Vgl. James K. Lyon: Judentum, Antisemitismus, Verfolgungswahn: Celans »Krise« 1960–1962. In: Celan-Jahrbuch 3 (1989), S. 175–204, insbes. S. 188ff.

55 Vgl. John Felstiner: Paul Celan, S. 198.
56 (Paul Celan:) Briefe an Alfred Margul-Sperber, S. 54.
57 Ebd., S. 55.
58 Ebd., S. 57.
59 Heinrich Heine: Sämtliche Schriften, Band 1, S. 482.
60 Ebd., S. 485.
61 Christine Ivanovič: »Da sah ich dich, Mandelstamm«. In: Axel Gellhaus u.a. (Hgg.): »Fremde Nähe«. Celan als Übersetzer. Eine Ausstellung des Deutschen Literaturarchivs in Verbindung mit dem Präsidialdepartement der Stadt Zürich im Schiller-Nationalmuseum Marbach am Neckar und im Stadthaus Zürich. Marbach 1997, S. 333–354, hier S. 342.
62 Ebd.
63 Yvan Goll: Die Lyrik in 4 Bänden, Band 3, S. 8.
64 Ebd., S. 9.
65 Ebd.

IV. Die »Eindrucksfähigkeit für das Jüdische«. Ostjudentum und jiddische Literatur als Gegenstand jüdischen Diskurses von Kafka bis Joseph Roth

1 Franz Kafka: Tagebücher, S. 63.
2 Vgl. ebd., S. 69f., 79, 82, 83, 140, 83 und 135.
3 Vgl. ebd., S. 81.
4 Vgl. ebd., S. 75.
5 Vgl. ebd.
6 Vgl. ebd., S. 177.
7 Vgl. ebd., S. 127.
8 Vgl. ebd., S. 470.
9 Vgl. ebd., S. 188.
10 Vgl. ebd., S. 144, 199, 204f., 266, 291, 318 u.ö.
11 Vgl. ebd., S. 38.
12 Vgl. ebd., S. 190.
13 Vgl. ebd., S. 50.
14 Vgl. ebd., S. 287.
15 Vgl. ebd., S. 291.
16 Vgl. ebd., S. 173.
17 Vgl. Franz Kafka: Briefe an Felice und andere Korrespondenz aus der Verlobungszeit. Hg. von Erich Heller und Jürgen Born. Mit einer Einleitung von Erich Heller. Frankfurt a.M. 1967, S. 444.
18 Franz Kafka: Tagebücher, S. 223.
19 Vgl. dazu Franz Kafka: Brief an den Vater. Faksimile. Hg. und mit einem Nachwort von Joachim Unseld. Frankfurt a.M. 1994, S. 154.
20 Vgl. Franz Kafka: Tagebücher, S. 83.
21 Vgl. ebd., S. 123f.
22 Vgl. ebd., S. 127f.

Anmerkungen 173

23 Franz Kafka: Tagebücher, S. 167.
24 Ebd., S. 219.
25 Franz Kafka: Briefe an Milena. Erweiterte und neu geordnete Ausgabe. Hg. von Jürgen Born und Michael Müller. Frankfurt a.M. 1983, S. 294. Vgl. dazu auch Giuliano Baioni: Kafka – Literatur und Judentum, S. 2ff.
26 Giuliano Baioni: Kafka – Literatur und Judentum, S. 56.
27 Ebd., S. 46.
28 Ebd., S. 57f.
29 Vgl. ebd., S. 59–73.
30 Franz Kafka: Briefe an Milena, S. 294.
31 Franz Kafka: Tagebücher, S. 168.
32 Max Brod: Streitbares Leben, S. 215.
33 Franz Kafka: Tagebücher, S. 99.
34 Ebd., S. 333.
35 Vgl. dazu etwa Sander Gilman: The Rediscovery of the Eastern Jews: German Jews in the East, 1890–1918. In: David Bronsen (Hg.): Jews and Germans from 1860 to 1933: The Problematic Symbiosis. Heidelberg 1979, S. 338–366, insbes. S. 338–342.
36 Jakob Wassermann: Mein Weg als Deutscher und Jude, S. 113.
37 Ludwig Geiger: Die Deutsche Literatur und die Juden, S. 2.
38 Franz Kafka: Hochzeitsvorbereitungen auf dem Lande und andere Prosa aus dem Nachlaß. Hg. von Max Brod. Frankfurt a.M. 1986, S. 306 und 307.
39 Vgl. dazu Matthias Richter: Die Sprache jüdischer Figuren in der deutschen Literatur (1750–1933). Studien zu Form und Funktion. Göttingen 1995, S. 25ff.
40 Zit. nach ebd., S. 79.
41 Ebd., S. 93.
42 Ebd., S. 70.
43 Vgl. dazu etwa Hans Peter Althaus: Soziolekt und Fremdsprache. Das Jiddische als Stilmittel in der deutschen Literatur. In: Zeitschrift für deutsche Philologie 100 (1981), Sonderheft, S. 212–232.
44 Berthold Auerbach: Gesammelte Schriften. Erste, neu durchgesehene Gesammtausgabe. Band 12. Stuttgart und Augsburg 1858, S. 17.
45 Vgl. dazu Sander L. Gilman: Jüdischer Selbsthaß. Antisemitismus und die verborgene Sprache der Juden. Übers. von Isabella König. Frankfurt a.M. 1993, S. 139ff.
46 Max Brod: Heinrich Heine, S. 49.
47 Vgl. dazu Helmut Dinse: Die Entwicklung des jiddischen Schrifttums im deutschen Sprachgebiet. Stuttgart 1974.
48 Walter Mehring: Der Kaufmann von Berlin. In: ders.: Die höllische Komödie. Drei Dramen. Die Frühe der Städte. Die höllische Komödie. Der Kaufmann von Berlin. Taschenbuchausgabe aufgrund der von Christoph Buchwald edierten Werkausgabe. Frankfurt a.M., Berlin, Wien 1981, S. 135–272, hier S. 142.
49 Gershon Shaked: Die Macht der Identität, S. 19.
50 Ebd., S. 16.
51 Vgl. dazu etwa Steven E. Ascheim: 1912. The publication of Moritz Goldstein's »The German-Jewish Parnassus« sparks a debate over assimila-

tion, German culture, and the »Jewish spirit«. In: Sander L. Gilman und Jack Zipes (Hgg.): Yale Companion to Jewish Writing and Thought in German Culture, 1096–1996, S. 299–305. Zur zeitgenössischen Rezeption vgl. Ferdinand Avenarius u.a.: Aussprachen mit Juden. In: Der Kunstwart 25 (1912), 22, S. 225–261.

52 Moritz Goldstein: Deutsch-jüdischer Parnaß, S. 283.
53 Ebd., S. 290.
54 Ebd., S. 293.
55 Ebd., S. 292.
56 Ebd.
57 Ebd., S. 293.
58 Vgl. dazu Stéphane Mosès: Der Engel der Geschichte. Franz Rosenzweig, Walter Benjamin, Gershom Scholem. Frankfurt a.M. 1992, S. 185–215. Außerdem ders.: Das Kafka-Bild Gershom Scholems. In: Merkur 33 (1979), S. 862–867.
59 Vgl. dazu etwa Steven M. Lowenstein u.a.: Deutsch-jüdische Geschichte in der Neuzeit. Band 3: Umstrittene Integration 1871–1918. München 1997.
60 Vgl. dazu Martin Buber: Jüdische Renaissance. In: ders.: Die jüdische Bewegung. Gesammelte Aufsätze und Ansprachen. Erste Folge 1900–1914. Berlin 2. Aufl. 1920, S. 7–16.
61 Hans-Peter Bayerdörfer: Das Bild des Ostjuden in der deutschen Literatur. In: Herbert A. Strauss und Christhard Hoffmann (Hgg.): Juden und Judentum in der Literatur. München 1985, S. 211–236, hier S. 228.
62 Vgl. dazu Michael Brenner: The Renaissance of Jewish Culture in Weimar Germany. New Haven, London 1996, S. 129ff.
63 Vgl. dazu Giuliano Baioni: Kafka – Literatur und Judentum, S. 1–33.
64 Vgl. ebd., S. 26.
65 Max Brod: Streitbares Leben, S. 215.
66 Ebd.
67 Ebd.
68 Vgl. dazu Giuliano Baioni: Kafka – Literatur und Judentum, S. 108ff.
69 Franz Kafka: Tagebücher, S. 119.
70 Vgl. dazu vor allem Itta Shedletzky: Ost und West in der deutsch-jüdischen Literatur von Heinrich Heine bis Joseph Roth. In: Mark H. Gelber, Hans Otto Horch und Sigurd Paul Scheichl (Hgg.): Von Franzos zu Canetti, S. 189–200; ferner Sander Gilman: The Rediscovery of the Eastern Jews: German Jews in the East, 1890–1918, sowie Hans-Peter Bayerdörfer: Das Bild des Ostjuden in der deutschen Literatur.
71 Vgl. dazu Benjamin Harshav: The Meaning of Yiddish. Berkeley, Los Angeles, Oxford 1990, S. 139f.
72 Vgl. dazu etwa Otto F. Best: Mameloschen. Jiddisch – eine Sprache und ihre Literatur. Frankfurt a.M. 2., durchges. Aufl. 1988, insbes. S. 170ff.
73 Vgl. dazu Michael Brenner: The Renaissance of Jewish Culture in Weimar Germany, S. 195.
74 Benjamin Harshav: The Meaning of Yiddish, S. 152.
75 Vgl. dazu Henry Wassermann unter Mitwirkung von Joel Golb u.a.: Bibliographie des Jüdischen Schrifttums in Deutschland 1933–1943. Bearbeitet für das Leo Baeck Institut, Jerusalem. München, New York, London, Paris 1989.

76 Vgl. dazu Manès Sperber: Churban oder Die unfaßbare Gewißheit. Essays. Wien, München, Zürich 1979, S. 163ff.
77 Manès Sperber: All das Vergangene ... Die Wasserträger Gottes. Die vergebliche Warnung. Bis man mir Scherben auf die Augen legt. Wien, München, Zürich 1983, S. 109.
78 Vgl. dazu Heather Valencia: Else Lasker-Schüler und Abraham Nochem Stenzel. Eine unbekannte Freundschaft. Mit jiddischen und deutschen Texten aus dem Elisabeth-Wöhler-Nachlaß. Frankfurt a.M., New York 1995.
79 Vgl. ebd., S. 66.
80 Vgl. dazu Leo und Renate Fuks: Yiddish Publishing Activities in the Weimar Republic, 1920–1930. In: Leo Baeck Institute Yearbook 23 (1988), S. 417–434.
81 Vgl. dazu Hans-Peter Bayerdörfer: »Geborene Schauspieler« – Das jüdische Theater des Ostens und die Theaterdebatte im deutschen Judentum. In: Hans Otto Horch und Charlotte Wardi (Hgg.): Jüdische Selbstwahrnehmung. La prise de conscience de l'identite juive. Tübingen 1997, S. 195–216.
82 Vgl. dazu Hans Peter Althaus: Ansichten vom Jiddischen. Urteile und Vorurteile deutschsprachiger Schriftsteller des 20. Jahrhunderts. In: Albrecht Schöne (Hg.): Kontroversen, alte und neue, Band 5, S. 63–71, insbes. S. 68.
83 Vgl. dazu Joachim Hemmerle: Jiddische Theater im Spiegel deutschsprachiger Kritik von der Jahrhundertwende bis 1928. Eine Dokumentation. In: Michael Brocke (Hg.): Beter und Rebellen. Aus 1000 Jahren Judentum in Polen. Frankfurt a.M. 1983, S. 277–312; sowie Ludger Heid: Ostjüdische Kultur im Deutschland der Weimarer Republik. In: Julius H. Schoeps (Hg.): Juden als Träger bürgerlicher Kultur in Deutschland, S. 328–356.
84 Alfred Kerr: Moskauer Jüdisches Theater. In: ders.: Mit Schleuder und Harfe. Theaterkritiken aus drei Jahrzehnten. Hg. von Hugo Fetting. München 1985, S. 421–423, hier S. 421.
85 Vgl. dazu Peter Sprengel (Hg.): Scheunenviertel-Theater. Jüdische Schauspieltruppen und jiddische Dramatik in Berlin (1900–1918). Berlin 1995.
86 Joseph Roth: Juden auf Wanderschaft. Köln 1985, S. 36.
87 Ebd., S. 52.
88 Ebd., S. 53.
89 Ebd., S. 52.
90 Ebd., S. 57.
91 Ebd., S. 52.
92 Ebd., S. 57.
93 Mark Gelber hat darauf hingewiesen, daß Roth vermutlich die Figur des Badchen gemeint hat. Vgl. dazu Mark H. Gelber: »Juden auf Wanderschaft« und die Rhetorik der Ost-West-Debatte im Werk Joseph Roths. In: Michael Kessler und Fritz Hackert (Hgg.): Joseph Roth. Interpretation, Rezeption, Kritik. Tübingen 1990, S. 127–135.
94 Joseph Roth: Juden auf Wanderschaft, S. 35.
95 Ebd., S. 57.
96 Ebd., S. 35.
97 Zu Kafkas Interesse am Batlen vgl. Franz Kafka: Tagebücher. Hg. von Hans-Gerd Koch u.a., Frankfurt a.M. 1990, S. 364ff.

98 David Bronsen: Joseph Roth. Eine Biographie. Gekürzte Fassung. Köln 1993, S. 157f.
99 Sammy Gronemann: Hawdoloh und Zapfenstreich. Erinnerungen an die ostjüdische Etappe 1916–1918. Berlin 1925.
100 Arnold Zweig: Das ostjüdische Antlitz. Zu 52 Zeichnungen von Hermann Struck. Wiesbaden 1988 (Nachdruck der Ausgabe Berlin 1920), S. 14.
101 Ebd., S. 52.
102 Ebd., S. 9.
103 Ebd., S. 8.
104 Ebd., S. 10.
105 Ebd., S. 7.
106 Ebd., S. 172.
107 Ebd., S. 174.
108 Alfred Döblin: Reise in Polen. Olten und Freiburg i.B. 1968, S. 88.
109 Ebd., S. 89.
110 Ebd., S. 145.
111 Ebd., S. 137.
112 Ebd.
113 Ebd., S. 327.
114 Ebd., S. 330.
115 Ebd., S. 331.
116 Vgl. Evelyn Torton Beck: Kafkas ›Durchbruch‹. Der Einfluß des jiddischen Theaters auf sein Schaffen. In: Basis 1 (1970), S. 204–223, hier S. 209.
117 Zit. nach David Bronsen: Joseph Roth. Eine Biographie. Köln 1974, S. 254.
118 Vgl. ebd., S. 255.
119 Vgl. dazu etwa David R. Midgley: Arnold Zweig. Eine Einführung in Leben und Werk. Frankfurt a.M. 1987, S. 159ff.
120 Hans-Peter Bayerdörfer: »›Ghettokunst‹. Meinetwegen, aber hundertprozentig echt.« Alfred Döblins Begegnung mit dem Ostjudentum. In: Gunter E. Grimm und Hans-Peter Bayerdörfer (Hgg.): Im Zeichen Hiobs, S. 161–177, hier S. 168.
121 Alfred Döblin: Berlin Alexanderplatz. Die Geschichte vom Franz Biberkopf. Frankfurt a.M. 1980, S. 20.
122 Walter Mehring: Chronik der Lustbarkeiten. Die Gedichte, Lieder und Chansons 1918–1933. Band 2. Taschenbuchausgabe aufgrund der von Christoph Buchwald edierten Werkausgabe. Frankfurt a.M., Berlin, Wien 1983, S. 35.
123 Walter Mehring: Der Kaufmann von Berlin. In: ders.: Die höllische Komödie, S. 159.
124 Vgl. ebd., S. 141f.
125 Walter Mehring: Chronik der Lustbarkeiten, S. 36.
126 Eine Ausnahme ist Mosche Leib Halpern. Vgl. dazu: In a Schtodt woss schtarbt. In einer Stadt, die stirbt. Jiddische Lyrik aus Wien. Hg. und übersetzt von Gabriele Kohlbauer-Fritz. Wien 1995.
127 Vgl. dazu etwa Hans-Peter Bayerdörfer: Das Bild des Ostjuden in der deutschen Literatur, S. 235; zur zeitgenössischen Rezeption des Stücks vgl. die Kritiken von Bernhard Diebold, Felix Hollaender und Paul Fechter in: Günther Rühle (Hg.): Theater für die Republik im Spiegel der Kritik. Band 2:

Anmerkungen 177

1926-1933. Frankfurt a.M. 1967, S. 961-968; sowie Alfred Kerr: Walter Mehring: »Der Kaufmann von Berlin«. In: ders.: Mit Schleuder und Harfe, S. 645-469.
128 Vgl. dazu Joseph A. Kruse: An die Fremde in der Ferne. Ein jiddisches Gedicht und Übertragungen aus dem Jiddischen von Rose Ausländer. In: Mark H. Gelber, Hans Otto Horch und Sigurd Paul Scheichl (Hgg.): Von Franzos zu Canetti, S. 107-114.
129 Vgl. dazu John Felstiner: Paul Celan, S. 232-234.
130 Joseph Roth: Juden auf Wanderschaft, S. 20.
131 Ebd., S. 16.
132 Ebd., S. 75.
133 Ebd.
134 Ebd.
135 Ebd.
136 Ebd., S. 76.
137 Ebd., S. 77.

V. Zwischen Babylon und Zion. Die jüdische Erfahrung des Exils

1 Vgl. Thomas Friedrich: Das Vorspiel. Die Bücherverbrennung am 10. Mai 1933: Verlauf, Folgen, Nachwirkungen. Eine Dokumentation. Berlin 1983, S. 31f. Außerdem generell Gerhard Sauder (Hg.): Die Bücherverbrennung.
2 Vgl. dazu Gerhard Sauder: Die Bücherverbrennung, S. 150.
3 Volker Dahm: Das jüdische Buch im Dritten Reich, Sp. 8.
4 Anordnung der Reichsschrifttumskammer über schädliches und unerwünschtes Schrifttum vom 15.4.1940, § 4, zit. nach ebd., Sp. 213.
5 Ebd., Sp. 21.
6 Vgl. dazu etwa Ernst Loewy (Hg.): Literatur unterm Hakenkreuz. Das Dritte Reich und seine Dichtung. Eine Dokumentation. Frankfurt a.M. 1990; ferner Joseph Wulff (Hg.): Literatur und Dichtung im Dritten Reich; sowie neuerdings Ralf Schnell: Dichtung in finsteren Zeiten. Deutsche Literatur und Faschismus. Reinbek bei Hamburg 1998.
7 Vgl. Volker Dahm: Das jüdische Buch im Dritten Reich, Sp. 12f.
8 Vgl. ebd., Sp. 194.
9 Heinrich Mann: Ihr ordinärer Antisemitismus. In: ders: Verteidigung der Kultur. Antifaschistische Streitschriften und Essays. Hamburg 1960, S. 18-24, hier S. 21.
10 Vgl. ebd.
11 Vgl. Ludwig Marcuse: Mein zwanzigstes Jahrhundert, S. 158f.
12 Zit. nach David Bronsen: Joseph Roth, S. 234.
13 Walter Muschg: Die Zerstörung der deutschen Literatur. Bern 2. Aufl. 1966, S. 22.
14 Hans Mayer: Der Widerruf. Über Deutsche und Juden. Frankfurt a.M. 1994, S. 430.

15 Vgl. dazu Wolfgang Benz (Hg.): Die Juden in Deutschland 1933–1945. Leben unter nationalsozialistischer Herrschaft. München 1993.
16 Ehrhard Bahr: Deutsch-jüdische Exilliteratur und Literaturgeschichtsschreibung. In: Itta Shedletzky und Hans Otto Horch (Hgg.): Deutsch-jüdische Exil- und Emigrationsliteratur im 20. Jahrhundert. Tübingen 1993, S. 29–42, hier S. 32.
17 Alfred Kantorowicz: Die Einheitsfront in der Literatur. In: Die Sammlung 2 (1935), S. 337–347.
18 Heinrich Mann: Aufgaben der Emigration. In: ders.: Verteidigung der Kultur, S. 9–17, hier S. 13.
19 Ebd.
20 Ebd., S. 13f.
21 Leopold Schwarzschild: Antwort an Thomas Mann. In: Das Neue Tage-Buch 4 (1936), S. 82.
22 Eduard Korrodi: Deutsche Literatur im Emigrantenspiegel. In: Neue Zürcher Zeitung vom 26.1. 1936.
23 Thomas Mann: Ein Brief von Thomas Mann (an Eduard Korrodi). In: ders.: Achtung Europa! Essays 1933–1938. Essays Band 4. Hg. von Hermann Kurzke und Stefan Stachorski. Frankfurt a.M. 1995, S. 169–174, hier S. 171.
24 Ehrhard Bahr: Deutsch-jüdische Exilliteratur und Literaturgeschichtsschreibung, S. 31.
25 Vgl. René Schickele: Werke in 3 Bänden. Hg. von Hermann Kesten unter Mitarbeit von Anna Schickele. Band 3. Köln 1959, S. 1085.
26 Arnold Zweig: Bilanz der deutschen Judenheit, S. 12.
27 Vgl. dazu Walter Mehring: Das Mitternachtstagebuch. Texte des Exils 1933–1939. Hg. und mit einem Nachwort von Georg Schirmers. Mannheim 1996.
28 Ehrhard Bahr: Deutsch-jüdische Exilliteratur und Literaturgeschichtsschreibung, S. 41f. Vgl. dazu außerdem generell Klaus Hermsdorf: »Deutsch-jüdische« Schriftsteller? Anmerkungen zu einer Literaturdebatte des Exils. In: Zeitschrift für Germanistik 3 (1982), 1, S. 278–292.
29 Vgl. dazu etwa Ehrhard Bahr: Nelly Sachs. München 1980, S. 97ff. Außerdem Ursula Rudnik: Post-Shoa Religious Metaphors. The Image of God in the Poetry of Nelly Sachs. Frankfurt a.M. u.a.O. 1995.
30 Alfred Döblin: Schriften zu jüdischen Fragen. Hg. von Hans Otto Horch. Solothurn, Düsseldorf 1995, S. 41.
31 Vgl. Wolfgang Benz und Marion Neiss (Hgg.): Deutsch-jüdisches Exil: das Ende der Assimilation?
32 Alfred Döblin: Schriften zu jüdischen Fragen, S. 41.
33 Ebd., S. 202.
34 Ebd., S. 284.
35 Ebd., S. 280.
36 Ebd., S. 52.
37 Ebd., S. 54.
38 Ebd., S. 55.
39 Ebd., S. 56.
40 Ebd.
41 Ebd., S. 57.
42 Ebd., S. 56.

43 Ebd.
44 Ebd.
45 Ebd., S. 58.
46 Ebd., S. 69.
47 Ebd., S. 41.
48 Ebd., S. 58.
49 Ebd., S. 83.
50 Ebd., S. 83.
51 Vgl. dazu Michael Walzer: Exodus und Revolution. Übers. von Bernd Rullkötter. Berlin 1988, S. 142.
52 Ebd., S. 43.
53 Vgl. dazu etwa Ernst Bloch: Zerstörte Sprache – zerstörte Kultur. In: ders: Gesamtausgabe Band 11: Politische Messungen, Pestzeit, Vormärz. Frankfurt a.M. 1970, S. 277–299. Vgl. dazu generell etwa Thomas Koebner: Polemik gegen das Dritte Reich. Deklassierung und Dämonisierung. In: ders.: Unbehauste. Zur deutschen Literatur in der Weimarer Republik, im Exil und in der Nachkriegszeit. München 1992, S. 220–236.
54 Zit. nach Alfred Döblin: Schriften zu jüdischen Fragen, S. 573.
55 Vgl. Ludwig Marcuse: Döblins Juden-Buch. In: Das Neue Tage-Buch 1 (1933), 16, S. 385–386.
56 Ludwig Marcuse: Döblin greift ein. Zit. nach Alfred Döblin: Schriften zu jüdischen Fragen, S. 378.
57 Ebd.
58 Ebd., S. 379.
59 Ebd., S. 380.
60 Vgl. Ludwig Marcuse: Mein zwanzigstes Jahrhundert, S. 160.
61 Vgl. dazu etwa Albrecht Betz: 1935. At the International Writers Congress in Paris, the exiled German authors lay down the foundation of their opposition to the Nazis: the defense of the »Ideas of 1789«. In: Sander L. Gilman und Jack Zipes (Hgg.): Yale Companion to Jewish Writing and Thought in German Culture, 1096–1996, S. 520–525.
62 Zit. nach Alfred Döblin: Schriften zu jüdischen Fragen, S. 575.
63 Hans Otto Horch: Nachwort. In: Alfred Döblin: Schriften zu jüdischen Fragen, S. 523–580, hier S. 575.
64 Ebd., S. 548.
65 Karl Wolfskehl: Gesammelte Werke. Hg. von Margot Ruben und Claus Victor Bock. Band 1: Dichtungen, Dramatische Dichtungen. Hamburg 1960, S. 203.
66 Ebd., S. 205.
67 Ebd., S. 204f.
68 Gert Mattenklott: Nelly Sachs, Arnold Zweig und Karl Wolfskehl – Briefe aus dem Exil. In: Itta Shedletzky und Hans Otto Horch (Hgg.): Deutschjüdische Exil- und Emigrationsliteratur. S. 139–152, hier S. 146.
69 Karl Wolfskehl: Gesammelte Werke, Band 1, S. 204.
70 Vgl. dazu etwa Werner Zirus: Ahasverus. Der ewige Jude. Berlin und Leipzig 1930. Außerdem Adolf Leschnitzer: Der Gestaltwandel Ahasvers. In: In zwei Welten. Siegfried Moses zum 75. Geburtstag. Tel-Aviv 1962, S. 470–505.

71 Zur Schechina vgl. Gershom Scholem: Die jüdische Mystik in ihren Hauptströmungen. Frankfurt a.M. 5. Aufl. 1993, S. 120f.
72 Zit. nach ebd., S. 120.
73 Karl Wolfskehl: Gesammelte Werke, Band 1, S. 214.
74 Ebd., S. 214.
75 Paul Hoffmann: »– jüdisch, römisch, deutsch zugleich«. Karl Wolfskehl. In: Gunter E. Grimm und Hans Peter Bayerdörfer (Hgg.): Im Zeichen Hiobs, S. 98–123, hier S. 119.
76 Ebd., S. 121.
77 Ebd.
78 Karl Wolfskehl: Gesammelte Werke, Band 1, S. 284.
79 Vgl. dazu Hermann Levin Goldschmidt: Vorwort nach fünfzig Jahren. In: Margarete Susman: Das Buch Hiob und das Schicksal des jüdischen Volkes. Mit einem Vorwort von Hermann Levin Goldschmidt. Frankfurt a.M. 1996, S. 7–20, hier S. 15.
80 Paul Hoffmann: »– jüdisch, römisch, deutsch zugleich«, S. 111.
81 Alfred Döblin: Schriften zu jüdischen Fragen, S. 47.
82 Arnold Zweig: Bilanz der deutschen Judenheit, S. 253.
83 Robert Neumann: An den Wassern von Babylon. Roman. Oxford 1945, S. 18.
84 Ebd., S. 34.
85 Ebd., S. 35.
86 Ebd., S. 336.
87 Ebd.
88 Michael Walzer: Exodus und Revolution, S. 20.
89 Ebd.
90 Ebd., S. 22.
91 Ebd., S. 7.
92 Itta Shedletzky: Existenz und Tradition. Zur Bestimmung des ›Jüdischen‹ in der deutschsprachigen Literatur. In: dies. und Hans Otto Horch (Hgg.): Deutsch-jüdische Exil- und Emigrationsliteratur im 20. Jahrhundert, S. 3–14, hier S. 11.
93 Robert Neumann: Ein leichtes Leben. Bericht über mich selbst und Zeitgenossen. Wien, München, Basel 1963, S. 46.
94 Arnold Zweig: Bilanz der deutschen Judenheit, S. 249.
95 Guy Stern: Literarische Kultur im Exil. Literature and Culture in Exile. Dresden 1998, S. 62.
96 Ernst H. Gombrich: Jüdische Identität und jüdisches Schicksal. Eine Diskussionsbemerkung. Mit einer Einleitung von Emil Brix und einer Diskussionsdokumentation von Frederick Baker. Hg. von Emil Brix und Frederick Baker. Wien 1997, S. 33.
97 Guy Stern: Literarische Kultur im Exil, S. 127.
98 Ebd., S. 138.

VI. Holocaust-Literatur als jüdische Literatur.
Paul Celans »Todesfuge«

1   Die Begriffe ›Holocaust‹ und ›Shoah‹ werden hier synonym gebraucht. Zum terminologischen Problem vgl. bes. Eberhard Jäckel: Vorwort zur deutschen Ausgabe. In: Israel Gutman u.a. (Hgg.): Enzyklopädie des Holocaust. Die Verfolgung und Ermordung der europäischen Juden. Deutsche Ausgabe hg. von Eberhard Jäckel, Peter Longerich und Julius H. Schoeps. Band 1: A-G. Berlin o.J. (1993), S. XVI-XIX.
2   Theodor W. Adorno: Prismen – Kulturkritik und Gesellschaft. Frankfurt a.M. 1953, S. 31.
3   Vgl. dazu Verf.: Sind Gedichte über Auschwitz barbarisch? Über die Humanität der Holocaust-Lyrik. In: ders.: Literatur und Theorie. Über poetologische Probleme der Moderne. Göttingen 1996, S. 100–118.
4   Hilde Domin: Das Gedicht als Augenblick von Freiheit. Frankfurter Poetik-Vorlesungen 1987/88. München, Zürich 2. Aufl. 1992, S. 23.
5   Vgl. dazu Hans Magnus Enzensberger: Die Sterne der Freiheit. In: Merkur 13 (1959), S. 770–775.
6   Peter Szondi: Celan-Studien. Frankfurt a.M. 1972, S. 102.
7   Vgl. dazu etwa Manuel Köppen (Hg.): Kunst und Literatur nach Auschwitz. Berlin 1993. Außerdem Manuel Köppen und Klaus R. Scherpe (Hgg.): Bilder des Holocaust. Literatur – Film – Bildende Kunst. Köln, Weimar, Wien 1997; Nicolas Berg, Jess Jochimsen und Bernd Stiegler (Hgg.): Shoah. Formen der Erinnerung. Geschichte, Philosophie, Literatur, Kunst. München 1996; Geoffrey H. Hartman (Hg.): Holocaust Rememberance. The Shapes of Memory. Oxford, Cambridge 1994; Berel Lang (Hg.): Writing and the Holocaust. New York, London 1988.
8   Vgl. dazu etwa Alan Mintz: Hurban. Responses to Catastrophe in Hebrew Literature. Syracuse, New York 1996.
9   Vgl. Theodor W. Adorno: Negative Dialektik. In: ders.: Gesammelte Schriften. Band 6. Hg. von Rolf Tiedemann. Frankfurt a.M. 1973, S. 7–412, hier S. 355.
10   Peter Horst Neumann: Zur Lyrik Paul Celans. Eine Einführung. Göttingen 2., erw. Auflage 1990, S. 98; ähnlich auch Theo Buck: Muttersprache, Mördersprache. Aachen 1993, S. 35.
11   Vgl. Israel Gutman u.a. (Hgg.): Enzyklopädie des Holocaust, Band 2: H-R, S. 744, Sp. 2.
12   Vgl. ebd., S. 801–802.
13   Vgl. Israel Gutmann u.a. (Hgg.): Enzyklopädie des Holocaust, Band 1: A-G, S. 273, Sp. 1.
14   John Felstiner: Paul Celan, S. 65.
15   Peter Horst Neumann: Zur Lyrik Paul Celans, S. 99.
16   Zit. nach Barbara Wiedemann-Wolf: Antschel Paul – Paul Celan. Studien zum Frühwerk. Tübingen 1985, S. 82.
17   Vgl. dazu etwa Fania Fénelon: Das Mädchenorchester in Auschwitz. München 11. Aufl. 1994.
18   Vgl. dazu Peter Szondi: Celan-Studien, S. 77.
19   Vgl. Verf.: Sind Gedichte über Auschwitz barbarisch?

20 Peter Horst Neumann: Zur Lyrik Paul Celans, S. 95.
21 Vgl. dazu Theo Buck: Muttersprache, Mördersprache, S. 73ff.
22 Heinrich Stiehler: Die Zeit der Todesfuge. Die Anfänge Paul Celans. In: Akzente 19 (1972), S. 11–40, hier S. 29. Kritisch dazu Barbara Wiedemann-Wolf: Antschel Paul – Paul Celan. Studien zum Frühwerk. Tübingen 1985, S. 82ff.
23 Vgl. dazu auch Theo Buck: Muttersprache, Mördersprache, S. 63ff.
24 Vgl. Wolfgang Menzel: Celans Gedicht »Todesfuge«. Das Paradoxon einer Fuge über den Tod in Auschwitz. In: GRM, N.F. 18 (1968), S. 431–447, hier S. 446.
25 Amy Colin: Paul Celan – Holograms of Darkness. Bloomington, Indianapolis 1991, S. 45.
26 Ebd.
27 Zit. nach John Felstiner: Paul Celan, S. 76.
28 Ebd., S. 59.
29 Ebd., S. 53.
30 Barbara Wiedemann-Wolf: Antschel Paul – Paul Celan, S. 84f.
31 Theodor Verweyen und Gunter Witting: Die Kontrafaktur. Vorlage und Verarbeitung in Literatur, bildender Kunst, Werbung und politischem Plakat. Konstanz 1987, S. 75.
32 Zu dem Begriff vgl. Verf.: Das lyrische Gedicht. Definitionen zu Theorie und Geschichte der Gattung. Göttingen 2. Aufl. 1993, S. 55ff.
33 Theo Buck: Muttersprache, Mördersprache, S. 74. Zur Tradition christlicher Interpretation des »Hohenliedes« vgl. vor allem Friedrich Ohly: Hohelied-Studien. Grundzüge einer Geschichte der Hoheliedauslegung des Abendlandes bis um 1200. Wiesbaden 1958.
34 Vgl. ebd., S. 74 und 75.
35 Vgl. dazu Franz Kafka: Tagebücher, S. 69ff.
36 Heinrich Graetz: Volkstümliche Geschichte der Juden. Band 1: Die Zeit der Könige, das Exil und die nachexilische Zeit bis zur makkabäischen Erhebung. München 1985 (Nachdruck der Ausgabe Berlin und Wien 1923), S. 334f.
37 Jizchak Leib Peretz: Venus und Sulamith. In: Dein aschenes Haar Sulamith. Ostjüdische Geschichten. Mit Bildern von Ephraim Mose Lilien. Hg. von Ulf Diederichs in Verbindung mit Otto M. Lilien und der Germania Judaica (Köln). Köln 2. Aufl. 1983, S. 279–285, hier S. 285.
38 Ebd., S. 285.
39 Ebd., S. 286.
40 Vgl. Der Midrasch Schir Ha-Schirim. Bibliotheca Rabbinica. Eine Sammlung alter Midraschim. Zum ersten Male ins Deutsche übertragen von August Wünsche. 6. und 7. Lieferung. Hildesheim 1967 (Nachdr. der Ausgabe Leipzig 1880), S. 162. Zur jüdischen Tradition der Auslegung des »Hohenlieds« vgl. etwa Siegmund Salfeld: Das Hohelied Salomo's bei den jüdischen Erklärern des Mittelalters. Nebst einem Anhange: Erklärungsproben aus Handschriften. Berlin 1879.
41 Cynthia Ozick: Toward a New Yiddish, S. 169.
42 Gert Mattenklott: Zur Darstellung der Shoa in deutscher Nachkriegsliteratur. In: Jüdischer Almanach 1993 des Leo Baeck Instituts. Hg. von Jakob Hessing. Frankfurt a.M. 1992, S. 26–34, hier S. 30.

43 Ebd., S. 31.
44 Reinhard Baumgart: Unmenschlichkeit beschreiben. Weltkrieg und Faschismus in der Literatur. In: Merkur 19 (1965), S. 37–50, hier S. 49.
45 Rolf Hochhuth: Der Stellvertreter. Schauspiel. Mit einem Vorwort von Erwin Piscator. Reinbek bei Hamburg 1963, S. 178f.
46 Gert Mattenklott: Zur Darstellung der Shoa in deutscher Nachkriegsliteratur, S. 31.
47 Vgl. dazu John Felstiner: Paul Celan, S. 68.
48 Vgl. etwa Barbara Wiedemann-Wolf: Antschel Paul – Paul Celan, S. 85. Ähnlich auch Marlies Janz: Vom Engagement absoluter Poesie. Zur Lyrik und Ästhetik Paul Celans. Frankfurt a.M. 1976, S. 40.
49 Hartwig Schultz: Vom Rhythmus der modernen Lyrik. München 1970, S. 118.
50 Vgl. etwa Gerd Theissen: Tradition und Entscheidung. Der Beitrag des biblischen Glaubens zum kulturellen Gedächtnis. In: Jan Assmann und Tonio Hölscher (Hgg.): Kultur und Gedächtnis. Frankfurt a.M. 1988, S. 170–196, hier S. 176.
51 Vgl. dazu vor allem Yosef Hayim Yerushalmi: Zachor: Erinnere Dich! Jüdische Geschichte und jüdisches Gedächtnis. Übers. von Wolfgang Heuss. Berlin 1996.
52 James E. Young: Erinnern und Gedenken. Die Schoa und die jüdische Identität. In: Andreas Nachama, Julius H. Schoeps und Edward van Voolen (Hgg.): Jüdische Lebenswelten. Essays, S. 149–164, hier S. 149. Vgl. dazu grundsätzlich auch ders.: Beschreiben des Holocaust. Darstellung und Folgen der Interpretation. Übers. von Christa Schuenke. Frankfurt a.M. 1997.
53 Ebd., S. 151.
54 Zit. nach Jean Améry: Jenseits von Schuld und Sühne. Bewältigungsversuche eines Überwältigten. Stuttgart 2. Aufl. 1977, S. 145.

VII. Literatur »auf Grund von Auschwitz«. Das Beispiel Grete Weils

1 Peter Szondi: Celan-Studien, S. 102f.
2 Grete Weil: Meine Schwester Antigone. Roman. Frankfurt a.M. 1988, S. 56.
3 Grete Weil: Der Brautpreis. Roman. Frankfurt a.M. 1994, S. 236.
4 Vgl. dazu Alvin H. Rosenfeld: A Double Dying. Reflections on Holocaust Poetry. Bloomington, Indianapolis 1988, sowie Verf. (Hg.): Dein aschenes Haar Sulamith. Dichtung über den Holocaust. München, Zürich 2. Aufl. 1993.
5 Grete Weil: Spätfolgen. Erzählungen. Frankfurt a.M. 1995, S. 102.
6 Vgl. dazu Theodor W. Adorno: Ästhetische Theorie. Hg. von Gretel Adorno und Rolf Tiedemann. Frankfurt a.M. 1970, S. 476f.
7 Vgl. dazu Israel Gutman u.a. (Hgg.): Enzyklopädie des Holocaust, Band 1, S. 38–40.
8 Grete Weil: Ans Ende der Welt. Erzählung. Frankfurt a.M. 1989, S. 82.
9 Ebd., S. 74.

10 Ebd., S. 64.
11 Grete Weil: Tramhalte Beethovenstraat. Roman. Freiburg, Basel, Wien 1995, S. 62.
12 Ebd., S. 143.
13 Ebd., S. 207.
14 Ebd., S. 211.
15 Vgl. etwa Hans Mayer: Das Geschehen und das Schweigen. Aspekte der Literatur. Frankfurt a.M. 1969.
16 Grete Weil: Tramhalte Beethovenstraat, S. 79f.
17 Grete Weil: Spätfolgen, S. 102f.
18 Vgl. dazu Alvin H. Rosenfeld: Primo Levi: The Survivor as Victim. In: James S. Pacy und Alan P. Wertheimer (Hgg.): Perspectives on the Holocaust. Essays in Honor of Raul Hilberg. Boulder, San Francisco, Oxford 1995, S. 123–144.
19 Grete Weil: Spätfolgen, S. 105.
20 Ebd., S. 102.
21 Ebd., S. 101f.
22 Ebd., S. 102.
23 Ebd., S. 103.
24 Vgl. dazu etwa Ilka Quindeau: Trauma und Geschichte. Interpretationen autobiographischer Erzählungen von Überlebenden des Holocaust. Mit einem Vorwort von Judith S. Kestenberg. Frankfurt a.M. 1995.
25 Grete Weil: Meine Schwester Antigone, S. 24.
26 Ebd., S. 47.
27 Ebd., S. 65.
28 Ebd., S. 64.
29 Ebd.
30 Ebd., S. 68.
31 Ebd., S. 88.
32 Ebd., S. 10.
33 Ebd., S. 65.
34 Ebd.
35 Ebd., S. 151.
36 Ebd., S. 151f.
37 Vgl. dazu besonders George Steiner: Die Antigonen. Geschichte und Gegenwart eines Mythos. Übers. von Martin Pfeiffer. München 1988.
38 Grete Weil: Meine Schwester Antigone, S. 113.
39 Ebd., S. 112.
40 Ebd., S. 111.
41 Ebd., S. 111f.
42 Gershon Shaked: Die Macht der Identität, S. 193.
43 Ebd.
44 Grete Weil: Der Brautpreis, S. 19.
45 Ebd., S. 62.
46 Ebd., S. 10.
47 Ebd., S. 50.
48 Ebd., S. 70.
49 Ebd., S. 167.

50 Ebd.
51 Jean Paul Sartre: Drei Essays. Mit einem Nachwort von Walter Schmiele. Frankfurt a.M., Berlin, Wien 1975, S. 143.
52 Grete Weil: Der Brautpreis, S. 52.
53 Vgl. etwa André Neher: Jüdische Identität. Einführung in den Judaismus. Übers. von Holger Fock. Mit einem Nachwort von Rudolf Pfisterer. Hamburg 1995.
54 Vgl. dazu vor allem Laureen Nussbaum und Uwe Meyer: Grete Weil: unbequem, zum Denken zwingend. In: Exilforschung 11 (1993), S. 156–170; außerdem Uwe Meyer: Grete Weil. In: Heinz Ludwig Arnold (Hg.): Kritisches Lexikon zur deutschsprachigen Gegenwartsliteratur. 44. Nlg. 1993, sowie Sigrid Weigel: Die Stimme der Medusa. Schreibweisen in der Gegenwartsliteratur von Frauen. Dülmen-Hiddingsel 1987, S. 298–303; schließlich Alexander von Bormann: Der deutsche Exilroman in den Niederlanden. Formsemantische Überlegungen. In: Sjaak Onderdelinden (Hg.): Interbellum und Exil. Amsterdam, Atlanta 1991, S. 225–249, insbes. S. 244ff.
55 Grete Weil: Meine Schwester Antigone, S. 14.

VIII. »Die Trennung«. Jüdischer Diskurs und deutsche Nachkriegsliteratur

1 Zur Gruppe 47 und ihren Mitgliedern vgl. Hans Werner Richter (Hg.) in Zusammenarbeit mit Walter Mannzen: Almanach der Gruppe 47 1947–1962. Reinbek bei Hamburg 1962.
2 Vgl. Marcel Reich-Ranicki: Deutsche Literatur in Ost und West. Prosa seit 1945. München 2. Aufl. 1966, S. 247.
3 Vgl. etwa Sander L. Gilman und Jack Zipes: Introduction. Jewish Writing in German Through the Ages. In: dies. (Hgg.): Yale Companion to Jewish Writing and Thought in German Culture, 1096–1996, S. XVII–XXXIV, hier S. XXIII.
4 Vgl. dazu Peter Mertz: Und das wurde nicht ihr Staat. Erfahrungen emigrierter Schriftsteller mit Westdeutschland. München 1985.
5 Vgl. Wolfgang Weyrauch (Hg.): Ich lebe in der Bundesrepublik. Fünfzehn Deutsche über Deutschland. München o.J.
6 Hermann Kesten: Das ewige Exil. In: ders. (Hg.): Ich lebe nicht in der Bundesrepublik. München 1963, S. 9–28, hier S. 27.
7 Manès Sperber. In: Hermann Kesten (Hg.): Ich lebe nicht in der Bundesrepublik, S. 156.
8 Ebd., S. 157.
9 Ludwig Marcuse. In: Leonard Freed: Deutsche Juden heute. Mit Beiträgen von Robert Neumann u.a. hg. von Hans Hermann Küper. München 1965, S. 64–68, hier S. 66.
10 Ebd., S. 67.
11 Ebd., S. 68.
12 Hermann Kesten: Andere Völker – andere Sitten. In: ders.: Filialen des

Parnaß. 31 Essays. Frankfurt a.M., Berlin, Wien 1984, S. 263–272, hier S. 271.
13 Vgl. dazu Frank Stern: November 9, 1945. Alfred Döblin, one of the first German-Jewish writers to return to Germany, arrives in the French occupation zone. In: Sander L. Gilman und Jack Zipes (Hgg.): Yale Companion to Jewish Writing and Thought in German Culture, 1096–1996, S. 634–641.
14 Zit. nach Peter Mertz: Und das wurde nicht ihr Staat, S. 270.
15 Alfred Döblin: Brief an Ludwig Marcuse vom 16.8. 1951. In: Briefe von und an Ludwig Marcuse. Hg. und eingeleitet von Harold von Hofe. Zürich 1975, S. 103.
16 Ebd.
17 Alfred Döblin: Brief an Ludwig Marcuse vom 22.12.1949. In: Ebd., S. 100.
18 Christoph Buchwald: Odysseus hat entweder heimzukommen oder umzukommen. Notizen zur Rezeption Walter Mehrings nach 1950. In: Text und Kritik 78: Walter Mehring, S. 51–55, hier S. 55.
19 Friedrich Dürrenmatt: Über Walter Mehring. In: ders.: Werkausgabe in 29 Bänden. Band 26: Literatur und Kunst. Essays, Gedichte und Reden. Zürich 1980, S. 70–71, hier S. 70.
20 Walter Mehring: Zu Haus bin ich überall. In: Hermann Kesten (Hg.): Ich lebe nicht in der Bundesrepublik, S. 113.
21 Ludwig Marcuse: Lebe ich oder lebe ich nicht in der Bundesrepublik? In: Hermann Kesten (Hg.): Ich lebe nicht in der Bundesrepublik, S. 107–113, hier S. 112.
22 Ebd., S. 110.
23 Ebd., S. 111.
24 Vgl. dazu vor allem Ludwig Marcuse: Nachruf auf Ludwig Marcuse. München 1969.
25 Vgl. dazu etwa Peter Mertz: Und das wurde nicht ihr Staat, S. 131ff.
26 Vgl. dazu etwa Helmut Peitsch: Die Gruppe 47 und die Exilliteratur – ein Mißverständnis? In: Justus Fetscher, Eberhard Lämmert und Jürgen Schutte (Hgg.): Die Gruppe 47 in der Geschichte der Bundesrepublik. Würzburg 1991, S. 108–134. Beispielhaft zeigt sich der Konflikt in Robert Neumanns Auseinandersetzung mit Autoren der Gruppe 47, etwa in ders: Ein leichtes Leben, oder ders.: Vielleicht das Heitere. Aufzeichnungen aus einem anderen Jahr. München 1968.
27 Alfred Andersch: Deutsche Literatur in der Entscheidung. Ein Beitrag zur Analyse der literarischen Situation (1948). In: Gerd Haffmans (Hg.): Das Alfred Andersch Lesebuch. Mit Lebensdaten und einer Bibliographie. Zürich 1979, S. 111–134.
28 Robert Neumann: Ein leichtes Leben, S. 507.
29 Ebd., S. 514.
30 Ebd., S. 508.
31 Peter Mertz: Und das wurde nicht ihr Staat, S. 133.
32 Ebd., S. 131.
33 Michael Hamburger: Einige Bemerkungen zur Kategorie Exil-Literatur. In: ders.: Literarische Erfahrungen. Aufsätze. Hg. von Harald Hartung. Darmstadt und Neuwied 1981, S. 97–105, hier S. 97f.
34 Ebd., S. 98.

35 Hilde Domin: Offener Brief an Nelly Sachs. Zur Frage der Exildichtung. In: dies.: Gesammelte autobiographische Schriften. Fast ein Lebenslauf. München, Zürich 1992, S. 167–175, hier S. 169.
36 Ebd., S. 172.
37 Ebd., S. 173.
38 Jens Stüben und Winfried Woesler: Das Osnabrücker Symposion zur deutschen Literatur jüdischer Autoren nach dem Holocaust. In: dies. in Zusammenarbeit mit Ernst Loewy (Hg.): »Wir tragen den Zettelkasten mit den Steckbriefen unserer Freunde«. Beiträge jüdischer Autoren zur deutschen Literatur seit 1945. Darmstadt 1993, S. 11–18, hier S. 12.
39 Vgl. dazu Sander Gilman: Jüdische Literaten und deutsche Literatur, etwa S. 293.
40 Wolfgang Hildesheimer in: Hans Jürgen Schultz (Hg.): Mein Judentum. Stuttgart 4.Aufl. 1991, S. 263–274, hier S. 264.
41 Ebd., S. 272.
42 Jean Améry: Jenseits von Schuld und Sühne, S. 151. Vgl. dazu auch Sidney Rosenfeld: Gegen die Unmoral der Geschichte. Jean Amérys Kampf um die Identität. In: Tribüne 24 (1985), 93, S. 104–113.
43 Jean Améry: Jenseits von Schuld und Sühne, S. 152.
44 Ebd., S. 147.
45 Ebd., S. 151.
46 Ebd., S. 142.
47 Ebd., S. 147.
48 Ebd., S. 152.
49 Ebd., S. 138.
50 Ebd., S. 141.
51 Ebd., S. 147.
52 Ebd., S. 149.
53 Ebd., S. 152.
54 Ebd., S. 151.
55 Ebd., S. 146.
56 Vgl. dazu Jack Zipes: 1952. Manès Sperber pursues the Jewish Question in *Wolyna*. In: Sander L. Gilman und Jack Zipes (Hgg.): Yale Companion to Jewish Writing and Thought in German Culture, 1096–1996, S. 697–704.
57 Vgl. dazu Hermann Kesten: Meine Freunde, die Poeten. Gekürzte Ausgabe. Frankfurt a.M., Berlin, Wien 1980, S. 221.
58 Vgl. dazu Marcel Reich-Ranicki: Manès Sperber und seine Trilogie »Wie eine Träne im Ozean«. In: ders.: Deutsche Literatur in West und Ost, S. 257–262.
59 Vgl. dazu John Felstiner: Paul Celan, vor allem S. 203ff. und 316f.
60 Ebd., S. 206.
61 Ebd., S. 105.
62 Ebd., S. 162.
63 Zit. nach ebd., S. 299.
64 Ebd., S. 187.
65 Zit. nach ebd., S. 291.
66 Zit. nach ebd., S. 155.
67 Zit. nach ebd., S. 171.

68 Vgl. ebd., S. 196.
69 Ebd., S. 246.
70 Zit. nach ebd., S. 131.
71 Vgl. dazu Helmut Böttiger: Orte Paul Celans. Wien 1996, S. 14.
72 Zit. nach Milo Dor: Auf dem falschen Dampfer. Fragmente einer Autobiographie. Wien, Darmstadt 1988, S. 214.
73 Paul Celan: Gesammelte Werke, Band 3, S. 167.
74 Paul Celan: Ein Brief. In: Hans Bender (Hg.): Mein Gedicht ist mein Messer. Lyriker zu ihren Gedichten. München 1961, S. 86–87, hier S. 86.
75 Ebd., S. 87.
76 Gert Mattenklott: Zur Darstellung der Shoa in deutscher Nachkriegsliteratur, S. 27.
77 Klaus Briegleb: Negative Symbiose. In: ders. und Sigrid Weigel (Hgg.): Gegenwartsliteratur seit 1968. Hansers Sozialgeschichte der deutschen Literatur vom 16. Jahrhundert bis zur Gegenwart. Band 12. München 1992, S. 117–150, hier S. 121.
78 Vgl. dazu Verf.: Sind Gedichte über Auschwitz barbarisch?, S. 100f.
79 Vgl. dazu Peter Rühmkorf: Einmalig wie wir alle. Reinbek bei Hamburg 1989, S. 84ff.
80 Vgl. dazu auch Holger Gehle: Juden und Deutsche in Wolfdietrich Schnurres Roman »Ein Unglücksfall«. In: Norbert Oellers (Hg.): Vom Umgang mit der Schoah in der deutschen Nachkriegsliteratur. Berlin 1995 (Zeitschrift für Deutsche Philologie, Band 114: Sonderheft), S. 113–128.
81 Heinrich Böll: Werke. Romane und Erzählungen 1. 1947–1951. Hg. von Bernd Balzer. Köln o. J. (1977), S. 407 u. 408.
82 Michael Serrer: Parallelisierung und Grenzvermischung. Zur Darstellung von Juden im Werk Heinrich Bölls. In: Norbert Oellers (Hg.): Vom Umgang mit der Schoah in der deutschen Nachkriegsliteratur, S. 50–64, hier S. 53.
83 Günter Grass: Werkausgabe in 10 Bänden. Band 2: Die Blechtrommel. Hg. von Volker Neuhaus. Darmstadt, Neuwied 1987, S. 123.
84 Ruth Klüger: Gibt es ein »Judenproblem« in der deutschen Nachkriegsliteratur? In: dies.: Katastrophen. Über deutsche Literatur. Göttingen 1994, S. 9–38, hier S. 23. Zur Kritik an Klügers »Efraim«-Deutung vgl. Verf.: Die Darstellung von Juden in der westdeutschen Nachkriegsliteratur. Das Beispiel Alfred Andersch. In: Argonautenschiff 6 (1997), S. 224–237, hier S. 233.
85 Vgl. dazu Sander Gilman: Jüdische Literaten und deutsche Literatur, S. 292, der darauf hinweist, daß die Darstellung von Juden bei Grass der »Selbstauffassung« jüdischer Autoren wie etwa Hilsenrath und Becker nicht entspricht.
86 Alfred Andersch: Die Blindheit des Kunstwerks. Literarische Essays und Aufsätze. Zürich 1979, S. 140.
87 Alfred Andersch: Efraim. Roman. Zürich 1976, S. 196.
88 Ebd.
89 Jean Améry: »Efraim« – oder die kluge Skepsis. In: Gerd Haffmans u.a. (Hgg.): Über Alfred Andersch. Zürich 3. Aufl. 1987, S. 123–127, hier S. 124.
90 Alfred Andersch: Efraim, S. 214.
91 Vgl. ebd., S. 197.
92 Ebd.

93 Ebd., S. 196f.
94 Ebd., S. 214.
95 Ebd., S. 152.
96 Ebd., S. 78.
97 Ebd.
98 Ebd., S. 91.
99 Ebd., S. 172.
100 Ebd.
101 Ebd., S. 184.
102 Vgl. dazu Paul Ricœur: Soi-même comme un autre. Paris 1990.
103 Zu Andersch und Améry vgl. Irene Heidelberger-Leonard: Schein und Sein in »Efraim«. Eine Auseinandersetzung von Alfred Andersch mit Jean Améry. In: Etudes Germaniques 36 (1981), 2, S. 188–197.
104 Vgl. dazu Stephan Reinhardt: Alfred Andersch. Eine Biographie. Zürich 1990, S. 435.
105 Marcel Reich-Ranicki: Sentimentalität und Gewissensbisse. Alfred Andersch: »Efraim«. In: ders.: Lauter Verrisse. Mit einem einleitenden Essay. Frankfurt a.M., Berlin, Wien 1973, S. 39–46, hier S. 40.
106 Ebd.
107 Ebd., S. 41.
108 Ebd.
109 Ebd., S. 41f.
110 Ebd., S. 42.
111 Ebd., S. 44.
112 Ebd., S. 45.
113 Ebd., S. 42.
114 Ebd., S. 45.
115 Vgl. Ludwig Marcuse: »Efraim« – Ein Erstlings-Roman. In: Gerd Haffmans u.a. (Hgg.): Über Alfred Andersch, S. 121–123.
116 Vgl. Robert Neumanns Leserbrief in: Die Zeit vom 17.11.1967, S. 30.

IX. Die »beschränkte Hoffnung«.
Jüdischer Diskurs in der deutschen Gegenwartsliteratur

1 Marcel Reich-Ranicki: Über Ruhestörer. Juden in der deutschen Literatur. Erweiterte Neuausgabe. München 3. Aufl. 1993, S. 57.
2 Hans J. Schütz: Juden in der deutschen Literatur, S. 26.
3 Ebd., S. 26f.
4 Vgl. dazu vor allem Sander Gilman: Jüdische Literaten und deutsche Literatur.
5 Vgl. dazu Rafael Seligmann: Mit beschränkter Hoffnung. Juden, Deutsche, Israelis. Hamburg 1991, S. 183, der von dem »Tropf autobiographischen Erlebens« spricht.
6 Vgl. Matthias Hermann: 72 Buchstaben. Gedichte. Frankfurt a.M. 1989.
7 Robert Schindel: Im Herzen die Krätze. Gedichte. Frankfurt a.M. 1988, S. 12.

8 Lea Fleischmann: Dies ist nicht mein Land. Eine Jüdin verläßt die Bundesrepublik. Mit einem Vorwort von Henryk M. Broder. Hamburg 1980, S. 8.
9 Ebd., S. 21.
10 Gershon Shaked: Die Macht der Identität, S. 197.
11 Vgl. dazu Gershon Shaked: Die Macht der Identität, insbes. S. 192ff. Zum Problem jüdischer Identität vgl. außerdem Michael A. Meyer: Jüdische Identität in der Moderne. Übers. von Anne Ruth Frank-Strauss. Frankfurt a.M. 1992.
12 Vgl. ebd., S. 200.
13 Ebd., S. 210.
14 Ebd., S. 208.
15 Ebd., S. 209.
16 Ebd., S. 210.
17 Jack Zipes: The Contemporary German Fascination for Things Jewish, S. 30.
18 Rafael Seligmann: Rubinsteins Versteigerung. Roman. Frankfurt a.M. 1989, S. 131.
19 Vgl. dazu Hans Otto Horch: Grauen und Groteske. Zu Edgar Hilsenraths Romanen. In: Jens Stüben und Winfried Woesler in Zusammenarbeit mit Ernst Loewy (Hgg.): »Wir tragen den Zettelkasten mit den Steckbriefen unserer Freunde«, S. 213–226.
20 Irene Dische: Fromme Lügen. Sieben Geschichten. Übers. von Otto Bayer und Monika Elwenspoek. Frankfurt a.M. 1989, S. 71.
21 Lea Fleischmann: Dies ist nicht mein Land, S. 54f.
22 Barbara Honigmann: Roman von einem Kinde. Sechs Erzählungen. Frankfurt a.M. 1986, S. 94.
23 Vgl. dazu etwa Henryk M. Broder und Michel R. Lang (Hgg.): Fremd im eigenen Land. Juden in der Bundesrepublik. Frankfurt a.M. 1979.
24 Vgl. dazu Guy Stern: Literarische Kultur im Exil, S. 249ff.
25 Robert Menasse: Selige Zeiten, brüchige Welt. Salzburg, Wien 1991, S. 121.
26 Robert Schindel: Ohneland. Gedichte. Frankfurt a.M. 1986, S. 95.
27 Lea Fleischmann: Dies ist nicht mein Land, S. 188.
28 Barbara Honigmann: Roman von einem Kinde, S. 111.
29 Chaim Noll: Nachtgedanken über Deutschland. Reinbek bei Hamburg 1992, S. 34.
30 Esther Dischereit: Joëmis Tisch. Eine jüdische Geschichte. Frankfurt a.M. 1988, S. 9.
31 Thomas Nolden: Junge jüdische Literatur. Konzentrisches Schreiben in der Gegenwart. Würzburg 1995, S. 10.
32 Vgl. dazu etwa Sander L. Gilman: Jews in Today's German Culture. Bloomington, Indianapolis 1995, S. 47ff.
33 Vgl. Matthias Hermann: 72 Buchstaben, S. 8.
34 Zur Bedeutung der »toten Juden« in der deutschen Nachkriegs-Kultur vgl. Jack Zipes: The Contemporary German Fascination for Things Jewish, S. 18.
35 Matthias Hermann: 72 Buchstaben, S. 61.
36 Maxim Biller: Wenn ich einmal reich und tot bin. Erzählungen. Köln 1990, S. 82.
37 Vgl. Robert Schindel: Ohneland, S. 98ff. und 101ff.
38 Sander L. Gilman: Jews in Today's German Culture, S. 46f.

39 Vgl. dazu Jack Zipes: The Contemporary German Fascination for Things Jewish, insbes. S. 17ff.
40 Rafael Seligmann: Mit beschränkter Hoffnung, S. 315.
41 Vgl. Jack Zipes: The Contemporary German Fascination for Things Jewish, S. 28.
42 Vgl. ebd., S. 16.
43 Thomas Nolden: Junge jüdische Literatur, S. 67.
44 Ebd., S. 68.
45 Vgl. dazu Sander L. Gilman: Jews in Today's German Culture, S. 45ff.
46 Vgl. dazu Gílles Deleuze und Félix Guttari: Kafka. Für eine kleine Literatur. Übers. von Burkhart Kroeber. Frankfurt a.M. 1976.
47 Vgl. dazu Sander L. Gilman: Jews in Today's German Culture, S. 23ff.

Literaturverzeichnis

Textausgaben

Améry, Jean: Jenseits von Schuld und Sühne. Bewältigungsversuche eines Überwältigten. Stuttgart 2. Aufl. 1977.
Andersch, Alfred: Die Blindheit des Kunstwerks. Literarische Essays und Aufsätze. Zürich 1979.
Andersch, Alfred: Efraim. Roman. Zürich 1976.
Auerbach, Berthold: Gesammelte Schriften. Erste, neu durchgesehene Gesammtausgabe. Stuttgart, Augsburg 1858.
Bender, Hans (Hg.): Mein Gedicht ist mein Messer. Lyriker über ihre Gedichte. München 1961.
Biller, Maxim: Wenn ich einmal reich und tot bin. Erzählungen. Köln 1990.
Bloch, Ernst: Gesamtausgabe Band 11: Politische Messungen, Pestzeit, Vormärz. Frankfurt a.M. 1970.
Böll, Heinrich: Werke. Hg. von Bernd Balzer. Köln o.J. (1977).
Börne, Ludwig: Sämtliche Schriften. Neu bearbeitet und herausgegeben von Inge und Peter Rippmann. Dreieich 1977.
Brod, Max: Streitbares Leben. Autobiographie. München o.J. (1960).
Celan, Paul: Briefe an Alfred Margul-Sperber. In: Neue Literatur 26 (1975), 7, S. 50–63.
Celan, Paul: Gesammelte Werke in 5 Bänden. Hg. von Beda Allemann und Stefan Reichert unter Mitwirkung von Rolf Bücher. Frankfurt 1986.
Dein aschenes Haar Sulamith. Ostjüdische Geschichten. Mit Bildern von Ephraim Mose Lilien. Hg. von Ulf Diederichs in Verbindung mit Otto M. Lilien und der Germania Judaica (Köln). Köln 2. Aufl. 1983.
Dische, Irene: Fromme Lügen. Sieben Geschichten. Übers. von Otto Bayer und Monika Elwenspoek. Frankfurt a.M. 1989.
Dischereit, Esther: Joëmis Tisch. Eine jüdische Geschichte. Frankfurt a.M. 1988.
Döblin, Alfred: Berlin Alexanderplatz. Die Geschichte vom Franz Biberkopf. Frankfurt a.M. 1980.
Döblin, Alfred: Reise in Polen. Olten, Freiburg i.B. 1968.
Döblin, Alfred: Schriften zu jüdischen Fragen. Hg. von Hans Otto Horch. Solothurn, Düsseldorf 1995.
Domin, Hilde: Gesammelte autobiographische Schriften. Fast ein Lebenslauf. München, Zürich 1992.
Dor, Milo: Auf dem falschen Dampfer. Fragmente einer Autobiographie. Wien, Darmstadt 1988.
Dürrenmatt, Friedrich: Werkausgabe in 29 Bänden. Zürich 1980.
Fleischmann, Lea: Dies ist nicht mein Land. Eine Jüdin verläßt die Bundesrepublik. Mit einem Vorwort von Henryk M. Broder. Hamburg 1980.

Goldstein, Moritz: Deutsch-jüdischer Parnaß. In: Der Kunstwart 29 (1912), 11, S. 281-294.

Grass, Günter: Werkausgabe in 10 Bänden. Hg. von Volker Neuhaus. Darmstadt, Neuwied 1987.

Gronemann, Sammy: Hawdoloh und Zapfenstreich. Erinnerungen an die ostjüdische Etappe 1916-1918. Berlin 1925.

Heimann, Moritz: Was ist das: ein Gedanke? Essays. Hg. und mit einem Nachwort von Gert Mattenklott. Frankfurt a.M. 1986.

Heine, Heinrich: Prinzessin Sabbat. Über Juden und Judentum. Hg. und eingeleitet von Paul Peters. Bodenheim 1997.

Heine, Heinrich: Sämtliche Schriften in 12 Bänden. Hg. von Klaus Briegleb. Frankfurt a.M., Berlin, Wien 1981.

Hermann, Matthias: 72 Buchstaben. Gedichte. Frankfurt a.M. 1989.

Hochhuth, Rolf: Der Stellvertreter. Schauspiel. Mit einem Vorwort von Erwin Piscator. Reinbek bei Hamburg 1963.

Honigmann, Barbara: Roman von einem Kinde. Sechs Erzählungen. Frankfurt a.M. 1986.

In a Schtodt woss schtarbt. In einer Stadt, die stirbt. Jiddische Lyrik aus Wien. Hg. und übersetzt von Gabriele Kohlbauer-Fritz. Wien 1995.

Jewish-American Literature. An Anthology of Fiction, Poetry, Autobiography, and Criticism. Hg. von Abraham Chapman. New York u.a.O. 1974.

Kafka, Franz: Brief an den Vater. Faksimile. Hg. und mit einem Nachwort von Joachim Unseld. Frankfurt a.M. 1994.

Kafka, Franz: Briefe an Felice und andere Korrespondenz aus der Verlobungszeit. Hg. von Erich Heller und Jürgen Born. Mit einer Einleitung von Erich Heller. Frankfurt a.M. 1967.

Kafka, Franz: Briefe an Milena. Erweiterte und neu geordnete Ausgabe. Hg. von Jürgen Born und Michael Müller. Frankfurt a.M. 1983.

Kafka, Franz: Hochzeitsvorbereitungen auf dem Lande und andere Prosa aus dem Nachlaß. Hg. von Max Brod. Frankfurt a.M. 1986.

Kafka, Franz: Tagebücher 1910-1923. Hg. von Max Brod. Frankfurt a.M. 2. Aufl. 1983.

Kesten, Hermann (Hg.): Ich lebe nicht in der Bundesrepublik. München 1963.

Kesten, Hermann: Filialen des Parnaß. 31 Essays. Frankfurt a.M., Berlin, Wien 1984.

Kesten, Hermann: Meine Freunde, die Poeten. Gekürzte Ausgabe. Frankfurt a.M., Berlin, Wien 1980.

Kraus, Karl: Magie der Sprache. Ein Lesebuch. Hg. und mit einem Nachwort von Heinrich Fischer. Frankfurt a.M. 1974.

Langgässer, Elisabeth: ... soviel berauschende Vergänglichkeit. Briefe 1926-1950. Frankfurt a.M., Berlin, Wien 1981.

Mann, Heinrich: Verteidigung der Kultur. Antifaschistische Streitschriften und Essays. Hamburg 1960.

Mann, Thomas: Achtung Europa! Essays 1933-1938. Essays Band 4. Hg. von Hermann Kurzke und Stefan Stachorski. Frankfurt a.M. 1995.

Mann, Thomas: Gesammelte Werke in 13 Bänden. Frankfurt a.M. 1974.

Marcuse, Ludwig: Döblins Juden-Buch. In: Das Neue Tage-Buch 1 (1933), 16, S. 385-386.

Marcuse, Ludwig: Mein zwanzigstes Jahrhundert. Auf dem Weg zu einer Autobiographie. Zürich 1975.
Marcuse, Ludwig: Nachruf auf Ludwig Marcuse. München 1969.
Marcuse, Ludwig: Wie alt kann Aktuelles sein? Literarische Essays und Porträts. Hg., mit einem Nachwort und einer Auswahlbibliographie von Dieter Lamping. Zürich 1989.
Mehring, Walter: Das Mitternachtstagebuch. Texte des Exils 1933–1939. Hg. und mit einem Nachwort von Georg Schirmers. Mannheim 1996.
Mehring, Walter: Taschenbuchausgabe aufgrund der von Christoph Buchwald edierten Werkausgabe. Frankfurt a.M., Berlin, Wien 1981–1984.
Menasse, Robert: Selige Zeiten, brüchige Welt. Roman. Salzburg, Wien 1991.
Der Midrasch Schir Ha-Schirim. Bibliotheca Rabbinica. Eine Sammlung alter Midraschim. Zum ersten Male ins Deutsche übertragen von August Wünsche. 6. und 7. Lieferung. Hildesheim 1967 (Nachdr. der Ausgabe Leipzig 1880).
Neumann, Robert: An den Wassern von Babylon. Roman. Oxford 1945.
Neumann, Robert: Ein leichtes Leben. Bericht über mich selbst und Zeitgenossen. Wien, München, Basel 1963.
Neumann, Robert: Leserbrief in: Die Zeit vom 17.11.1967, S. 30.
Neumann, Robert: Vielleicht das Heitere. Aufzeichnungen aus einem anderen Jahr. München 1968.
Noll, Chaim: Nachtgedanken über Deutschland. Reinbek bei Hamburg 1992.
Ozick, Cynthia: Art and Ardor. New York 1983.
Richter, Hans Werner (Hg.) in Zusammenarbeit mit Walter Mannzen: Almanach der Gruppe 47 1947–1962. Reinbek bei Hamburg 1962.
Roth, Joseph: Juden auf Wanderschaft. Köln 1985.
Rühle, Günther (Hg.): Theater für die Republik im Spiegel der Kritik. 2 Bände. Frankfurt a.M. 1967.
Rühmkorf, Peter: Einmalig wie wir alle. Gedichte. Reinbek bei Hamburg 1989.
Sartre, Jean Paul: Drei Essays. Mit einem Nachwort von Walter Schmiele. Frankfurt a.M, Berlin, Wien 1975.
Schickele, René: Werke in 3 Bänden. Hg. von Hermann Kesten unter Mitarbeit von Anna Schickele. Köln 1959.
Schindel, Robert: Im Herzen die Krätze. Gedichte. Frankfurt a.M. 1988.
Schindel, Robert: Ohneland. Gedichte. Frankfurt a.M. 1986.
Schulte, Christoph (Hg.): Deutschtum und Judentum. Ein Disput unter Juden aus Deutschland. Stuttgart 1993.
Schultz, Hans Jürgen (Hg.): Mein Judentum. Stuttgart 4.Aufl. 1991.
Schwarzschild, Leopold: Antwort an Thomas Mann. In: Das Neue Tage-Buch 4 (1936), S. 82.
Seligmann, Rafael: Mit beschränkter Hoffnung. Juden, Deutsche, Israelis. Hamburg 1991.
Seligmann, Rafael: Rubinsteins Versteigerung. Roman. Frankfurt a.M. 1989.
Sperber, Manès: All das Vergangene ... Die Wasserträger Gottes. Die vergebliche Warnung. Bis man mir Scherben auf die Augen legt. Wien, München, Zürich 1983.
Sperber, Manès: Churban oder Die unfaßbare Gewißheit. Essays. Wien, München, Zürich 1979.

Susman, Margarete: Das Buch Hiob und das Schicksal des jüdischen Volkes. Mit einem Vorwort von Hermann Levin Goldschmidt. Frankfurt a.M. 1996.
Tucholsky, Kurt: Gesammelte Werke in 10 Bänden. Hg. von Mary Gerold-Tucholsky und Fritz J. Raddatz. Reinbek bei Hamburg 1993.
Villon, François: Des Meisters Werke. Ins Deutsche übertragen von K.L. Ammer. Berlin o.J.
Vom Judentum. Ein Sammelbuch. Hg. vom Verein jüdischer Hochschüler Bar Kochba in Prag. Leipzig 1913.
Wassermann, Jakob: Mein Weg als Deutscher und Jude. Hg. und mit einem Nachwort von Rudolf Wolff. Berlin 1987.
Weil, Grete: Ans Ende der Welt. Erzählung. Frankfurt a.M. 1989.
Weil, Grete: Der Brautpreis. Roman. Frankfurt a.M. 1994.
Weil, Grete: Meine Schwester Antigone. Roman. Frankfurt a.M. 1988.
Weil, Grete: Spätfolgen. Erzählungen. Frankfurt a.M. 1995.
Weil, Grete: Tramhalte Beethovenstraat. Roman. Freiburg, Basel, Wien 1995.
Weyrauch, Wolfgang (Hg.): Ich lebe in der Bundesrepublik. Fünfzehn Deutsche über Deutschland. München o.J.
Wolfskehl, Karl: Gesammelte Werke. Hg. von Margot Ruben und Claus Victor Bock. Hamburg 1960.
Zweig, Arnold: Bilanz der deutschen Judenheit. Ein Versuch. Hg. und mit einem Nachwort von Kurt Pätzold. Leipzig 1990.
Zweig, Arnold: Das ostjüdische Antlitz. Zu 52 Zeichnungen von Hermann Struck. Wiesbaden 1988 (Nachdruck der Ausgabe Berlin 1920).

Sekundärliteratur

Adorno, Theodor W.: Ästhetische Theorie. Hg. von Gretel Adorno und Rolf Tiedemann. Frankfurt a.M. 1970.
Adorno, Theodor W.: Gesammelte Schriften. Hg. von Rolf Tiedemann. Frankfurt a.M. 1973.
Adorno, Theodor W.: Noten zur Literatur. Hg. von Rolf Tiedemann. Frankfurt a.M. 1981.
Adorno, Theodor W.: Prismen – Kulturkritik und Gesellschaft. Frankfurt a.M. 1953.
Althaus, Hans Peter: Soziolekt und Fremdsprache. Das Jiddische als Stilmittel in der deutschen Literatur. In: Zeitschrift für deutsche Philologie 100 (1981), Sonderheft, S. 212–232.
Arendt, Hannah: Rahel Varnhagen. Lebensgeschichte einer deutschen Jüdin aus der Romantik. Neuausgabe München, Zürich 1981.
Assmann, Jan und Tonio Hölscher (Hgg.): Kultur und Gedächtnis. Frankfurt a.M. 1988.
Avenarius, Ferdinand u.a.: Aussprachen mit Juden. In: Der Kunstwart 25 (1912), 22, S. 225–261.
Bahr, Ehrhard: Nelly Sachs. München 1980.
Baioni, Giuliano: Kafka – Literatur und Judentum. Übers. von Gertrud und Josef Billen. Stuttgart, Weimar 1994.

Barner, Wilfried und Christoph König (Hgg.): Zeitenwechsel. Germanistische Literaturwissenschaft vor und nach 1945. Frankfurt a.M. 1996.

Bärsch, Claus-Ekkehard: Max Brod im *Kampf um das Judentum*. Zum Leben und Werk eines deutsch-jüdischen Dichters aus Prag. Wien 1992.

Bartels, Adolf: Die deutsche Dichtung von Hebbel bis zur Gegenwart (Die Alten und die Jungen). Ein Grundriß. Dritter Teil: Die Jüngsten. Leipzig 10.–12. Auflage 1922.

Bartels, Adolf: Einführung in das deutsche Schrifttum für deutsche Leser. In 52 Briefen. Leipzig 1933.

Baumgart, Reinhard: Unmenschlichkeit beschreiben. Weltkrieg und Faschismus in der Literatur. In: Merkur 19 (1965), S. 37–50.

Benjamin, Walter: Gesammelte Schriften. Unter Mitwirkung von Theodor W. Adorno und Gershom Scholem hg. von Rolf Tiedemann und Hermann Schweppenhäuser. Frankfurt a.M. 1980.

Benz, Wolfgang (Hg.): Deutsch-jüdisches Exil: das Ende der Assimilation? Identitätsprobleme deutscher Juden im Exil. Berlin 1994.

Benz, Wolfgang (Hg.): Die Juden in Deutschland 1933–1945. Leben unter nationalsozialistischer Herrschaft. München 1993.

Benz, Wolfgang: Die jüdische Erfahrung. In: Argonautenschiff 6 (1997), S. 149–158.

Berg, Nicolas, Jess Jochimsen und Bernd Stiegler (Hgg.): Shoah. Formen der Erinnerung. Geschichte, Philosophie, Literatur, Kunst. München 1996.

Best, Otto F.: Mameloschen. Jiddisch – eine Sprache und ihre Literatur. Frankfurt a.M. 2., durchges. Aufl. 1988.

Born, Jürgen: »Dass zwei in mir kämpfen ...« und andere Aufsätze zu Kafka. Wuppertal 2. Aufl. 1993.

Böttiger, Helmut: Orte Paul Celans. Wien 1996.

Brenner, Michael: The Renaissance of Jewish Culture in Weimar Germany. New Haven, London 1996.

Briegleb, Klaus und Sigrid Weigel (Hgg.): Gegenwartsliteratur seit 1968. Hansers Sozialgeschichte der deutschen Literatur vom 16. Jahrhundert bis zur Gegenwart. Band 12. München 1992.

Brocke, Michael (Hg.): Beter und Rebellen. Aus 1000 Jahren Judentum in Polen. Frankfurt a.M. 1983.

Brod, Max: Heinrich Heine. Amsterdam 1934.

Brod, Max: Über Franz Kafka. Frank Kafka – Eine Biographie. Franz Kafkas Glauben und Lehre. Verzweiflung und Erlösung im Werk Franz Kafkas. Frankfurt a.M. 1976.

Broder, Henryk M. und Michel R. Lang (Hgg.): Fremd im eigenen Land. Juden in der Bundesrepublik. Frankfurt a.M. 1979.

Bronsen, David (Hg.): Jews and Germans from 1860 to 1933: The Problematic Symbiosis. Heidelberg 1979.

Bronsen, David: Joseph Roth. Eine Biographie. Köln 1974. Gekürzte Fassung: Köln 1993.

Buber, Martin: Die jüdische Bewegung. Gesammelte Aufsätze und Ansprachen. Erste Folge: 1900–1914. Berlin 2. Aufl. 1920.

Buchwald, Christoph: Odysseus hat entweder heimzukommen oder umzukommen. Notizen zur Rezeption Walter Mehrings nach 1950. In: Text und Kritik 78: Walter Mehring, S. 51–55.

Buck, Theo: Muttersprache, Mördersprache. Aachen 1993.

Carlebach, Julius (Hg.): Wissenschaft des Judentums. Anfänge der Judaistik in Europa. Darmstadt 1992.

Colin, Amy: Paul Celan – Holograms of Darkness. Bloomington, Indianapolis 1991.

Conrady, Karl Otto: Literatur und Germanistik als Herausforderung. Skizzen und Stellungnahmen. Frankfurt a.M. 1974.

Dahm, Volker: Das jüdische Buch im Dritten Reich. Erster Teil: Die Ausschaltung der jüdischen Autoren, Verleger und Buchhändler. Frankfurt a.M. 1979.

Deleuze, Gilles und Félix Guattari: Kafka. Für eine kleine Literatur. Übers. von Burkhart Kroeber. Frankfurt a.M. 1976.

Dinse, Helmut: Die Entwicklung des jiddischen Schrifttums im deutschen Sprachgebiet. Stuttgart 1974.

Dunker, Axel: »Den Pessimismus organisieren«. Eschatologische Kategorien in der Literatur zum Dritten Reich. Bielefeld 1994.

Felstiner, John: Paul Celan. Eine Biographie. Übers. von Holger Fliessbach. München 1997.

Fénelon, Fania: Das Mädchenorchester in Auschwitz. Übers. von Sigi Loritz. München 11. Aufl. 1994.

Fetscher, Justus, Eberhard Lämmert und Jürgen Schutte (Hgg.): Die Gruppe 47 in der Geschichte der Bundesrepublik. Würzburg 1991.

Flusser, Vilèm: Jude sein. Essays, Briefe, Fiktionen. Hg. von Stefan Bollmann und Edith Flusser. Mit einem Nachwort von David Flusser. Düsseldorf 1995.

Frenzel, Elisabeth: Judengestalten auf der deutschen Bühne. Ein notwendiger Querschnitt durch 700 Jahre Rollengeschichte. München 2. Aufl. 1942.

Friedrich, Thomas: Das Vorspiel. Die Bücherverbrennung am 10. Mai 1933: Verlauf, Folgen, Nachwirkungen. Eine Dokumentation. Berlin 1983.

Fuks, Leo und Renate: Yiddish Publishing Activities in the Weimar Republic, 1920–1930. In: Leo Baeck Institute Yearbook 23 (1988), S. 417–434.

Geiger, Ludwig: Die Deutsche Literatur und die Juden. Berlin 1910.

Gelber, Mark H. (Hg.): The Jewish Reception of Heinrich Heine. Tübingen 1992.

Gelber, Mark H., Hans Otto Horch und Sigurd Paul Scheichl (Hgg.): Von Franzos zu Canetti. Jüdische Autoren aus Österreich. Neue Studien. Tübingen 1996.

Gellhaus, Axel u.a. (Hgg.): »Fremde Nähe«. Celan als Übersetzer. Eine Ausstellung des Deutschen Literaturarchivs in Verbindung mit dem Präsidialdepartement der Stadt Zürich im Schiller-Nationalmuseum Marbach am Neckar und im Stadthaus Zürich. Marbach 1997.

Gilman, Sander L. (Hg.): Reemerging Jewish Culture in German Life and Literature since 1989. New York, London 1994.

Gilman, Sander L. und Jack Zipes: Yale Companion to Jewish Writing and Thought in German Culture, 1096–1996. New Haven 1997.

Gilman, Sander L.: Jews in Today's German Culture. Bloomington, Indianapolis 1995.

Gilman, Sander L.: Jüdischer Selbsthaß. Antisemitismus und die verborgene Sprache der Juden. Übers. von Isabella König. Frankfurt a.M. 1993.

Gilman, Sander: Jüdische Literaten und deutsche Literatur. Antisemitismus und die verborgene Sprache der Juden am Beispiel von Jurek Becker und Edgar Hilsenrath. In: Zeitschrift für deutsche Philologie 107 (1988), 2, S. 269–294.

Gombrich, Ernst H.: Jüdische Identität und jüdisches Schicksal. Eine Diskussionsbemerkung. Mit einer Einleitung von Emil Brix und einer Diskussionsdokumentation von Frederick Baker. Hg. von Emil Brix und Frederick Baker. Wien 1997.

Graetz, Heinrich: Volkstümliche Geschichte der Juden. Band 1: Die Zeit der Könige, das Exil und die nachexilische Zeit bis zur makkabäischen Erhebung. München 1985 (Nachdruck der Ausgabe Berlin und Wien 1923).

Gunter E. Grimm und Hans-Peter Bayerdörfer (Hgg.): Im Zeichen Hiobs. Jüdische Schriftsteller und deutsche Literatur im 20. Jahrhundert. Frankfurt a.M. 2., durchges. Aufl. 1986.

Grözinger, Karl Erich, Stéphane Mosès und Hans Dieter Zimmermann (Hgg.): Kafka und das Judentum. Frankfurt a.M. 1987.

Gutman, Israel u.a. (Hgg.): Enzyklopädie des Holocaust. Die Verfolgung und Ermordung der europäischen Juden. Deutsche Ausgabe hg. von Eberhard Jäckel, Peter Longerich und Julius H. Schoeps. Berlin o.J. (1993).

Habermas, Jürgen: Heinrich Heine und die Rolle des Intellektuellen in Deutschland. In: Merkur 40 (1986), S. 453–468.

Haffmans, Gerd (Hg.): Das Alfred Andersch Lesebuch. Mit Lebensdaten und einer Bibliographie. Zürich 1979.

Haffmans, Gerd u.a. (Hgg.): Über Alfred Andersch. Zürich 3. Aufl. 1987.

Hamburger, Michael: Literarische Erfahrungen. Aufsätze. Hg. von Harald Hartung. Darmstadt, Neuwied 1981.

Harshav, Benjamin: The Meaning of Yiddish. Berkeley, Los Angeles, Oxford 1990.

Hartman, Geoffrey H. (Hg.): Holocaust Rememberance. The Shapes of Memory. Oxford, Cambridge 1994.

Heidelberger-Leonard, Irene: Schein und Sein in »Efraim«. Eine Auseinandersetzung von Alfred Andersch mit Jean Améry. In: Etudes Germaniques 36 (1981), 2, S. 188–197.

Hermsdorf, Klaus: »Deutsch-jüdische« Schriftsteller? Anmerkungen zu einer Literaturdebatte des Exils. In: Zeitschrift für Germanistik 3 (1982), 1, S. 278–292.

Heuer, Renate und Ralph-Rainer Wuthenow (Hgg.): Antisemitismus, Zionismus, Antizionismus 1850–1940. Frankfurt a.M., New York 1997.

Horch, Hans Otto und Charlotte Wardi (Hgg.): Jüdische Selbstwahrnehmung. La prise de conscience de l'identité juive. Tübingen 1997.

Horch, Hans Otto und Horst Denkler (Hgg.): Conditio Judaica. Judentum, Antisemitismus und deutschsprachige Literatur vom 18. Jahrhundert bis zum Ersten Weltkrieg. Interdisziplinäres Symposion der Werner-Reimers-Stiftung Bad Homburg v.d.H. 2 Teile. Tübingen 1988.

Horch, Hans Otto: Auf der Suche nach der jüdischen Erzählliteratur. Die Literaturkritik der »Allgemeinen Zeitung des Judentums« (1837–1922). Frankfurt a.M. u.a.O. 1985.

Horch, Hans Otto: ›Was heißt und zu welchem Ende studiert man deutsch-jüdische Literaturgeschichte?‹ Prolegomena zu einem Forschungsprojekt. In: German Life and Letters 49 (1996), 2, S. 124–135.

Janz, Marlies: Vom Engagement absoluter Poesie. Zur Lyrik und Ästhetik Paul Celans. Frankfurt a.M. 1976.

Jauß, Hans Robert: Literaturgeschichte als Provokation. Frankfurt a.M. 5. Aufl. 1974.

Jüdisches Lexikon. Ein enzyklopädisches Handbuch des jüdischen Wissens in vier Bänden. Begründet von Georg Herlitz und Bruno Kirschner. Frankfurt a.M. 1987 (Nachdr. der Ausgabe Berlin 1927).

Kantorowicz, Alfred: Die Einheitsfront in der Literatur. In: Die Sammlung 2 (1935), S. 337–347.

Karpeles, Gustav: Geschichte der jüdischen Literatur. 2 Bände. Graz 4. Aufl. 1963 (Nachdruck der 3. Aufl. Berlin 1920).

Kayserling, Meyer: Die Jüdische Literatur von Moses Mendelssohn bis auf die Gegenwart. Trier 1896.

Kerr, Alfred: Mit Schleuder und Harfe. Theaterkritiken aus drei Jahrzehnten. Hg. von Hugo Fetting. München 1985.

Kessler, Michael und Fritz Hackert (Hgg.): Joseph Roth. Interpretation, Rezeption, Kritik. Tübingen 1990.

Klüger, Ruth: Katastrophen. Über deutsche Literatur. Göttingen 1994.

Koebner, Thomas: Unbehauste. Zur deutschen Literatur in der Weimarer Republik, im Exil und in der Nachkriegszeit. München 1992.

Köppen, Manuel (Hg.): Kunst und Literatur nach Auschwitz. Berlin 1993.

Köppen, Manuel und Klaus R. Scherpe (Hgg.): Bilder des Holocaust. Literatur – Film – Bildende Kunst. Köln, Weimar, Wien 1997.

Korrodi, Eduard: Deutsche Literatur im Emigrantenspiegel. In: Neue Zürcher Zeitung vom 26.1. 1936.

Krojanker, Gustav (Hg.): Juden in der deutschen Literatur. Essays über zeitgenössische Schriftsteller. Berlin 1922.

Lamping, Dieter (Hg.): Dein aschenes Haar Sulamith. Dichtung über den Holocaust. München, Zürich 2. Aufl. 1993.

Lamping, Dieter: Das lyrische Gedicht. Definitionen zu Theorie und Geschichte der Gattung. Göttingen 2. Aufl. 1993.

Lamping, Dieter: Die Darstellung von Juden in der westdeutschen Nachkriegsliteratur. Das Beispiel Alfred Andersch. In: Argonautenschiff 6 (1997), S. 224–237.

Lamping, Dieter: Literatur und Theorie. Über poetologische Probleme der Moderne. Göttingen 1996.

Lamping, Dieter: Today's Germany and the Jews. The Representation of Jews in Postwar German Literature. The 1998 Paul Lecture. Bloomington, Indiana 1998.

Lang, Berel (Hg.): Writing and the Holocaust. New York, London 1988.

Lazarus, Moritz: Was heisst und zu welchem Ende studirt man jüdische Geschichte und Litteratur? Ein Vortrag. Leipzig 1900.

Lehmann, Jürgen unter Mitarbeit von Christine Ivanović (Hg.): Kommentar zu Paul Celans »Die Niemandsrose«. Heidelberg 1997.

Leschnitzer, Adolf: Der Gestaltwandel Ahasvers. In: In zwei Welten. Siegfried Moses zum 75. Geburtstag. Tel-Aviv 1962, S. 470–505.

Loewy, Ernst (Hg.): Literatur unterm Hakenkreuz. Das Dritte Reich und seine Dichtung. Eine Dokumentation. Frankfurt a.M. 1990.

Loewy, Ernst u.a. (Hgg.): Exil. Literarische und politische Texte aus dem deutschen Exil 1933–1945. Stuttgart 1979.

Lowenstein, Steven M. u.a.: Deutsch-jüdische Geschichte in der Neuzeit. Band 3: Umstrittene Integration 1871–1918. München 1997.

Lyon, James K.: Judentum, Antisemitismus, Verfolgungswahn: Celans »Krise« 1960–1962. In: Celan-Jahrbuch 3 (1989), S. 175–204.

Mann, Golo: Wir alle sind, was wir gelesen haben. Aufsätze und Reden zur Literatur. Frankfurt a.M. 1989.

Martin, Bernd und Ernst Schulin (Hgg.): Die Juden als Minderheit in der Geschichte. München 1981.

Mattenklott, Gert: Zur Darstellung der Shoa in deutscher Nachkriegsliteratur. In: Jüdischer Almanach 1993 des Leo Baeck Instituts. Hg. von Jakob Hessing. Frankfurt a.M. 1992, S. 26–34.

Mayer, Hans: Außenseiter. Frankfurt a.M. 1981.

Mayer, Hans: Das Geschehen und das Schweigen. Aspekte der Literatur. Frankfurt a.M. 1969.

Mayer, Hans: Der Widerruf. Über Deutsche und Juden. Frankfurt a.M. 1994.

Mayer, Hans: Von Lessing bis Thomas Mann. Wandlungen der bürgerlichen Literatur in Deutschland. Pfullingen 1959.

Menzel, Wolfgang: Celans Gedicht »Todesfuge«. Das Paradoxon einer Fuge über den Tod in Auschwitz. In: GRM, N.F. 18 (1968), S. 431–447.

Mertz, Peter: Und das wurde nicht ihr Staat. Erfahrungen emigrierter Schriftsteller mit Westdeutschland. München 1985.

Meyer, Michael A.: Jüdische Identität in der Moderne. Übers. von Anne Ruth Frank-Strauss. Frankfurt a.M. 1992.

Meyer, Uwe: Grete Weil. In: Heinz Ludwig Arnold (Hg.): Kritisches Lexikon zur deutschsprachigen Gegenwartsliteratur. 44. Nlg. 1993.

Midgley, David R.: Arnold Zweig. Eine Einführung in Leben und Werk. Frankfurt a.M. 1987.

Mintz, Alan: Hurban. Responses to Catastrophe in Hebrew Literature. Syracuse, New York 1996.

Mosès, Stéphane und Albrecht Schöne (Hgg.): Juden in der deutschen Literatur. Ein deutsch-israelisches Symposion. Frankfurt a.M. 1986.

Mosès, Stéphane: Das Kafka-Bild Gershom Scholems. In: Merkur 33 (1979), S. 862–867.

Mosès, Stéphane: Der Engel der Geschichte. Franz Rosenzweig, Walter Benjamin, Gershom Scholem. Frankfurt a.M. 1992.

Mosès, Stéphane: Spuren der Schrift. Von Goethe bis Celan. Z.T. übers. von Eva Moldenhauer. Frankfurt a.M. 1987.

Muschg, Walter: Die Zerstörung der deutschen Literatur. Bern 2. Aufl. 1966.

Nachama, Andreas, Julius H. Schoeps und Edward van Voolen (Hgg.): Jüdische Lebenswelten. Essays. Frankfurt a.M. 1991.

Neher, André: Jüdische Identität. Einführung in den Judaismus. Übers. von Holger Fock. Mit einem Nachwort von Rudolf Pfisterer. Hamburg 1995.

Neumann, Peter Horst: Zur Lyrik Paul Celans. Eine Einführung. Göttingen 2., erw. Aufl. 1990.

Nolden, Thomas: Junge jüdische Literatur. Konzentrisches Schreiben in der Gegenwart. Würzburg 1995.

Nussbaum, Laureen und Uwe Meyer: Grete Weil: unbequem, zum Denken zwingend. In: Exilforschung 11 (1993), S. 156–170.

Oellers, Norbert (Hg.): Vom Umgang mit der Schoah in der deutschen Nachkriegsliteratur. Berlin 1995 (Zeitschrift für Deutsche Philologie, Band 114: Sonderheft).

Ohly, Friedrich: Hohelied-Studien. Grundzüge einer Geschichte der Hoheliedauslegung des Abendlandes bis um 1200. Wiesbaden 1958.

Onderdelinden, Sjaak (Hg.): Interbellum und Exil. Amsterdam, Atlanta 1991.

Pacy, James S. und Alan P. Wertheimer (Hgg.): Perspectives on the Holocaust. Essays in Honor of Raul Hilberg. Boulder, San Francisco, Oxford 1995.

Peters, Paul: Die Wunde Heine. Zur Geschichte des Heine-Bildes in Deutschland. Bodenheim 1997.

Preisendanz, Wolfgang: Heinrich Heine. Werkstrukturen und Epochenbezüge. München 1973.

Quindeau, Ilka: Trauma und Geschichte. Interpretationen autobiographischer Erzählungen von Überlebenden des Holocaust. Mit einem Vorwort von Judith S. Kestenberg. Frankfurt a.M. 1995.

Reich-Ranicki, Marcel: Deutsche Literatur in Ost und West. Prosa seit 1945. München 2. Aufl. 1966.

Reich-Ranicki, Marcel: Lauter Verrisse. Mit einem einleitenden Essay. Frankfurt a.M., Berlin, Wien 1973.

Reich-Ranicki, Marcel: Über Ruhestörer. Juden in der deutschen Literatur. Erweiterte Neuausgabe. München 3. Aufl. 1993.

Richter, Matthias: Die Sprache jüdischer Figuren in der deutschen Literatur (1750–1933). Studien zu Form und Funktion. Göttingen 1995.

Ricœur, Paul: Soi-même comme un autre. Paris 1990.

Rosenfeld, Alvin H.: A Double Dying. Reflections on Holocaust Poetry. Bloomington, Indianapolis 1988.

Rosenfeld, Gavriel D.: Defining »Jewish Art« in Ost und West, 1901–1908. A Study in the Nationalisation of Jewish Culture. In: Leo Baeck Institute Yearbook 39 (1994), S. 83–110.

Rosenfeld, Sidney: Gegen die Unmoral der Geschichte. Jean Amérys Kampf um die Identität. In: Tribüne 24 (1985), 93, S. 104–113.

Rudnik, Ursula: Post-Shoa Religious Metaphors. The Image of God in the Poetry of Nelly Sachs. Frankfurt a.M. u.a.O. 1995.

Salfeld, Siegmund: Das Hohelied Salomo's bei den jüdischen Erklärern des Mittelalters. Nebst einem Anhange: Erklärungsproben aus Handschriften. Berlin 1879.

Sauder, Gerhard (Hg.): Die Bücherverbrennung. Zum 10. Mai 1933. München 1983.

Schnell, Ralf: Dichtung in finsteren Zeiten. Deutsche Literatur und Faschismus. Reinbek bei Hamburg 1998.

Schoeps, Julius H. (Hg.): Juden als Träger bürgerlicher Kultur in Deutschland. Stuttgart, Bonn 1989.

Schoeps, Julius H. (Hg.): Neues Lexikon des Judentums. Gütersloh, München 1992.

Scholem, Gershom: Die jüdische Mystik in ihren Hauptströmungen. Frankfurt a.M. 5. Aufl. 1993.

Scholem, Gershom: Judaica 2. Frankfurt a.M. 1970.

Scholem, Gershom: Walter Benjamin – die Geschichte einer Freundschaft. Frankfurt a.M. 1975.

Schöne, Albrecht (Hg.): Kontroversen, alte und neue. Akten des VII. Internationalen IVG-Kongresses Göttingen 1985. Band 5: Auseinandersetzungen um jiddische Sprache und Literatur – Jüdische Komponenten in der deutschen Literatur – Die Assimilationskontroverse. Hg. von Walter Röll und Hans-Peter Bayerdörfer. Tübingen 1986.

Schultz, Hartwig: Vom Rhythmus der modernen Lyrik. München 1970.

Schütz, Hans J.: Juden in der deutschen Literatur. Eine deutsch-jüdische Literaturgeschichte im Überblick. München, Zürich 1992.

Shaked, Gershon: Die Macht der Identität. Essays über jüdische Schriftsteller. Übers. von Ulrike Berger u.a. Frankfurt a.M. 1992.

Shedletzky, Itta und Hans Otto Horch (Hgg.): Deutsch-jüdische Exil- und Emigrationsliteratur im 20. Jahrhundert. Tübingen 1993.

Sprengel, Peter (Hg.): Scheunenviertel-Theater. Jüdische Schauspieltruppen und jiddische Dramatik in Berlin (1900–1918). Berlin 1995.

Steiner, George: Die Antigonen. Geschichte und Gegenwart eines Mythos. Übers. von Martin Pfeiffer. München 1988.

Stemberger, Günter: Geschichte der jüdischen Literatur. Eine Einführung. München 1977.

Stern, Guy: Literarische Kultur im Exil. Literature and Culture in Exile. Dresden 1998.

Stiehler, Heinrich: Die Zeit der Todesfuge. Die Anfänge Paul Celans. In: Akzente 19 (1972), S. 11–40.

Strauss, Herbert A. und Christhard Hoffmann (Hgg.): Juden und Judentum in der Literatur. München 1985.

Stüben, Jens und Winfried Woesler in Zusammenarbeit mit Ernst Loewy (Hgg.): »Wir tragen den Zettelkasten mit den Steckbriefen unserer Freunde«. Beiträge jüdischer Autoren zur deutschen Literatur seit 1945. Darmstadt 1993.

Szondi, Peter: Celan-Studien. Frankfurt a.M. 1972.

Torton Beck, Evelyn: Kafkas ›Durchbruch‹. Der Einfluß des jiddischen Theaters auf sein Schaffen. In: Basis 1 (1970), S. 204–223.

Valencia, Heather: Else Lasker-Schüler und Abraham Nochem Stenzel. Eine unbekannte Freundschaft. Mit jiddischen und deutschen Texten aus dem Elisabeth-Wöhler-Nachlaß. Frankfurt a.M., New York 1995.

Verweyen, Theodor und Gunter Witting: Die Kontrafaktur. Vorlage und Verarbeitung in Literatur, bildender Kunst, Werbung und politischem Plakat. Konstanz 1987.

Wagenknecht, Christian (Hg.): Zur Terminologie der Literaturwissenschaft. Akten des IX. Germanistischen Symposions der Deutschen Forschungsgemeinschaft Würzburg 1986. Stuttgart 1988.

Walzer, Michael: Exodus und Revolution. Übers. von Bernd Rullkötter. Berlin 1988.

Wassermann, Henry unter Mitwirkung von Joel Golb u.a.: Bibliographie des Jüdischen Schrifttums in Deutschland 1933–1943. Bearbeitet für das Leo Baeck Institut, Jerusalem. München u.a.O. 1989.

Weigel, Sigrid: Die Stimme der Medusa. Schreibweisen in der Gegenwartsliteratur von Frauen. Dülmen-Hiddingsel 1987.

Weimar, Klaus u.a. (Hgg.): Reallexikon der deutschen Literaturwissenschaft. Neubearbeitung des Reallexikons der deutschen Literaturgeschichte. Band I: A – G. Berlin, New York 1997.

Wiedemann-Wolf, Barbara: Antschel Paul – Paul Celan. Studien zum Frühwerk. Tübingen 1985.

Wirth-Nesher, Hana (Hg.): What is Jewish Literature? Philadelphia, Jerusalem 1994.

Wulf, Joseph (Hg.): Literatur und Dichtung im Dritten Reich. Eine Dokumentation. Frankfurt a.M., Berlin 1989.

Yerushalmi, Yosef Hayim: Zachor: Erinnere Dich! Jüdische Geschichte und jüdisches Gedächtnis. Übers. von Wolfgang Heuss. Berlin 1996.

Young, James E.: Beschreiben des Holocaust. Darstellung und Folgen der Interpretation. Übers. von Christa Schuenke. Frankfurt a.M. 1997.

Zimmermann, Hans Dieter (Hg.): Nach erneuter Lektüre: Franz Kafkas *Der Proceß*. Würzburg 1992.

Zimmermann, Hans Dieter: Der babylonische Dolmetscher. Zu Franz Kafka und Robert Walser. Frankfurt a.M. 1985.

Zirus, Werner: Ahasverus. Der ewige Jude. Berlin, Leipzig 1930.

Zunz, Leopold: Gesammelte Schriften. Hg. vom Curatorium der »Zunzstiftung«. 3 Bände in einem Band. Hildesheim, New York 1976 (Nachdr. der Ausgabe Berlin 1875–1876).

Personenregister

Adler, H.G. 135
Adorno, Th.W. 40, 99f., 113, 115, 140
Agnon, Samuel 72, 114
Aichinger, Ilse 129
Allemann, Beda 20, 32
Allen, Woody 160
Améry, Jean 121, 124, 135, 137f., 146, 149–152
Andersch, Alfred 134, 145ff.
Asch, Schalom 72f.
Auerbach, Berthold 11, 41, 61
Ausländer, Rose 77, 103

Bachmann, Ingeborg 139f.
Bahr, Ehrhard 82f.
Baioni, Giuliano 32, 58
Bartels, Adolf 21, 37
Baum, Oskar 56
Baumgart, Reinhard 110, 140
Bayerdörfer, Hans-Peter 74
Becker, Jurek 153
Beer-Hofmann, Richard 56
Behr, Isachar Falkenson 38
Behrens, Katja 153
Bellow, Saul 161
Bender, Hans 50, 141
Benjamin, Walter 18
Benn, Gottfried 132f., 141
Bergelson, David 67
Bernhard, Georg 79
Bialik, Chaim Nachman 43, 56, 69
Biller, Maxim 153, 159f.
Böll, Heinrich 28, 142, 144f.
Borchardt, Rudolf 26
Börne, Ludwig 9, 11, 14, 40
Brenner, Joseph Chaim 56
Brod, Max 11ff., 18, 25f., 29, 33ff., 42, 44, 53, 56f., 59, 62, 65, 67, 82
Bronsen, David 71, 74

Bruckner, Ferdinand 82
Buber, Martin 11, 18, 25f., 33, 43, 64f.

Canetti, Elias 21
Celan, Paul 10, 12f., 15, 21, 29, 36, 44, 47–53, 77, 97, 100ff., 104, 110f., 113, 115, 121, 129f., 135, 138, 139ff., 152, 160, 163
Cohen, Leonard 101
Colin, Amy 104

Deleuze, Gilles 161f.
Dische, Irene 153, 156
Dischereit, Esther 153, 158
Döblin, Alfred 12f., 25, 35f., 71–74, 80, 84f., 92, 95, 132, 160, 162
Domin, Hilde 39, 97, 100, 135f., 152
Dürrenmatt, Friedrich 133

Edelstatt, David 55
Elbogen, Ismar 25, 27f.
Enzensberger, Hans Magnus 100f., 139

Feuchtwanger, Lion 39, 80, 82, 84, 160
Fleischmann, Lea 153f., 156f., 162
Flusser, Vilém 28
Frank, Bruno 80
Franzos, Karl Emil 11, 60
Freimann 55
Freud, Sigmund 79
Fried, Erich 97, 135, 152

Geiger, Ludwig 10f., 28, 60
Gilman, Sander 23, 160, 162
Glatstein, Jakob 67
Goldfaden, Abraham 55, 107
Goldstein, Moritz 22, 29, 41f., 63, 135f.

Personenregister

Goll, Claire 47, 51, 139
Goll, Yvan 44–47, 53, 111
Gordin, Jakob 55, 57, 74
Graetz, Heinrich 61, 107
Grass, Günter 28, 144f.
Gronemann, Sammy 71
Guattari, Felix 161f.

Haas, Willy 26
Habermas, Jürgen 37
Harden, Maximilian 25, 56
Harshav, Benjamin 66
Hasenclever, Walter 56, 95
Heimann, Moritz 25
Heine, Heinrich 9, 17, 29, 31, 33, 37–54, 103, 107, 159
Heller, Joseph 125, 160
Hermann, Georg 60
Hermann, Matthias 153f., 159
Heym, Stefan 125
Hildesheimer, Wolfgang 97, 135, 137f., 152
Hochhuth, Rolf 110
Hofmannsthal, Hugo von 26
Honigmann, Barbara 153, 156f., 160, 162

Jarrell, Randall 101
Johnson, Uwe 151

Kafka, Franz 9ff., 13, 15, 17–21, 25, 32–36, 56, 58, 67, 69, 71, 74, 78, 111f., 154, 158, 160
Kaléko, Mascha 39
Kantorowicz, Alfred 81
Karpeles, Gustav 22, 24, 41
Katzenelson, Jizchak 102
Kayserling, Meyer 22
Kerr, Alfred 25, 68, 79f.
Kesten, Hermann 25, 39, 80, 130, 132
Korrodi, Eduard 81
Kovner, Abba 102
Kraus, Karl 37, 56, 62
Krojanker, Gustav 11
Kuh, Ephraim Moses 38, 61

Langgässer, Elisabeth 30
Lasker-Schüler, Else 9, 56, 67, 107

Lateiner, Joseph 55
Lazarus, Moritz 22
Leivick, H. 67
Levi, Primo 121, 124
Loos, Adolf 56
Löwy, Jizchak 55ff., 59, 65, 68
Ludwig, Emil 79

Mandelstam, Ossip 49, 52
Mann, Golo 38
Mann, Heinrich 80, 82
Mann, Klaus 113
Mann, Thomas 81f.
Marcuse, Ludwig 80, 83, 87, 130f., 134, 151, 163
Margul-Sperber, Alfred 50f., 111, 140
Mattenklott, Gert 90, 109, 142
Mayer, Hans 14, 37, 80
Mehring, Walter 13, 29, 35, 62, 74–77, 83, 91, 133
Menasse, Robert 153, 156
Mendele Moicher Sforim 55, 66f., 71f.
Mendelssohn, Moses 10f.
Miłosz, Czesław 101
Moser, Moses 49
Muschg, Walter 80

Neumann, Peter Horst 49, 101f.
Neumann, Robert 13, 29, 35f., 92–95, 130, 134, 149, 151, 160
Nolden, Thomas 158, 162
Noll, Chaim 39, 153, 156f., 162

Opatoshu, Joseph 67
Ozick, Cynthia 27, 109

Peretz, Jizchak Leib 55, 66f., 72ff., 108
Philippson, Ludwig 41
Polgar, Alfred 68

Reich-Ranicki, Marcel 130, 149f., 152
Richter, Hans Werner 140
Richter, Moses 55
Ricœur, Paul 149
Riesser, Gabriel 41
Rosenfeld, Alvin 183f.
Rosenfeld, Morris 55

Roth, Joseph 9, 13, 29, 35f., 68–71, 73f., 77f., 154
Roth, Philip 160
Rühmkorf, Peter 143
Runge, Irene 157

Sachs, Nelly 101, 113f., 129f., 135f., 152
Sahl, Hans 39, 91
Salten, Felix 62
Scharkansky, A.M. 55, 74
Schickele, René 82
Schindel, Robert 153f., 157, 160
Schnitzler, Arthur 11, 26, 28, 56, 63
Schnurre, Wolfdietrich 143, 151
Scholem Alejchem 55, 65, 67, 69f., 72, 114
Scholem, Gershom 11, 18f., 28, 64, 157
Schwarzschild, Leopold 81f.
Seligmann, Rafael 153, 155, 158, 160f.
Shaked, Gershon 125, 154
Singer, Isaak Bashevis 74
Solomon, Petre 100
Sperber, Manès 13, 25, 35, 39, 67, 77, 130f., 138f., 160
Steinschneider, Moritz 22, 61
Stemberger, Günter 24
Stenzel, Abraham Nochem 67
Stern, Guy 96f.
Sternheim, Carl 56
Susman, Margarete 10, 91
Szondi, Peter 100, 113, 139

Toller, Ernst 80
Trimberg, Süßkind von 43
Tscharni, Daniel 67
Tucholsky, Kurt 11, 18f., 28, 56, 79, 159

Varnhagen, Rahel 9, 40
Vesper, Will 42, 51

Wagenknecht, Christian 31
Walzer, Michael 94
Wassermann, Jakob 9, 29, 33, 60, 63, 154, 160
Weil, Grete 13, 97, 113–129
Weininger, Otto 25, 27
Weiß, Ernst 33, 56
Weiss, Peter 97, 135, 150
Weissglas, Immanuel 103, 111
Werfel, Franz 9, 11, 21, 25, 33f., 56, 80, 95
Weyrauch, Wolfgang 130
Wolfenstein, Alfred 26
Wolff, Theodor 79
Wolfskehl, Karl 13, 29, 36, 56, 89–92, 95f.
Wurm, Franz 141

Zimmermann, Hans Dieter 19f.
Zipes, Jack 161f.
Zuckmayer, Carl 39
Zunz, Leopold 22, 61
Zweig, Arnold 12, 21, 25, 28, 43, 63, 71f., 80, 82, 84, 95, 160

Dieter Lamping bei V&R

Moderne Lyrik
Eine Einführung
Kleine Vandenhoeck Reihe 1557.
1991. 136 Seiten, kartoniert
ISBN 3-525-33573-3

Was ist moderne Lyrik? Welche Dichter, welche Werke sind ihr zuzurechnen? Diese Darstellung beschränkt sich nicht auf deutsche Dichtung, moderne Lyrik interessiert auch als internationale Erscheinung.

Lichtenbergs literarisches Nachleben
Eine Rezeptions-Geschichte
1992. 207 Seiten, Paperback
ISBN 3-525-20781-6

Lichtenbergs literarisches Nachleben ist hauptsächlich seinen im Nachlaß gefundenen „Sudelblättern" zu verdanken. Dieter Lamping stellt dar, wie sich vor allem Schriftsteller, Philosophen und Psychologen mit Lichtenberg auseinandergesetzt haben.

Das lyrische Gedicht
Definitionen zu Theorie und Geschichte der Gattung
2., durchgesehene Auflage
1993. 283 Seiten, kartoniert
ISBN 3-525-20778-6

Dieter Lamping eröffnet der Lyrikforschung, insbesonders der Lyriktheorie einen Ausweg aus mancherlei Schwierigkeiten durch eine Neudefinition grundlegender Begriffe.

Literatur und Theorie
Über poetologische Probleme der Moderne
Sammlung Vandenhoeck.
1996. 139 Seiten, Paperback
ISBN 3-525-01217-9

Die hier vorgelegten Arbeiten zeigen in klarer Darstellung, wie ergiebig konkrete, konsequent auf Literatur bezogene Literaturtheorie sein kann. Literaturtheorie nicht als der, aber als ein Weg zur Erkenntnis von Literatur.

Sammlung Vandenhoeck

Karin Tebben (Hg.)
Beruf: Schriftstellerin
Schreibende Frauen im 18. und
19. Jahrhundert
Sammlung Vandenhoeck.
1998. 340 Seiten, Paperback
ISBN 3-525-01222-5

Das Thema behandelt gleich zwei wichtige literaturwissenschaftliche Aspekte: die Entwicklung eines professionellen Literaturmarktes und den wachsenden Anteil von Frauen an dieser Entwicklung.

Lothar Pikulik
Warten, Erwartung
Eine Lebensform in End- und Übergangszeiten. An Beispielen aus der Geistesgeschichte, Literatur und Kunst
Sammlung Vandenhoeck.
1997. 196 Seiten, Paperback
ISBN 3-525-01218-7

Im Zeichen der bevorstehenden Jahrhundert- und Jahrtausendwende ein höchst aktueller Beitrag zur literaturwissenschaftlichen und geistesgeschichtlichen Diskussion.

Wolfgang Rothe
Der politische Goethe
Dichter und Staatsdiener im deutschen Spätabsolutismus
Sammlung Vandenhoeck.
1998. 239 Seiten, Paperback
ISBN 3-525-01220-9

Ein wichtiger, aber erstaunlicherweise fast unbekannter Aspekt des Goetheschen Schaffens wird fundiert, temperamentvoll und überzeugend abgehandelt.

Vandenhoeck & Ruprecht